DESCUBRIENDO A
DANIEL

DESCUBRIENDO A
DANIEL

AMIR TSARFATI
CON EL DR. RICK YOHN

ORIGEN

Título original: *Discovering Daniel*
Primera edición: mayo de 2024

Esta edición es publicada bajo acuerdo con Harvest Publishing House.

DISCOVERING DANIEL
Copyright © 2024 Amir Tsarfati
Published by Harvest House Publishers
Eugene, Oregon 97408
www.harvetshousepublishers.com

© 2024, Penguin Random House Grupo Editorial USA, LLC
8950 SW 74th Court, Suite 2010
Miami, FL 33156

Traducción: Marina Lorenzin
Adaptación de cubierta: PRHGE

A menos que se indique lo contrario, todas las citas bíblicas fueron tomadas de
la Reina Valera 1960 (RVR1960)

Impreso en Colombia / *Printed in Colombia*

ISBN: 979-8-89098-084-7

ORIGEN es una marca registrada de Penguin Random House Grupo Editorial

ÍNDICE

UN HOGAR EN TIERRA EXTRANJERA

E speranza.

Una palabra tan hermosa, llena de emoción y expectativa. La esperanza se siente como la primavera, como si algo nuevo y mejor se vislumbrara en el horizonte. La esperanza dice que no importa cómo se vea la vida ahora, solo tienes que ser paciente. Solo tienes que soportar. Muy pronto, la situación cambiará, la marea retrocederá. La justicia prevalecerá. El dolor desaparecerá. La justicia y la paz se impondrán y todo volverá a estar bien para ti y para todos los que te rodean.

Hubo un tiempo, no hace mucho, en que la esperanza rebosaba por todo el mundo. El Muro de Berlín había caído. El comunismo se había derrumbado. La Guerra Fría había terminado. El optimismo flotaba en el aire. Los viejos enemigos empezaron a convertirse en amigos y, luego, en socios. Existían desacuerdos políticos, pero se llevaban con un aire de civismo.

Pero eso no es lo que presenciamos ahora. Hoy vivimos en un mundo de odio, desacuerdo y guerra.

Contrariamente a lo que ha ocurrido en muchas ocasiones en nuestra historia, la mayoría de las guerras modernas no se libran en el campo de batalla. En los conflictos no intervienen ni balas ni misiles. En cambio, los ejércitos se desatan en la industria del entretenimiento, en las aulas y en las redes sociales. Las líneas de división se trazan en muchos frentes. La subjetividad se enfrenta a la verdad. El relativismo se enfrenta al absolutismo. La aberración lucha contra la tradición y la expresión individual contra la moral.

Como la lucha se libra en el terreno de las ideas y las normas; las lealtades pueden desdibujarse con facilidad. La iglesia se encuentra a menudo a ambos lados del frente, apuntándose con sus armas unos a otros. La vida solía ser mucho más fácil cuando teníamos un enemigo que podíamos identificar fácilmente. En aquellos tiempos, cuando veíamos que el enemigo flaqueaba, nuestro cociente de esperanza aumentaba. Cuando el enemigo obtenía una victoria, la esperanza disminuía.

Hoy, en nuestro mundo, donde el enemigo es poderoso pero a veces clandestino, es mucho más fácil desanimarse ante el futuro. Sentimos las fuerzas del adversario a nuestro alrededor y no podemos evitar ver derrota tras derrota en las urnas electorales, en la pantalla de cine, en las noticias de televisión y en las calles de nuestras ciudades. Las victorias del enemigo están llegando incluso a la iglesia, a medida que una denominación tras otra se doblega ante las costumbres públicas en nombre de la relevancia y la evangelización.

Daniel vivió en una época en la que el enemigo era mucho más tangible. A los enemigos se les reconocía fácilmente como hombres fornidos con espadas que irrumpían en tu casa, mataban a tu padre, secuestraban a tu hermana y huían con todas tus posesiones. Sin embargo, en el libro de Daniel encontramos esperanza durante los tiempos más oscuros. Y aunque el enemigo de Daniel era de carne y hueso, su actitud y sus acciones sientan un precedente de cómo hacer frente a nuestros enemigos aunque sean culturales y espirituales.

¿Qué significa vivir de una manera que te traiga esperanza en esta sociedad decadente de relativismo moral, verdad subjetiva y total desprecio por la Palabra de Dios? ¿Y cómo puedes llegar a los que están del otro lado cuando la animosidad es tan grande? Esta es una pregunta que los creyentes deben responder. La oscuridad del pecado es un fenómeno global. El diablo actúa en todos los rincones del mundo. Pero es a causa de esta oscuridad que la esperanza brilla tan intensamente.

Ramat Gan, cerca de Tel Aviv, es el centro de la lucrativa industria israelí del diamante. Piedras preciosas de todo el mundo pasan por el Distrito de la Bolsa de Diamantes de camino a las joyerías. Desde allí, acabarán colgadas del cuello, sujetas a las muñecas o rodeando los dedos de hombres y mujeres de todos los orígenes, nacionalidades y etnias. Cuando los proveedores de estas gemas quieren hacer notar su brillo, suelen colocar un trozo de terciopelo negro sobre una mesa. Luego, tomando unas pinzas, levantan con cuidado una piedra y la colocan sobre la tela. El marcado contraste entre la piedra y el fondo negro hará que el diamante resplandezca y centellee, mostrando claramente su brillo y belleza.

Esa es la esperanza y la misión del creyente en esta cultura oscura. Cuando encuentras a alguien que realmente tiene la luz de Cristo en él, el brillo de su optimismo espiritual atrae a las personas. ¿Por qué? Porque los demás también lo desean. En este libro, veremos cómo podemos vivir una vida de esperanza en este mundo confuso. Y también abordaremos cómo podemos hacer brillar esa gloria de Cristo en nosotros de tal manera que podamos llevar a nuestra familia, a los amigos, a los vecinos, a los compañeros de trabajo, a todos aquellos a quienes amamos, a encontrar esa misma paz, alegría y satisfacción.

¿Es posible encontrar esperanza para hoy en las palabras que un profeta escribió hace dos mil quinientos años? Claro que sí, porque los dos elementos clave de este libro son tan relevantes hoy como lo eran entonces. De hecho, hoy son aún más relevantes. En primer lugar, la vida de Daniel fue un ejemplo de cómo mantenerse firme por Dios cuando vives rodeado por el enemigo. En segundo lugar, las profecías de Daniel sobre el final de los tiempos adquieren mayor importancia a medida que nos acercamos a su cumplimiento.

Pero antes de que podamos profundizar en la vida y en las enseñanzas de este gran profeta, necesitamos algunos antecedentes. En uno de mis libros anteriores, mencioné que era importante para mí decirte quién soy antes de decirte lo que pienso. En otras palabras, conocer un poco acerca de mí te ayudará a procesar lo que enseño. Lo mismo puede decirse de Daniel. Para entender realmente sus escritos, necesitamos saber más sobre él y sobre la época en que vivía.

La visión de los mil pies

El libro de Daniel es diferente de la mayoría de los libros proféticos de la Biblia. Por lo general, verás que se trata de hombres elegidos por Dios para anunciar palabras de verdad y advertencia a los reyes de Israel y Judá. Eran ellos los predicadores "legalistas" de aquel tiempo, que transmitían las palabras de Dios a los judíos, diciendo: "Oye, ¿recuerdas aquel pacto que hicimos hace mucho tiempo cuando te dije que si me obedecías te bendeciría, pero que, si no lo hacías, te maldeciría? Bueno, ya que abandonaste la obediencia hace mucho tiempo, aquí vienen los castigos".

El encargo de Dios a Daniel fue diferente. Jeremías y Ezequiel ya hacían un gran trabajo diciéndole al pueblo elegido de Dios cómo había fallado, y advirtiéndole que el martillo estaba a punto de caer. No había necesidad de añadir otra voz a sus filas. En cambio, Dios colocó a este joven profeta en una posición única, con acceso al rey más poderoso del mundo en aquel momento: el rey Nabucodonosor de Babilonia. Los primeros ocho capítulos del libro de Daniel están llenos de palabras de advertencia a este gran rey, junto con otro par de monarcas. Su misión consistía en recordarles que hay un Dios en el cielo que gobierna los asuntos de la humanidad. Sin duda, estos reyes eran muy especiales, pero Uno es mucho más grande que ellos.

Luego, en los capítulos 9 al 12, Daniel abandonó por completo el tiempo presente. Su atención se desplazó generaciones más adelante y luego, dos milenios y medio, al recibir directamente de Dios su plan divino para la nación de Israel. Pero de camino hacia nuestra era, Daniel hizo una parada en *boxes*, durante la cual predijo con absoluta precisión el día en que el Mesías entraría en Jerusalén montado sobre un burro. Es verdaderamente alucinante.

A lo largo del libro, se nos recuerda que nuestro Dios es soberano. Él gobierna los asuntos de la humanidad. Levanta a un gobernante y destituye a otro. Como Dios supremo sobre la creación, también tiene un propósito y un plan para las naciones y los individuos, y los lleva a cabo en su tiempo y a su manera. Es un Dios fiel que cumplirá todo lo que ha prometido.

Pero Dios no es solo el Dios del panorama general. También se preocupa por cada individuo, en especial por quienes le siguen. Lo vemos en su amoroso cuidado por Daniel y sus compañeros. Daniel era un hombre que sobresalía por encima de sus pares. Nunca comprometió sus convicciones y nunca vaciló en su fe. Debido a su fidelidad al Señor, Dios le dio la asombrosa habilidad de entender e interpretar sueños. Entonces el Señor colocó milagrosamente a este joven en la extraordinaria situación de usar este don para impactar al rey de Babilonia.

El formato y la presentación del libro de Daniel son únicos en la Biblia: mitad narración histórica y mitad expresión profética. En este libro, te guiaré a través de los escritos de Daniel capítulo por capítulo, tal como lo hice en mi libro anterior, *Revelando el Apocalipsis*. A medida que avancemos, nos encontraremos con algunos pasajes difíciles de interpretar. Si hay algún lugar donde, incluso después de un cuidadoso estudio, el significado sigue siendo ambiguo, te lo haré saber. No especularé sin decírtelo y nunca seré dogmático sobre algo que no esté claramente explicado en las Escrituras. En última instancia, mi oración es que, cuando termines este libro, la esperanza encontrada en este judío exílico secuestrado te dé paz y avive tu expectativa por los planes que Dios tiene para ti y para todo su pueblo.

La invasión

Imagina a un joven adolescente acurrucado con su familia en el palacio. El pequeño armario está oscuro y frío. Los únicos sonidos son los gemidos de su hermana pequeña, las suaves oraciones de su madre y los gritos de la gente en la calle.

Cuando el recién coronado rey Nabucodonosor de Babilonia llegó marchando a Jerusalén, Daniel y sus amigos se habían agolpado en lo alto de las murallas de la ciudad para ver a esta gran fuerza de combate y a su poderoso rey. Apenas poco tiempo atrás, se había dado a conocer en las cortes reales de Judá la noticia de que Nabucodonosor, príncipe heredero en aquel momento, había logrado una resonante victoria contra los egipcios y el remanente asirio durante una batalla en Carquemis, Siria. El rey de Babilonia, Nabopolasar, padre de Nabucodonosor, había muerto poco después, y la corona más poderosa del mundo había pasado al hombre que ahora se acercaba a las puertas de Jerusalén.

Aquellos con más sentido común que un grupo de adolescentes los habían encontrado subidos a las murallas y los habían alejado de su ubicación expuesta a un lugar seguro. Daniel era de sangre real, así que su lugar seguro era el palacio. Los crecientes gritos procedentes del exterior de la lujosa morada fueron el primer indicio de que Nabucodonosor no había acudido a una convocatoria social. Pronto, el joven Daniel pudo oír una escaramuza: metal contra metal, metal contra madera. Luego, el estruendo de las puertas al ser golpeadas resonó por todo el palacio, rebotando de una pared de mármol a otra. Empezó a temblar, apretándose contra el costado de su madre.

Una puerta tras otra se abría de golpe. Aun así, Daniel saltó y gritó cuando la suya se abrió de par en par. Un soldado, con el uniforme salpicado de sangre, entró y la madre de Daniel empezó a suplicar por sus hijos. Ignorándola, el soldado examinó sus rostros y finalmente clavó los ojos en Daniel. Dio un paso adelante, agarró al niño por la muñeca y lo puso en pie de un tirón. La hermana de Daniel gritó. Antes de que tuviera tiempo de volverse para despedirse, lo sacaron por la puerta y lo arrastraron por el suelo del palacio. Esa fue la última vez que vio a su madre.

Daniel pronto se encontró en las calles de la ciudad. La escena era horrible. Los cadáveres de hombres, soldados y civiles, estaban esparcidos por todas partes. Algunos tenían a sus esposas e hijos llorando sobre ellos; otros estaban solos, tendidos sobre un puesto o desparramados por los escalones de piedra. El camino que seguían Daniel y su captor volvía sobre sus pasos hacia las puertas de la ciudad.

A medida que se acercaban a su destino, Daniel vio a un grupo de jóvenes, todos adolescentes como él. Todos tenían algún tipo de relación con la corona, directa o indirecta. Todos estaban alineados mirando hacia la puerta. El soldado que sujetaba el brazo de Daniel tiró bruscamente de él hasta el final de la fila y le indicó que se colocara allí. Pronto, algunos más fueron depositados a su lado, extendiendo aún más la fila.

Daniel sudaba de pie, en parte por el calor del sol y en parte por el miedo. A su derecha estaba su primo, Azarías.

"¿Sabes lo que está pasando aquí?", preguntó.

Azarías negó con la cabeza, luego hizo un gesto con la barbilla y dijo: "No, pero mira hacia allí".

En una plataforma elevada, por encima de una falange de guardias, un hombre de unos veinte años estaba sentado en un trono móvil. Uno tras otro, los hombres se acercaban a él, se arrodillaban, decían unas palabras y luego eran despedidos con un breve comentario o un simple saludo con la mano. Daniel se había criado rodeado de la familia real y había visto reyes en el pasado. Pero ninguno tenía la presencia, la majestuosidad, el poder absoluto del joven que vio en aquel trono.

Pronto, varios hombres babilonios se acercaron a la fila de jóvenes judíos. No iban vestidos como soldados. En cambio, parecían más bien hombres de la corte: pulcros y bien afeitados. Uno por uno, examinaron a los adolescentes. Hicieron que cada uno se tirara del pelo y mostrara los dientes. A unos pocos les hicieron quitarse la túnica para poder examinar su físico más de cerca. Al final de cada examen, uno de los hombres señalaba hacia la puerta o hacia la ciudad. Inmediatamente, un soldado se adelantaba, agarraba a los jóvenes y los llevaba en la dirección indicada.

Los hombres se acercaron a Azarías. Tras un examen minucioso, le señalaron la puerta. Daniel vio terror en los ojos de su primo cuando miró hacia atrás antes de cruzar las murallas. Luego fue el turno de Daniel. Detrás de él estaba el palacio y su madre. Pero, por alguna razón, tenía la inquebrantable sensación de que su lugar sería al otro lado de la puerta. Tal vez fue porque Azarías iba por allí, tal vez porque los soldados que llevaban a los adolescentes de vuelta a la ciudad parecían ser mucho más rudos con ellos. O quizás fue algo más grande.

En última instancia, no tuvo tiempo de analizar sus sentimientos. El babilonio señaló hacia la puerta, y condujeron a Daniel a través de ella. Al pasar junto al trono donde estaba sentado Nabucodonosor, se volvió hacia él. Por un momento, sus ojos se cruzaron con los del rey, que justo miraba hacia su dirección. Un torrente de emoción fluyó a través de Daniel como nunca lo había experimentado. Algo en el interior de aquel adolescente le decía que aquella no sería la última vez que miraría fijamente a los ojos de aquel rey.

Dios le había dado a Daniel una misión: ser una luz para los gentiles. Lo más probable es que el adolescente, deportado de su cómoda vida en Jerusalén a una corte en tierra extranjera, ignorara por completo este plan para su vida. Pero lo que vemos con Daniel y sus amigos es que, a pesar de no entender el plan de Dios, seguían confiando en que él lo tenía. Así que cuando Dios cambió su ubicación y sus circunstancias porque los necesitaba en otro lugar, no patalearon ni gritaron. Aceptaron su nueva normalidad, permanecieron fieles a Dios y esperaron oportunidades para ser usados por él.

A lo largo de las Escrituras, vemos que Dios usa tiempos difíciles para cumplir su voluntad. Nunca habríamos oído hablar de Moisés si Dios no hubiera permitido que los egipcios esclavizaran a Israel. Gedeón nunca habría aparecido en las páginas de la Biblia si Dios no hubiera dado libertad a los madianitas para oprimir a su pueblo elegido. Y *Veggie Tales* nunca habría hecho de Jonás el espárrago protagonista de su primer largometraje si el profeta no hubiera pasado tres largos y malolientes días siendo digerido por un pez.

Dios ha dado a cada uno de sus seguidores una misión basada en cómo los ha creado y dotado. Por misión, me refiero a la razón por la que Dios nos puso a cada uno de nosotros en este planeta. Puedes tener una gran misión, o puedes tener numerosos cargos que cambian y evolucionan a medida que avanzas en la vida. En cualquier caso, lo que está claro es que estamos aquí por una razón. Pablo hizo hincapié en esto cuando escribió: "Porque somos hechura suya [de Dios], creados en Cristo Jesús para buenas obras, las cuales Dios preparó de antemano para que anduviésemos en ellas" (Efesios 2:10).

Daniel y sus amigos no podían cumplir su misión holgazaneando en la comodidad del palacio de Jerusalén. Del mismo modo, hay ocasiones en las que Dios necesita cambiarnos de sitio o sacudirnos un poco para asegurarse de que estamos perfectamente preparados para cumplir su voluntad. A menudo, no entendemos lo que Dios está haciendo o por qué. Por lo general, solo cuando miramos hacia atrás, en retrospectiva, podemos dar sentido a los momentos difíciles.

Debido a las dificultades en el matrimonio de mis padres, mi hermano y yo fuimos enviados primero a la casa de unos parientes y luego al sistema de acogida temporal. No fue una vida fácil. Me mantenían y me daban un techo, pero mi familia de acogida no me quería. Cuando era adolescente, esta soledad me llevó a la desesperación y me dispuse a quitarme la vida. Pero Dios me detuvo, y fue en mi punto más bajo cuando conocí al verdadero Mesías a través de la película *Jesús*. Si me hubiera criado en un hogar feliz y tradicional, no sé si habría llegado a aceptar algo tan radical para un niño judío como la fe en el Mesías. Así que, aunque esos días difíciles no fueron placenteros, estoy muy agradecido por ellos, porque me condujeron al momento de mi salvación.

Por eso es tan importante buscar a Dios, en particular en los tiempos difíciles. Él siempre está ahí para guiarnos a través de las dificultades como lo haría un padre amoroso. Pero también necesitamos mantener nuestros ojos y oídos atentos, porque él puede estar abriendo puertas que nos permitirán hacer una diferencia en las vidas de aquellos que nos rodean.

Dios movió a Daniel, y lo hizo por una razón. Pero ¿qué fue lo que llevó al rey Nabucodonosor a marchar por Jerusalén y robarse a los mejores y más sabios jóvenes de la ciudad?

El castigo prometido

Israel se había convertido en una gran nación bajo el liderazgo del rey David y su hijo Salomón. Pero la grandeza duró poco. A pesar de toda la sabiduría que Dios le había dado a Salomón, todavía había un área en la que era un gran necio: las mujeres.

> Pero el rey Salomón amó, además de la hija de Faraón, a muchas mujeres extranjeras; a las de Moab, a las de Amón, a las de Edom, a las de Sidón, y a las heteas; gentes de las cuales Jehová había dicho a los hijos de Israel: No os llegaréis a ellas, ni ellas se llegarán a vosotros; porque ciertamente harán inclinar vuestros corazones tras sus dioses. A estas, pues, se juntó Salomón con amor. Y tuvo setecientas mujeres reinas y trescientas concubinas; y sus mujeres desviaron su corazón. Y cuando Salomón era ya

viejo, sus mujeres inclinaron su corazón tras dioses ajenos, y su corazón no era perfecto con Jehová su Dios, como el corazón de su padre David. (1 Reyes 11:1-4)

Salomón conocía la regla. Conocía la razón de la regla. Conocía las consecuencias potenciales de quebrantar la regla. Sin embargo, se dijo a sí mismo: "Para mí será diferente". ¡Cuántas personas a lo largo de los milenios han abordado el pecado con esa misma arrogancia! Solo un trago, solo un beso, solo una mirada a ese sitio web. Salomón pensó que podía manejar las tentaciones. Resulta que no pudo, y arrastró a la nación con él. Cuando Salomón murió, entregó su nación con problemas espirituales a su hijo en bancarrota espiritual, Roboam. La sabiduría de Salomón era legendaria, la de Roboam, no tanto. No pasó mucho tiempo antes de que el reino se dividiera en dos. Diez tribus se rebelaron contra Jerusalén para formar el reino septentrional de Israel. Dos permanecieron con la casa de David para formar Judá. El reino del norte se apresuró a rechazar al Dios de Abraham, Isaac y Jacob, creando dos dioses becerros de oro y poniendo uno en la cima y otro en la base de la nación para facilitar la adoración de los ídolos.

A pesar de su rebelión, Dios seguía amando al pueblo del norte. Envió a Elías, Eliseo, Amós, Oseas y a otros profetas para decirle a su pueblo que volviera a él. Pero Israel no se arrepintió. Finalmente, el Señor se cansó y, en el año 722 a. C., hizo caer a los asirios sobre el reino. El resultado fue la devastación total, y la mayoría de los judíos fueron expulsados. En su lugar, el rey asirio Salmanasar llenó el vacío de población con gentiles de otras tierras conquistadas. Pronto, la región pasó a ser conocida como la "Galilea de los gentiles" (Isaías 9:1).

Desde sus hogares del sur, el pueblo de Judá observó la desaparición de su hermana, Israel. Pero en lugar de prestar atención a la advertencia y enderezar sus caminos, su actitud fue: "¡Vaya! Apesta ser ellos. Probablemente deberíamos ir a sacrificar a un niño a Moloc en el valle de Hinom, solo para mantenernos a salvo". Una vez más, Dios envió a sus profetas para hacerlos cambiar de actitud. Isaías,

Miqueas, Jeremías, Sofonías, Habacuc y Joel intentaron llevar a la nación al arrepentimiento. Pero el pueblo no los escuchó.

En el año 605 a. C., como se ha dicho, los asirios ya no existían. En su lugar estaba el gigante militar de Babilonia. Dios le tocó el hombro a Nabucodonosor y le señaló Jerusalén. El rey vino, la ciudad cayó y Daniel, junto con muchos otros judíos, fue expulsado de la tierra y llevado a Babilonia en esta primera de tres deportaciones que se extendieron durante un período de dos décadas. Durante este acontecimiento comienza el libro de Daniel.

Capítulo 1

ESTABLECIENDO EL ESTÁNDAR

DANIEL 1

Al otro lado de tu ventana, la vista es negra como la brea. Pero la luz que le falta a la noche, lo compensa con creces el sonido. Se oye el golpeteo de la lluvia, seguido de lo que parece el estruendo de un millón de balas cuando el granizo cae sobre el tejado. Acurrucas a tu familia e intentas calmar a tus hijos cantando estribillos como "Nos encantan los truenos porque los truenos traen la lluvia". Todo niño de pueblo sabe que la lluvia siempre es buena.

De repente, una sirena atraviesa el estruendo. ¡Tornado! Tu mujer y tú cogen a uno de los pequeños, mientras que el mayor se levanta de un salto. Corren hacia los escalones que conducen al sótano. Justo antes de seguir a tu mujer por las escaleras, oyes un estruendo creciente. Está cerca. Una vez bajo tierra, se abrazan con fuerza dentro de un pequeño hueco de cemento protegido mientras se acerca lo que parece un tren de carga. Pronto, el ruido se vuelve ensordecedor, y se oye el estallido de los cristales y el crujir de la madera. El suelo sobre ti cede y se derrumba alrededor de tu escondite. El agua de lluvia empieza a cubrir el suelo. Tus hijos lloran, tu mujer les dice en voz alta que todo estará bien y tú oras con todas tus fuerzas por la protección de tu familia.

Luego pasa. La ráfaga del tornado se aleja. El retumbar de los truenos se hace cada vez más tenue. Pronto, lo único que se oye es la lluvia golpeando los escombros a tu alrededor y el sonido de decenas de alarmas de coches. Le dices a tu mujer que espere con los niños mientras sales a explorar. La vista es devastadora. Miras hacia arriba y ves las estrellas asomándose entre las nubes, estrellas donde debería estar el techo de tu sótano. Tu casa ha desaparecido, así como tus posesiones. Todo lo que queda de tu vida anterior está acurrucado, abrazados entre sí en un rincón de tu sótano. Te detienes un momento y das gracias a Dios por tan maravillosa bendición.

Nunca he experimentado un tornado. El Dr. Rick Yohn, mi colaborador en la redacción de este libro, ha vivido varios, y también ha visto de primera mano las secuelas de algunos tornados muy devastadores. Cuando él y su mujer, Linda, recorrieron en coche algunas zonas afectadas recientemente y hablaron con supervivientes, muchos de los cuales lo habían perdido todo, observaron reacciones muy diversas. Algunos estaban totalmente conmocionados. Otros expresaban un dolor inconsolable. Pero había muchos más que, a pesar de sus pérdidas, sentían un alivio increíble. "Puede que lo hayamos perdido todo", decían, "pero al menos nos tenemos los unos a los otros".

Los babilonios arrasaron Jerusalén como un tornado. La muerte, la destrucción y la pérdida los perseguían. Cuando Daniel y sus amigos emprendieron su largo viaje a la capital, ya no les quedaba nada de su vida anterior. Y cuando digo nada, no me refiero solo a que perdieron sus posesiones y su cómoda vida real. Tras el paso de un tornado, al menos queda la esperanza de que, entre el dinero del seguro y alguna ayuda del Gobierno, la gente pueda reconstruir sus casas y sus negocios. Quizás algún día la vida pueda volver a la normalidad.

Pero para el grupo de Daniel, la normalidad era un estado de ser que ya no existía. Habían crecido en la línea de la nobleza para convertirse en alguien en la nación de Judá. Se los estaba preparando para cargos jerárquicos, reconocimiento de nombre y una vida de poder en su línea de servicio. Esos sueños se habían hecho añicos, y todo lo que les esperaba era un futuro incierto que podía incluir la esclavitud, la servidumbre o, posiblemente, una muerte rápida.

Uno tiene que creer que la pregunta "¿por qué?" cruzó la mente de Daniel. ¿Por qué habría permitido Dios que una nación pagana como Babilonia invadiera y esclavizara al pueblo elegido de Dios? Pero debido a la educación de Daniel, la respuesta a este supuesto enorme enigma era bastante fácil. Daniel fue criado con un conocimiento de la Palabra de Dios. Él estaba familiarizado con las advertencias de los profetas como Isaías y Jeremías. Estando dentro del círculo real, había visto cómo los reyes desde los días de Josías se habían rebelado contra el Dios de sus padres y seguían a deidades paganas. Lo que se había prometido desde los días de Moisés se estaba cumpliendo. Si la nación se rebelaba, Dios traería el castigo. Y, como sucede a menudo, los hijos estaban a punto de pagar el precio por los pecados de sus padres.

Daniel y sus amigos podían haber estado enfadados con Dios y resentidos con las generaciones que les habían precedido. Así es como muchas personas reaccionan cuando son víctimas inocentes de los pecados de otros. Y, para quienes han sido víctimas, es totalmente comprensible que puedan caer en la ira y la depresión crónicas. Pero lo que Daniel nos muestra es que hay un camino mejor. Hay un camino que nos eleva, en lugar de dejar que las circunstancias pasadas nos aplasten. Es el camino de la esperanza, el camino de la fe, el camino de Dios.

La marcha de la muerte a Babilonia

No sabemos cómo fue el viaje de Daniel y sus amigos. Por lo general, cuando los prisioneros eran transportados, los desnudaban, los encadenaban y los obligaban a caminar, probablemente descalzos. Es posible que hayas oído la expresión *marcha de la muerte*, una marcha forzada de prisioneros de guerra durante la cual los que no pueden continuar son asesinados o simplemente abandonados al borde del camino para que mueran. Una de las más famosas de la historia reciente fue la marcha de la muerte de Bataán en la

Segunda Guerra Mundial. En abril de 1942, sesenta y seis mil prisioneros de guerra filipinos y diez mil estadounidenses fueron obligados a caminar ciento seis kilómetros en condiciones horribles. Los que se quedaron en el camino fueron golpeados, asesinados a bayoneta o fusilados. Solo cincuenta y cuatro mil de los setenta y seis mil originales llegaron hasta su destino.

Piensa en lo violento y cruel que fue ese viaje forzado. Ahora, veamos la marcha de la muerte de Babilonia. En lugar de ciento seis kilómetros, la distancia en línea recta entre Jerusalén y Babilonia es de más de ochocientos ochenta kilómetros. Pero nadie viajaba en línea recta entre las dos ciudades, porque en medio estaba el vasto desierto de Arabia. Los que emprendían la travesía se veían obligados a viajar hacia el norte, y luego hacer un giro sobre el desierto en lo que se conocía como el Creciente Fértil. Solo entonces se podía descender hacia el sur hasta Babilonia.

Entonces, ¿cuán largo fue el viaje? Más que considerar la distancia, la mejor manera de calcular la duración del viaje es en el tiempo. Menos de un siglo después de que Daniel y compañía viajaran al este, a Babilonia, el sacerdote Esdras llevó a un contingente de exiliados de vuelta al oeste, de regreso a Jerusalén. Leemos sobre su viaje: "el día primero del primer mes fue el principio de la partida de Babilonia, y al primero del mes quinto llegó a Jerusalén, estando con él la buena mano de Dios" (Esdras 7:9). Siéntete libre de revisar mis cálculos, pero si no me equivoco, ese fue un viaje de cuatro meses. Solo que Esdras y sus cohortes estaban probablemente en mucha mejor forma que la tripulación de prisioneros de guerra que estaba siendo arrastrada al exilio. El viaje de Daniel probablemente duró un poco más y costó muchas más vidas. ¿Fueron Daniel y sus amigos obligados a caminar todo el trayecto, o fueron transportados en carros enjaulados debido a su pedigrí real? Esa es una pregunta que no podemos responder. Lo que sí sabemos es que tuvo que haber sido una experiencia estremecedora para estos adolescentes.

Y las sacudidas no terminaron al arribar.

Un mundo nuevo

Todo era diferente. ¿Alguna vez has visitado un país extranjero de vacaciones, con un idioma, una cultura y una estructura de gobierno diferentes? Rápidamente, te diste cuenta de que tenías algunos retos por delante. Es probable que tuvieras momentos incómodos al preguntar por direcciones u ordenar comida. Tu único consuelo en medio de la vergüenza era que pronto estarías de vuelta en tu propio país, rodeado de gente que pensaba como tú y hablaba el mismo idioma.

Daniel y sus amigos no tuvieron el lujo de regresar. Cuando llegaron a Babilonia, sabían que allí se quedarían. Ni siquiera tuvieron el consuelo de quedarse con el resto de los exiliados judíos. Nabucodonosor tenía un plan diferente para ellos, el cual no incluía aferrarse a sus raíces ni a su identidad.

> Y dijo el rey a Aspenaz, jefe de sus eunucos, que trajese de los hijos de Israel, del linaje real de los príncipes, muchachos en quienes no hubiese tacha alguna, de buen parecer, enseñados en toda sabiduría, sabios en ciencia y de buen entendimiento, e idóneos para estar en el palacio del rey; y que les enseñase las letras y la lengua de los caldeos. (Daniel 1:3-4)

El joven rey Nabucodonosor había realizado algunos viajes durante sus campañas militares. Algo que él había aprendido al trasladarse de ciudad en ciudad y de cultura en cultura era que en el mundo había jóvenes muy inteligentes y de gran calidad. Su único inconveniente era que aún no eran babilonios. Su plan era tomar a los mejores y más brillantes y convertirlos en los suyos.

¿Quiénes eran estos candidatos? Del pasaje anterior se desprende que eran hombres jóvenes. Las personas mayores estaban exentas. En segundo lugar, por sus venas corría sangre noble. Lo siento, campesinos y gentuza, quedan fuera. Tercero, tenían que ser de buen parecer y sin tacha alguna. La corte del rey tenía sus estándares, después de todo. Por último, tenían que ser inteligentes. Nabucodonosor quería jóvenes que no solo dominaran la sabiduría y el conocimiento de su propia cultura, sino que fueran capaces de aprender rápidamente la lengua y la literatura de los caldeos.

Una condición que no se incluyó fue que debían adherirse a un sistema de creencias común. Eran bienvenidos a aferrarse a cualquier dios que adoraban en su país de origen. La única advertencia era que sus antiguas costumbres no podían interferir con las nuevas costumbres de Babilonia. Adelante, adoren a sus dioses, siempre y cuando adoren primero a los nuestros. Para la mayoría de las culturas paganas politeístas, esto no era un problema. Para los judíos, *sí* lo era. Mucho antes, en el primer lugar de aquellas tablas de piedra, estaba escrito el mandamiento: "No tendrás dioses ajenos delante de mí" (Deuteronomio 5:7). No se permitía ningún margen de maniobra, aunque fuera a petición de un rey.

Daniel y sus amigos se enfrentaban a otro gran cambio. Este era permanente y cambiaría sus vidas. Varias generaciones antes, el rey Ezequías había adquirido una enfermedad terminal. Él clamó a Dios y el Señor le prolongó la vida. Por aquel entonces, un reino emergente envió emisarios con algunas cartas y un regalo al rey, felicitándolo por su recuperación. Ezequías se sentía un poco engreído y quiso presumir ante aquellos extranjeros. Así que les dio un recorrido por Jerusalén, y les mostró su oro y plata, sus especias y su arsenal. El reino del que procedían estos hombres era Babilonia.

Poco después de su partida, el profeta Isaías visitó a Ezequías. Le dijo al rey que había cometido una gran insensatez al dejarse llevar por su orgullo y exponer todos sus tesoros. Entonces Isaías profetizó a Ezequías sobre un tiempo venidero:

> Oye palabra de Jehová de los ejércitos: He aquí vienen días en que será llevado a Babilonia todo lo que hay en tu casa, y lo que tus padres han atesorado hasta hoy; ninguna cosa quedará, dice Jehová. De tus hijos que saldrán de ti, y que habrás engendrado, tomarán, y serán eunucos en el palacio del rey de Babilonia. (Isaías 39:5-7)

Daniel y sus amigos fueron el cumplimiento de esta profecía. Fueron llevados a Babilonia, donde los habían convertido en eunucos. Como prueba adicional de este hecho, volvamos a Daniel 1:3. ¿Quién estaba a cargo de los jóvenes en el momento de su partida? Era Aspenaz, jefe de los eunucos del rey Nabucodonosor. Estos jóvenes no solo fueron desarraigados de sus hogares, transportados a una tierra lejana y colocados en una cultura que era el polo opuesto a la justicia y al monoteísmo, sino que también fueron mutilados sexualmente para que nunca pudieran tener hijos. Todos sus sueños de ser padres, de transmitir el apellido de la familia, de tener un niño en sus rodillas, se esfumaron con un corte. Si la mujer de Job hubiera estado allí, les habría dicho: "Maldice a Dios, y muérete" (Job 2:9).

Sin embargo, vemos a Daniel y a sus amigos aferrarse a la esperanza.

Aclimatación y asimilación

El rey se enfrentaba ahora a una decisión estratégica. Tenía ante sí un grupo de eunucos recién llegados de Jerusalén para unirse a los que ya tenía de Egipto y Asiria. Para que funcionara su plan de utilizar a estos jóvenes como fuentes de sabiduría e influencia en su corte, debía asegurarse de que le fueran leales. Los asesinatos y las intrigas eran una constante en los salones de muchos palacios. Si estos jóvenes iban a usar sus cerebros para tramar y maquinar, Nabucodonosor quería asegurarse de que conspiraran a su favor y no en su contra. Tenía que encontrar una manera de separarlos de la lealtad que sentían hacia los hogares que dejaron y, en su lugar, dirigirla hacia la tierra en la que ahora vivían.

Nabucodonosor tenía una gran ventaja con sus futuros consejeros. Todos eran jóvenes. Las mentes jóvenes son más fáciles de reprogramar. Son adaptables. A un niño o adolescente le cuesta mucho menos aclimatarse a una nueva situación que a un adulto. Mientras que un soldado capturado puede necesitar que lo obliguen a punta de espada a servir, a un joven se lo puede persuadir con una palabra dura o, mejor aún, con un incentivo. Así pues, lo que encontramos en Daniel 1 es una estrategia de reprogramación y recompensa.

La primera parte de la reprogramación fue un cambio de imagen. Estos jóvenes ya no eran judíos, eran babilonios. Por lo tanto, necesitaban nombres babilónicos.

> Entre estos estaban Daniel, Ananías, Misael y Azarías, de los hijos de Judá. A estos el jefe de los eunucos puso nombres: puso a Daniel, Beltsasar; a Ananías, Sadrac; a Misael, Mesac; y a Azarías, Abed-nego. (Daniel 1:6-7)

En aquella época, los nombres significaban algo. Hoy en día, pocas personas conocen el origen de su nombre o su significado, más allá de que pueda pertenecer a un familiar, amigo o personaje histórico. En la época de Daniel, los nombres se utilizaban por lo general para expresar el carácter o, más frecuentemente, para honrar a Dios. Como parte del proceso de reprogramación, Aspenaz, jefe de los eunucos, instituyó un cambio significativo para estos jóvenes judíos. Sus nombres seguirían suscitando alabanzas, pero a una deidad diferente.

Marduk era el dios principal de Babilonia, el protector de la ciudad. También se le conocía como Bel, que muchos podrían reconocer por la pronunciación hebrea de su nombre, Baal. Su hijo, Nabu, era el dios de la sabiduría y la literatura. El monte Nebo, el mirador desde donde Moisés conoció la tierra prometida antes de su muerte, lleva el nombre de este dios "anunciador". Un tercer dios que se adoraba en Babilonia era el dios de la luna, Aku. Estos tres dioses son los que se encuentran en los apelativos de nuestros recién acuñados babilonios.

El nombre de Daniel significa "Dios es mi juez". En su lugar, se le dio Beltsasar, "Bel protege al príncipe". Imagínate a este joven, mientras se esforzaba por permanecer fiel a su Señor, siendo etiquetado con el nombre de Baal, el dios falso que probablemente había sido el mayor escollo para los judíos descarriados a lo largo de los siglos. Ananías, que al nacer había recibido el nombre de afirmación de Dios "Yahvé ha actuado con misericordia", fue rebautizado con uno que celebraba la creación en lugar del Creador: Sadrac, el "mandato de Aku". El nombre de Misael pasó a ser Mesac. "¿Quién es como Dios?" se convirtió en "¿Quién es como Aku?". Tan parecido, pero tan diferente. Por último, estaba Azarías, cuyo nombre celebraba al Dios verdadero que con amor está al lado de su pueblo: "Yahvé ha ayudado". Su nombre se convirtió en Abed-nego o "Siervo de Nabu".

¿Funcionó este cambio de nombre para separar a estos jóvenes de su pasado? El hecho de que estemos estudiando el libro de Daniel en lugar del libro de Beltsasar nos da una pista. Con solo unas pocas excepciones, cada vez que Daniel mencionaba su nombre babilónico, utilizaba alguna versión de la fórmula "Daniel, cuyo nombre era Beltsasar". La única vez que no utilizó esa fórmula en su libro fue en el capítulo 4, en el cual el rey Nabucodonosor había asumido el papel de narrador.

Si Daniel insistía en usar su propio nombre judío en su libro, ¿por qué se refería a sus amigos por sus nombres babilónicos? En primer lugar, tenemos que darnos cuenta de que solo hay tres contextos en los que Daniel habla de estos tres compañeros. Primero, cuando los presenta, y conocemos sus nuevos nombres. Segundo, al final del capítulo 2, cuando el joven profeta revela a Nabucodonosor el significado de su sueño. Al final, leemos:

> Y Daniel solicitó del rey, y obtuvo que pusiera sobre los negocios de la provincia de Babilonia a Sadrac, Mesac y Abed-nego; y Daniel estaba en la corte del rey. (Daniel 2:49)

Esto se refiere a los asuntos oficiales de la corte, por lo que tiene sentido que Daniel utilizara los nombres cortesanos de sus amigos. El último uso está presente en todo el capítulo 3, donde leemos la historia del horno de fuego. El uso de los nombres Sadrac, Mesac y Abed-nego hace posible una buena narración. Desde el punto de vista de un escritor, tener que recordar al lector quién es quién a medida que la narración cede lugar a las voces de los personajes babilónicos, haría ilegible el relato. Así que, como el gran autor que es, el profeta simplificó su historia utilizando los nombres babilónicos de sus amigos, y nos dejó a todos sentados para disfrutar de la acción.

A la hora de decidir si luchar contra estos nuevos nombres, parece que Daniel y sus amigos optaron por seguir la corriente. No hay nada en la ley mosaica que prohibiera un determinado tipo de nombre. Y, puesto que probablemente habían sido educados en el conocimiento de la historia judía, sabrían que tener un dios extranjero de nombre no era algo sin precedentes. El heroico juez Gedeón, después de destruir el altar de Baal, recibió el nombre de Jerobaal, que significa "contienda Baal contra él" o "jueces de Baal". Sin duda, se trataba de un contexto diferente, pero en última instancia, Beltsasar y Jerobaal compartían el mismo dios falso en sus nombres. Así que estos jóvenes adoptaron el enfoque de "Llámame como quieras, solo no me llames tarde para cenar". Sin embargo, la cena fue la verdadera prueba de su compromiso con Dios.

Un cambio de dieta

Ser criado entre la realeza tenía muchos privilegios, uno de los cuales era la buena comida. Daniel ha sido retratado por algunas personas conscientes de la salud como un vegetariano comprometido. Yo diría que su vegetarianismo era más bien circunstancial, porque las probabilidades de que se atuviera a las verduras antes de que lo llevaran a Babilonia son muy escasas. En el palacio de Jerusalén, la comida de todo tipo no era un problema. La provisión del rey Salomón era especialmente opulenta:

> Y la provisión de Salomón para cada día era de treinta coros de flor de harina, sesenta coros de harina, diez bueyes gordos, veinte bueyes de pasto y cien ovejas; sin los ciervos, gacelas, corzos y aves gordas. (1 Reyes 4:22-23)

Sin duda, la situación económica había cambiado desde el apogeo salomónico, pero no me cabe duda de que la carne seguía figurando en el menú del palacio. Una vez que llegó a Babilonia, Daniel se hizo vegetariano porque tuvo que hacerlo, no porque quisiera.

Cuando Daniel llegó a Babilonia, no fue arrojado como cautivo a una celda y alimentado con pan y agua. Eso no funcionaría en el plan de Nabucodonosor de hacer que estos jóvenes "se presentasen delante del rey" (Daniel 1:5). Para obtener lo mejor de ellos, los necesitaba inteligentes y sanos. Así que ordenó que a estos nuevos reclutas de la corte se les diera una "ración para cada día, de la provisión de la comida del rey, y del vino que él bebía" (versículo 5). Para la mayoría de los que habían sido llevados con Daniel, comer esta comida real era maravilloso. Las comidas habrían incluido carnes, pescados y verduras cocinados en platos asombrosos con especias de todo el mundo. Babilonia podría haber comenzado a sentirse más como un programa de estudios en el extranjero en una universidad real que como un cautiverio forzado. Bueno, excepto por todo el asunto del eunuco. Pero el encarcelamiento en una tierra lejana ciertamente podría haber sido mucho peor.

Pero mientras todo el mundo estaba celebrando el menú, Daniel se enfrentó a un dilema.

> Pero Daniel se propuso en su corazón no contaminarse con los manjares del rey ni con el vino que él bebía, y pidió al jefe de oficiales que *le permitiera* no contaminarse. (Versículo 8 NBLA)

Dios fue muy específico en la ley mosaica sobre qué animales se podían comer y cuáles no. Habría mucho de la mesa del rey que no cumplía con las normas de Dios. Algunos se preguntarán: "¿Por qué Daniel no comía las otras cosas que no eran malas? Si le servían pescado y marisco, ¿no podía solo dejar la langosta a un lado y comer el filete?". Eso no habría funcionado porque el problema era más que solo *kosher*. La mayoría de la carne en aquellos días era ofrecida a los dioses antes de llegar al plato. Parece que lo mismo ocurría con el vino de Babilonia, porque Daniel decidió rechazarlo también.

¿Realmente era para tanto comer esa comida? Piensa en ello: Daniel había sido desarraigado de su confortable hogar. Lo habían forzado a un viaje de cuatro meses. Cuando llegó, lo mutilaron y le dijeron que tenía que servir al responsable de su mutilación. En resumen, había sido un periodo pésimo de su vida. ¿Se le podía culpar realmente si participaba en algunos de los pocos placeres de los que aún disponía? ¿Y si seguía orando, leyendo las Escrituras e intentando hacer siempre lo correcto? ¿No podía transigir en este pequeño aspecto? No es que hubiera rabinos cerca para condenarlo. Además, ¿no era Dios quien había permitido que ocurriera todo este alboroto?

Esto me remite al huerto de Edén y a la lógica satánica utilizada para seducir a Eva a transigir:

> [La serpiente] dijo a la mujer: ¿Conque Dios os ha dicho: No comáis de todo árbol del huerto?
>
> Y la mujer respondió a la serpiente: Del fruto de los árboles del huerto podemos comer; pero del fruto del árbol que está en medio del huerto dijo Dios: No comeréis de él, ni le tocaréis, para que no muráis.
>
> Entonces la serpiente dijo a la mujer: No moriréis; sino que sabe Dios que el día que comáis de él, serán abiertos vuestros ojos, y seréis como Dios, sabiendo el bien y el mal (Génesis 3:1-5).

Primero, la serpiente desafió la palabra de Dios: "¿Conque Dios os ha dicho…?". Luego, desafió el carácter de Dios: "No moriréis", dando a entender que Dios había mentido. El enemigo probablemente utilizó la misma táctica con Daniel. "¿Sería realmente tan malo comprometer las leyes alimentarias, dada tu situación?". Y, "Dios es el que te metió en este lío. ¿Ves cómo él ha recompensado tu justicia?".

Este mismo tipo de seducción espiritual es rampante hoy en día, especialmente en la iglesia. "Somos adultos, y ambos hemos estado casados antes. ¿Realmente es para tanto si dormimos juntos?". "Dios ha permitido que me meta en este lío financiero. Seguramente, Él no pretenderá que yo diezme cuando apenas me las estoy arreglando". Hay una razón por la que se nos amonesta a ser sabios como una serpiente (ver Mateo 10:16). El diablo es excepcional en el uso de la lógica retorcida para hacer que el pecado parezca no solo bueno, sino beneficioso y nuestro derecho.

Pero la rectitud no es flexible. La moralidad no es situacional. Dios nos ha llamado a un estándar, y cuando presumimos ese estándar, se crea una barrera entre él y nosotros. Daniel se comprometió a asegurarse de que sus acciones nunca fueran responsables de abrir una brecha entre él y Dios.

Aunque la mayoría de los judíos cautivos eran infieles a Dios, los que le daban prioridad en sus vidas no pasaban desapercibidos para su Padre celestial. Después de que Daniel y sus amigos fueron confrontados con la dieta *antikosher*, sacrificada a los ídolos, vemos dos palabras muy importantes: "Pero Daniel". Esa hermosa conjunción "pero" se utiliza muy a menudo en las Escrituras para contrastar lo injusto con lo justo, las malas noticias con las buenas, la destrucción con la esperanza.

¿Recuerdas en Génesis cuando Dios miró alrededor del mundo y vio cuán corrupta se había vuelto la humanidad? Le entristeció comparar la belleza del principio con la fealdad pecaminosa en que se había convertido.

> Y dijo Jehová: Raeré de sobre la faz de la tierra a los hombres que he creado, desde el hombre hasta la bestia, y hasta el reptil y las aves del cielo; pues me arrepiento de haberlos hecho. Pero Noé halló gracia ante los ojos de Jehová. (Génesis 6:7-8)

Había pecado, tristeza e inminente destrucción. Entonces llegaron esas palabras que cambiaron el futuro: "Pero Noé", y con ellas llegaron la esperanza y la alegría y una increíble visión de cómo la santidad y el amor están perfectamente equilibrados en el carácter de Dios.

Daniel no cedería como los demás. No se contaminaría con el menú del rey. Defendería sus creencias. Pero sabía que había un riesgo. Oponerse a las órdenes del rey era un método casi infalible para que te mataran. Así que, para lograrlo, él y sus amigos iban a tener que ser inteligentes.

Ellos formularon un plan.

Pero Dios se les había adelantado. Incluso antes de que se hubieran comprometido, Dios ya estaba preparando a su supervisor para que estuviera abierto a la sugerencia de Daniel. "Y puso Dios a Daniel en gracia y en buena voluntad con el jefe de los eunucos" (Daniel 1:9). Por eso nunca debemos temer hacer lo correcto. Antes incluso de que nos enfrentemos a un dilema moral, Dios sabe si diremos sí a la justicia, y él de antemano comienza a resolver la situación.

Los muchachos defienden su postura

Daniel y sus amigos decidieron permanecer fieles a Dios y no comer la comida del rey. Conocían las posibles consecuencias, pero para ellos la lealtad era más importante que la vida misma. ¿Cómo lo abordaron? ¿Hicieron huelga? ¿Marcharon por el comedor con cánticos y pancartas? Por supuesto que no. En lugar de utilizar un enfoque negativo ante una situación negativa, le dieron la vuelta para convertirla en algo positivo.

> Entonces dijo Daniel a Melsar, que estaba puesto por el jefe de los eunucos sobre Daniel, Ananías, Misael y Azarías: Te ruego que hagas la prueba con tus siervos por diez días, y nos den legumbres a comer, y agua a beber. Compara luego nuestros rostros con los rostros de los muchachos que comen de la ración de la comida del rey, y haz después con tus siervos según veas. Consintió, pues, con ellos en esto, y probó con ellos diez días. (Daniel 1:11-14)

El mayordomo vaciló. Temía por su vida. Si algo iba mal con sus cargos, no solo le costaría una reprimenda o incluso su puesto. Un empeoramiento de la salud de Daniel y los otros, dijo el hombre, "[pondría] en peligro mi cabeza ante el rey" (versículo 10, NBLA). Eso es incluso peor que algunos de los castigos que mis compañeros y yo sufrimos en las Fuerzas de Defensa de Israel, aunque solo levemente. Así que Daniel le hizo una proposición que no podía rechazar: "Aliméntanos con verduras y agua durante diez días, y luego ves cómo estamos". ¡Fue brillante! Ningún inconveniente para el mayordomo, solo la posibilidad de obtener resultados positivos. El hombre aceptó de inmediato.

Pasaron diez días y llegó el momento de la inspección. El mayordomo examinó a los cuatro jóvenes y "pareció el rostro de ellos mejor y más robusto que el de los otros muchachos que comían de la porción de la comida del rey" (versículo 15). Tan asombrosos fueron los resultados que al resto de los jóvenes le quitaron la "comida del rey" y la reemplazaron por verduras, convirtiendo instantáneamente a Daniel, Sadrac, Mesac y Abed-nego en los miembros menos queridos del programa de entrenamiento del rey.

La mano de Dios es maravillosamente evidente en este relato. Una dieta vegetariana ciertamente puede traer cambios notables en la salud de una persona con el tiempo. Pero que haya una diferencia tan significativa en solo diez días demuestra que Dios estaba allí inclinando literalmente la balanza a su favor. Esto nos lleva de nuevo al punto que abordamos al principio. Cuando decidimos hacer lo que es correcto, el Señor está con nosotros cien por ciento del tiempo. Él no estará solo observándonos desde la distancia, apoyándonos y esperando que todo salga bien, sino que estará íntima e intrincadamente involucrado.

Y las bendiciones a causa de la obediencia son continuas. En este caso, Dios no solo ayudó a Daniel y a sus amigos, y luego les dijo: "Nos vemos". Mientras ellos mantenían sus ojos en él, él mantenía sus ojos en ellos.

> A estos cuatro muchachos Dios les dio conocimiento e inteligencia en todas las letras y ciencias; y Daniel tuvo entendimiento en toda visión y sueños. Pasados, pues, los días al fin de los cuales había dicho el rey que los trajesen, el jefe de los eunucos los trajo delante de Nabucodonosor. Y el rey habló con ellos, y no fueron hallados entre todos ellos otros como Daniel, Ananías, Misael y Azarías; así, pues, estuvieron delante del rey. En todo asunto de sabiduría e inteligencia que el rey les consultó, los halló diez

veces mejores que todos los magos y astrólogos que había en todo su reino. (Daniel 1:17-20)

Dios hizo que sobresalieran en el programa. Luego, en la graduación, no solo superaron al resto de su clase, sino que estos adolescentes eran mucho más sabios que cualquiera de los sabios experimentados del reino. Me gustaría atribuir esto al hecho de que, como yo, eran judíos de la tribu de Judá. Sin embargo, la calidad de este tipo va mucho más allá incluso de ese pedigrí. Estos jóvenes cosecharon lo que habían sembrado. Fueron fieles en sus acciones, y el Señor fue fiel en sus dones y bendiciones.

Es poco probable que alguno de nosotros se enfrente a una decisión de vida o muerte a causa de la justicia. Pero todos los días nos enfrentamos a situaciones en las que tenemos la opción de decir sí a Dios o sí a nosotros mismos. Algunas de estas pueden ser grandes decisiones, pero la mayoría son pequeñas. En esas ocasiones menores, el enemigo puede susurrarnos al oído como lo hizo con Eva: "Realmente no es para tanto. Solo esta vez".

Cada decisión sobre si pecamos o no es importante, porque cada pecado es importante. No solo nos separa de nuestra cercanía con Dios, sino que tiene un efecto acumulativo. Jesús dijo a sus discípulos: "El que es fiel en lo muy poco, es fiel también en lo mucho; y el que es injusto en lo muy poco, también es injusto en lo mucho" (Lucas 16:10, NBLA). He visto a demasiados creyentes naufragar en su fe después de ceder a pequeñas concesiones pecaminosas.

La paz viene de saber que estás bien con Dios. La esperanza viene de aferrarse a las promesas que el Señor nos da cuando estamos bien con él. Daniel experimentó una abundancia de bendiciones espirituales debido a su fidelidad. En el próximo capítulo, veremos que esa fidelidad lo llevó a la sala del trono del rey.

Capítulo 2

EL SUEÑO IMPOSIBLE

DANIEL 2

Era el otoño de 2015, y Behold Israel (BI) estaba en su segundo año. La junta del ministerio se reunía en Parker, Colorado, con el propósito de desarrollar en mayor medida la visión de BI. Uno de los miembros me hizo una pregunta: "Amir, ¿cuándo vas a escribir un libro para que más gente pueda acceder a tus enseñanzas?".

No era la primera vez que oía esa pregunta. De hecho, ya me había planteado la posibilidad muchas veces. Por desgracia, sabía la respuesta, que luego compartí con la junta. "Lo siento, muchachos. Lo que me preguntan es imposible. Ya saben que el inglés no es mi lengua materna. Me defiendo bien hablándolo, pero escribir un libro entero es otra cosa. Además, ¿cuándo se supone que voy a encontrar tiempo para ser autor? Viajo constantemente. Y cuando estoy en Israel, estoy dirigiendo giras o preparando mensajes. No hay manera".

Apenas terminé mi respuesta, nuestro director financiero gritó: "¡Steve Yohn!".

"¿Qué pasa con él?". Conocía a Steve de una gira en la que había estado, pero conocía mejor a su padre, Rick.

"Steve escribió algunos libros con Jason Elam, quien solía ser pateador de los Denver Broncos. Tal vez pueda escribir los libros contigo".

Era una idea interesante. "Llama al pastor Rick, y ve si puede traer a Steve para almorzar".

Steve y yo nos reunimos. Luego, durante los tres días siguientes, nos sentamos juntos en el sótano del pastor Rick y elaboramos los detalles de mi primer libro, *The Last Hour* [La última hora]. De repente, lo imposible se hizo posible, lo cual no debería haber sido una sorpresa para mí ni para nadie. Servimos a un Dios que hace posible lo imposible.

Este es nuestro tema al adentrarnos en Daniel 2. El rey Nabucodonosor se enfrentaba a un problema y quería estar seguro de que iba a encontrar la solución correcta. Así que les encomendó a sus consejeros una tarea imposible, una tarea que, si no la cumplían, les costaría la vida. Afortunadamente, había alguien entre ellos que conocía a aquel que se especializaba en lo imposible.

Es en este capítulo que llegamos a la primera de las visiones del libro de Daniel. Esta y las dos siguientes proceden de él mismo, el narrador. Cuando digo narrador, no lo digo en el sentido de ficción. Daniel utilizó ilustraciones de la vida real para comunicar sus puntos. Cuando llegamos a la segunda mitad del libro, el estilo de escritura cambia de narración a visiones apocalípticas.

Para algunos de ustedes que prefieren el discurso a la narración, pueden sentirse en ocasiones frustrados en la primera mitad de Daniel. "¿Dónde está la carne, Amir? Me parece que todo es aplicación y nada de teología". Recuerda, en todo lo que Dios hace, hay un orden. En este libro, vamos a seguir el estilo y la sensación del autor original. Por algo el Espíritu Santo guio a Daniel para que escribiera así. Lo que me encanta de este libro es que hay mucho en él para mantener atentos y estimulados tanto a los de cerebro derecho como a los de cerebro izquierdo.

El rey tiene un sueño

El rey Nabucodonosor daba vueltas en su cama. Sus globos oculares bailaban en el interior de sus párpados mientras su subconsciente le presentaba una visión deslumbrante y aterradora. La tensión crecía en su interior hasta que, de repente, dio un grito, sentándose erguido en su lecho opulento.

Mirando a su alrededor, se dio cuenta de que había sido un sueño. Pero no había sido un viaje nocturno ordinario. Este significaba algo, y estaba seguro de ello. Sin importarle la hora —después de todo, era el rey— llamó a sus sirvientes y los envió a despertar a sus sabios. Estaba a punto de presentarles un desafío.

> En el segundo año del reinado de Nabucodonosor, tuvo
> Nabucodonosor sueños, y se perturbó su espíritu, y se
> le fue el sueño. Hizo llamar el rey a magos, astrólogos,
> encantadores y caldeos, para que le explicasen sus sueños.
> Vinieron, pues, y se presentaron delante del rey. Y el rey
> les dijo: He tenido un sueño, y mi espíritu se ha turbado
> por saber el sueño. (Daniel 2:1-3)

Antes de llegar a la respuesta de los sabios, tenemos que hacer un poco de limpieza. Daniel nos dice que este acontecimiento tuvo lugar en el segundo año del reinado del rey. Recordemos que Daniel fue capturado justo después de que Nabucodonosor se convirtiera en rey y, de inmediato, fue puesto en un programa de entrenamiento de tres años. Entonces, ¿cómo funciona esa matemática con Daniel siendo ahora un graduado de pleno derecho de la Universidad de Magos de Babilonia?

El Dr. John F. Walvoord, expresidente del Seminario Teológico de Dallas durante más de tres décadas, nos da algunas ideas:

> El método babilónico para fechar los reinados de los reyes
> era utilizar el sistema de datación del año de ascensión
> que no contaba el año de ascensión de Nabucodonosor
> (7 de septiembre de 605 a. C. - 1 de abril de 604 a.
> C.) como el primer año de su reinado. Su "primer año"
> habría sido del 2 de abril de 604 a. C. al 21 de marzo de
> 603 a. C., y su "segundo año" habría sido del 22 de marzo de 603 a. C. al 9 de abril de 602 a. C. Los aconteci-

mientos del capítulo 2 ocurrieron al final del curso de tres
años del estudio mencionado en 1:5, poco después de que
Daniel entrara al servicio del rey. Pero oficialmente era el
"segundo año del reinado de Nabucodonosor"[1].

Así que esto habría sido poco después de que Daniel y sus compañeros hubieran completado su entrenamiento, probablemente la
razón por la que no fueron incluidos en el grupo de sabios que se
reunieron en el palacio. Confundidos y un poco nerviosos por haber
sido sacados de sus camas y llevados ante la presencia del rey, los
magos respiraron aliviados cuando escucharon la petición.

Nabucodonosor exige lo imposible

Sueños. Ya lo habían hecho antes. Escuchaban al rey contar su
historia. Luego daban una cancioncilla, un bailecito, unas palabras
de sabiduría al azar, y el rey podía volver a dormirse con una alegre
interpretación de su pesadilla.

> Entonces hablaron los caldeos al rey en lengua aramea:
> Rey, para siempre vive; di el sueño a tus siervos, y te mos-
> traremos la interpretación. (Versículo 4)

Pero el rey rompió el protocolo de sueño/interpretación. Les lanzó una bola curva, una con suficiente jugo en ella como para que
fuera imposible batearla.

> Respondió el rey y dijo a los caldeos: El asunto lo olvidé; si
> no me mostráis el sueño y su interpretación, seréis hechos
> pedazos, y vuestras casas serán convertidas en muladares.
> Y si me mostrareis el sueño y su interpretación, recibiréis
> de mí dones y favores y gran honra. Decidme, pues, el
> sueño y su interpretación. (Versículos 5-6)

Nabucodonosor era un hombre inteligente. Conocía a los sabios
y sus esquemas. Era hora de ponerlos a prueba. "Quizás no me oyeron bien. Dije que primero quiero que me cuenten el sueño, luego

escucharé lo que significa. Si lo hacen, serán recompensados más allá de sus sueños. Si no lo hacen, entonces es hora de cortar y trocear". Fue una jugada brillante. Estos hombres afirmaban que podían hacer lo imposible. Podían mirar a los cielos o a los cuencos llenos de pociones o a los huesos de los animales, y podían darle al rey una visión del futuro y del mundo de los espíritus.

Nabucodonosor dijo: "Demuéstrenmelo".

Entraron en pánico.

> Los caldeos respondieron delante del rey, y dijeron: No hay hombre sobre la tierra que pueda declarar el asunto del rey; además de esto, ningún rey, príncipe ni señor preguntó cosa semejante a ningún mago ni astrólogo ni caldeo. Porque el asunto que el rey demanda es difícil, y no hay quien lo pueda declarar al rey, salvo los dioses cuya morada no es con la carne. (Versículos 10-11)

Y la verdad salió a la luz. Las afirmaciones de estos magos, astrólogos, hechiceros y caldeos, que también eran adivinos, de poder ver y entender lo sobrenatural eran todas falsas. Si estos sujetos no podían darle al rey lo que pedía, ¿de qué le servían? Por tanto, decidió no esperar a su inevitable fracaso. Furioso, "mandó que matasen a todos los sabios de Babilonia" (versículo 12). El decreto se hizo público y comenzó el proceso para la ejecución de los sabios.

Daniel es un narrador brillante. El lector se siente atraído, pero aún puede mantener una distancia emocional. *Vaya, qué desgracia ser mago de Babilonia ahora mismo*, tal vez piense. Y entonces se da cuenta. *Espera, ¿no es Daniel uno de los magos babilonios?* Y de pronto el lector se involucra en el juego. ¡Es hermoso!

Daniel y sus amigos se enteraron de que había una orden de muerte y que ellos estaban en la lista. Me encanta cómo respondieron. En lugar de dejarse llevar por el pánico, los cuatro amigos lo hablaron. Se "aconsejaron" entre sí. Una vez que acordaron un plan de acción, Daniel dio un paso al frente para poner en práctica su estrategia. El primer paso fue intentar detener la matanza.

> Entonces Daniel habló sabia y prudentemente a Arioc,
> capitán de la guardia del rey, que había salido para matar
> a los sabios de Babilonia. Habló y dijo a Arioc capitán del
> rey: ¿Cuál es la causa de que este edicto se publique de
> parte del rey tan apresuradamente? Entonces Arioc hizo
> saber a Daniel lo que había. (Versículos 14-15)

Arioc estaba a cargo de la matanza, así que Daniel acudió a él, lo cual fue una acción bastante audaz. Suplicó por su vida y por la de sus compañeros, diciéndole al capitán de la guardia del rey que él podía detener la matanza. Él le contaría el sueño a Nabucodonosor. Arioc se opuso. Él tenía órdenes, y solo el rey podía decirle que se detuviera. Así que Daniel y Arioc probablemente fueron juntos a ver al rey. Daniel le prometió a Nabucodonosor un sueño y una interpretación; solo necesitaba que le diese un breve tiempo. El monarca accedió, y Daniel regresó para contárselo a sus amigos.

La oración hace posible lo imposible

El plan había funcionado a la perfección. Ahora solo quedaba un pequeño paso para salvar a los sabios de Babilonia. Daniel y sus amigos tuvieron que hacer lo imposible. Pero recuerda, nada hay imposible para Dios, y a él se dirigieron.

> Luego se fue Daniel a su casa e hizo saber lo que había
> a Ananías, Misael y Azarías, sus compañeros, para que
> pidiesen misericordias del Dios del cielo sobre este miste-
> rio, a fin de que Daniel y sus compañeros no pereciesen
> con los otros sabios de Babilonia. Entonces el secreto fue
> revelado a Daniel en visión de noche, por lo cual bendijo
> Daniel al Dios del cielo. (Versículos 17-19)

Estos adolescentes sabían lo que la mayoría de los adultos cristianos olvidan. Cuando tienes un problema, lo primero que haces es arrodillarte y orar. No calculas los números. No buscas opiniones en Google. No haces una lista de pros y contras. Todas esas opciones pueden entrar en juego más tarde, pero la primera acción que siempre debemos tomar cuando nos enfrentamos a una dificultad de cualquier magnitud es ponerla de inmediato en las manos del Dios que todo lo puede.

Los compañeros oraron, y Dios respondió. Él reveló el sueño a Daniel en una visión nocturna. Esta es la primera vez que vemos a Daniel recibiendo una visión. Cuando lleguemos a la segunda mitad de este libro, se hará evidente que esta es la metodología preferida de Dios para comunicarse con este profeta.

Una vez que tuvieron su respuesta, hicieron la segunda cosa que la mayoría de adultos cristianos olvidan hacer. Se detuvieron y dieron gracias a Dios. Daniel oró:

> Sea bendito el nombre de Dios de siglos en siglos, porque suyos son el poder y la sabiduría… A ti, oh Dios de mis padres, te doy gracias y te alabo, porque me has dado sabiduría y fuerza, y ahora me has revelado lo que te pedimos; pues nos has dado a conocer el asunto del rey. (Versículos 20, 23)

Una vez concluido el momento de acción de gracias, Daniel se apresuró a buscar a Arioc. "No mates más. Tengo la interpretación", le dijo al capitán. Arioc llevó deprisa a Daniel de nuevo a la presencia del rey, donde Nabucodonosor le preguntó: "¿Podrás tú hacerme conocer el sueño que vi, y su interpretación?" (Daniel 2:26). La respuesta de Daniel nos dice todo lo que necesitamos saber sobre el carácter del joven.

> Daniel respondió delante del rey, diciendo: El misterio que el rey demanda, ni sabios, ni astrólogos, ni magos ni adivinos lo pueden revelar al rey. Pero hay un Dios en los cielos, el cual revela los misterios, y él ha hecho saber al rey Nabucodonosor lo que ha de acontecer en los postreros días. (Versículos 27-28)

De inmediato, Daniel le dio crédito a Dios. Este es un patrón que veremos a lo largo de su vida. Me pregunto si Daniel pensó en el héroe hebreo José cuando se presentó ante el rey. Faraón tuvo un sueño aterrador. Trajeron a José. Faraón le dijo: "He oído que sabes interpretar sueños". En lugar de atribuirse ningún mérito, José respondió: "No está en mí; Dios será el que dé respuesta propicia a Faraón" (Génesis 41:16). A pesar de todos los libros que puedas pedir en Amazon sobre el tema, la interpretación exacta de los sueños es competencia de Dios, no del hombre. Nabucodonosor preguntó: "¿Eres tú el hombre?". Daniel respondió: "No lo soy. Pero Dios sí".

Si eres creyente en el Señor Jesucristo, la afirmación anterior de Daniel tiene mucho sentido. Pero en nuestra sociedad secular de hoy, la idea de que Dios revela el futuro es una noción extraña. De hecho, la idea misma de los milagros parece una tontería para la mente secular. John C. Lennox, profesor de Matemáticas en la Universidad de Oxford y conocido apologista cristiano, escribió:

> No es necesario decir que la respuesta afirmativa de Daniel constituye un enorme reto para el secularismo contemporáneo que insiste en su visión atea de que el universo es un sistema cerrado de causa y efecto[2].

Lennox continúa hablando del biólogo evolucionista Richard Dawkins, miembro declarado de los Nuevos Ateos, que escribió en su libro *El espejismo de Dios*:

> Ahora está clara la conexión con el siglo XIX. Esta fue la última época en la que era posible que una persona educada admitiera creer sin embarazo en milagros como la Virgen. Cuando se les presiona, muchos cristianos educados de hoy día son demasiado leales como para negar el nacimiento virginal y la resurrección. Pero se sienten violentos porque su mente racional sabe que es absurdo, por lo que prefieren, con mucho, que no se les pregunte nada parecido[3].

Hombres como Dawkins se burlan de los creyentes que aceptan lo sobrenatural. Al mismo tiempo, rinden culto a los pies del racionalismo, el dios de los ateos. Pero no deberíamos esperar nada diferente. Un individuo que no posee el Espíritu Santo no puede comprender lo sobrenatural. Dawkins vive en un sistema cerrado del universo que cree que, si algo no se puede demostrar científicamente, entonces no es confiable. Sin embargo, si se le pide que demuestre científicamente los orígenes del universo o de la vida, se verá obligado a admitir que no puede.

Dawkins está convencido de que él y los que son como él son intelectualmente superiores a los que creen que existe un Dios capaz de hacer milagros y dar a conocer acontecimientos futuros. Él y sus compañeros ateos, que sustituyen los argumentos sólidos por lo irrisorio y el sarcasmo, me recuerdan las palabras del apóstol Pablo a los corintios:

> Lo cual también hablamos, no con palabras enseñadas por sabiduría humana, sino con las que enseña el Espíritu, acomodando lo espiritual a lo espiritual. Pero el hombre natural no percibe las cosas que son del Espíritu de Dios, porque para él son locura, y no las puede entender, porque se han de discernir espiritualmente. En cambio el espiritual juzga todas las cosas; pero él no es juzgado de nadie. Porque ¿quién conoció la mente del Señor? ¿Quién le instruirá? Mas nosotros tenemos la mente de Cristo. (1 Corintios 2:13-16)

Sin el Espíritu Santo, ¿cómo se puede esperar que uno entienda las cosas espirituales? Daniel estaba a punto de levantar el velo entre lo natural y lo sobrenatural, dando al rey una visión de lo que el profeta era capaz de ver con sus ojos espirituales. Nabucodonosor iba a conocer acerca de "los tiempos de los gentiles".

Los tiempos de los gentiles

Antes de continuar, necesitamos entender de qué se tratan los tiempos de los gentiles porque es muy significativo para el entendimiento de este libro. La Biblia comienza con gentiles. Adán y Eva eran gentiles. Noé era gentil. Los judíos no surgieron hasta Abraham. Pero también en esos primeros capítulos de Génesis, Dios comenzó a contar su historia mirando a los individuos y a las familias. Estaban Adán y Eva y Caín y Abel. Leemos sobre Enoc, Matusalén y, de nuevo, Noé. Este enfoque microcósmico se mantiene a lo largo de los once primeros capítulos de la Biblia. Luego viene Génesis 12, y el enfoque se amplía. La historia se centra en los judíos y en la nación de Israel, y así hasta el final de Malaquías. Es cierto que se mencionan otros países. Pero solo se habla de ellos en referencia a su relación con Israel.

Por eso Daniel es único. En un testamento lleno del enfoque judío, este libro conecta los tiempos de los gentiles con el enfoque del fin de los tiempos de Jesús en el monte de los Olivos, de Pablo en Romanos 11 y de Juan en el libro de Apocalipsis. Daniel muestra que Dios tiene un plan para los que no forman parte de la nación de Israel, y utilizarlos como un medio para atraer hacia él a su propio pueblo.

Dios escogió a Israel para ser luz de las naciones. El Señor dijo a su pueblo: "También te di por luz de las naciones, para que seas mi salvación hasta lo postrero de la tierra" (Isaías 49:6). Pero la nación elegida por Dios fracasó en su llamado. En lugar de ser luz, su deseo era ser como todas las demás naciones. Antes de abrirles la puerta a la tierra prometida, Dios advirtió a Israel que, si no le seguían, les arrebataría esta hermosa herencia. Aun así, se rebelaron y él actuó. En el año 722 a. C., los asirios expulsaron al reino del norte de Israel, y desde el 605 a. C. hasta el 586 a. C., Dios utilizó a los babilonios para completar su proceso de expulsión del reino del sur de Judá. Desde entonces, los gentiles han dominado o han tenido influencia sobre la tierra de Israel. Estos son los tiempos de los gentiles.

El sueño revelado

Volvamos a nuestra historia. Daniel estaba frente al rey Nabucodonosor. Acababa de hacer una declaración audaz al afirmar que a través del poder de Dios no solo interpretaría el sueño del rey, sino que lograría la misión imposible de describir primero la pesadilla.

Tú, oh rey, veías, y he aquí una gran imagen. Esta imagen, que era muy grande, y cuya gloria era muy sublime, estaba en pie delante de ti, y su aspecto era terrible. La cabeza de esta imagen era de oro fino; su pecho y sus brazos, de plata; su vientre y sus muslos, de bronce; sus piernas, de hierro; sus pies, en parte de hierro y en parte de barro cocido. Estabas mirando, hasta que una piedra fue cortada, no con mano, e hirió a la imagen en sus pies de hierro y de barro cocido, y los desmenuzó. Entonces fueron desmenuzados también el hierro, el barro cocido, el bronce, la plata y el oro, y fueron como tamo de las eras del verano, y se los llevó el viento sin que de ellos quedara rastro alguno. Mas la piedra que hirió a la imagen fue hecha un gran monte que llenó toda la tierra. (Daniel 2:31-35)

Daniel tenía al rey en "gran imagen". El sueño aterrador podría haber sido sobre cualquier cosa. Él podría haber visto ataques de enormes ejércitos o haber tenido visiones de fantasmas y espíritus o haberse encontrado dando un discurso delante de la gran población de su ciudad en ropa interior. Pero en cuanto Daniel habló de una estatua, Nabucodonosor supo que podía confiar en todo lo demás que saliera de la boca de este sabio joven.

Al conocer los detalles del sueño, es fácil comprender por qué era tan inquietante. El rey sabía que tenía algo que ver con él, pero no sabía qué. ¿Era él la estatua? ¿Era él solo una parte de la estatua? Tal vez era la piedra o, lo que es más aterrador, quizás la piedra caía hacia él. Tiene sentido por qué quería estar seguro de tener la interpretación correcta, y por qué se sintió tan frustrado cuando nadie pudo responder a su reto de veracidad.

Esta idea de que la verdad está tan cerca y tan lejos me recuerda al libro de Apocalipsis y a una sala del trono diferente. Juan el Revelador estaba de pie ante la corte del Rey de reyes. Y vio un rollo con siete sellos que lo mantenían cerrado. La expectativa por conocer la sabiduría que contenía llenaba la sala. Pero entonces ocurrió el desastre:

> Y vi a un ángel fuerte que pregonaba a gran voz: ¿Quién es
> digno de abrir el libro y desatar sus sellos? Y ninguno, ni
> en el cielo ni en la tierra ni debajo de la tierra, podía abrir
> el libro, ni aun mirarlo. (Apocalipsis 5:2-3)

Juan no podía creer lo que oía. *¿Nadie? Estamos en el cielo, en la presencia misma de Dios, ¿y no hay nadie digno de abrir el rollo?* Él no cesaba de llorar, hasta que uno de los ancianos le dijo: "No llores. He aquí que el León de la tribu de Judá, la raíz de David, ha vencido para abrir el libro y desatar sus siete sellos" (versículo 5). Juan miró, y allí, ante él, estaba el gran León en forma de cordero inmolado. Este era el que el Todopoderoso había considerado digno de revelar las verdades escritas en el rollo.

Nabucodonosor estaba tan cerca de conocer la verdad esencial de su sueño. Sin embargo, sin alguien digno de desentrañar su sabiduría, él seguía estando muy lejos. Imagínate su emoción, su alegría, cuando Daniel, a quien Dios consideraba digno, dio un paso al frente para revelar este conocimiento tan importante. Después de escuchar el mensaje de este joven sobre la parte del sueño, Nabucodonosor se preparó para oír su interpretación.

La interpretación del sueño: los cinco reinos

El primer reino: Babilonia

Daniel comenzó diciendo: "Tú, oh rey, eres rey de reyes; porque el Dios del cielo te ha dado reino, poder, fuerza y majestad. Y dondequiera que habitan hijos de hombres, bestias del campo y aves del cielo, él los ha entregado en tu mano, y te ha dado el dominio sobre todo; tú eres aquella cabeza de oro" (Daniel 2:37-38). El rey debió de llenarse de orgullo al oír esas últimas palabras. Claro que él es la cabeza de oro. ¿Quién más podría serlo? Ciertamente no era el faraón Necao II o quienquiera que fuese ese torpe que dirigió a los últimos asirios en Carquemis. Nabucodonosor sabía que no había nadie más que mereciera ser esa cabeza de oro. Fue bueno escuchar que el Dios de Daniel estaba de acuerdo con él.

La posición del rey en la cima era la buena noticia. La mala noticia era que no duraría. Daniel continuó: "Y después de ti se levantará otro reino inferior al tuyo" (versículo 39). Aunque muchos podrían centrarse en la halagadora palabra "inferior", es probable que la mente de Nabucodonosor se enfocara en "después". Cuando estás en la cima, es difícil imaginar un momento en que ya no estarás allí. Pero eso le ocurre a todo el mundo. Puede que hayas llegado a lo más alto de la escalera corporativa, pero tu tiempo al mando tiene un límite. Con el tiempo, saldrás de tu oficina por última vez, y al día siguiente, la foto familiar de otra persona estará sobre el escritorio.

Por eso Jesús, en el Sermón del monte, dijo a sus oyentes que se centraran en lo que es más importante en la vida. Dijo: "No os hagáis tesoros en la tierra, donde la polilla y el orín corrompen, y donde ladrones minan y hurtan; sino haceos tesoros en el cielo, donde ni la polilla ni el orín corrompen, y donde ladrones no minan ni hurtan" (Mateo 6:19-20). No hay nada malo en sobresalir en los negocios o en cualquier otra tarea terrenal. Procura mantener la perspectiva. Es temporal, está aquí un día y se va al siguiente. Solo lo que haces para el Señor es eterno.

Para el rey, había un resquicio de esperanza en la nube negra del "después". La naturaleza temporal de la palabra implicaba que todo seguiría bien mientras fuera rey. No tendría que lidiar con la eventual decadencia y caída del Imperio babilónico. Pero cuando se fuera, sus sueños de una dinastía prolongada se irían con él. El hecho de que Nabucodonosor no ordenara de inmediato la ejecución de Daniel por su traición demuestra el respeto que el rey había desarrollado rápidamente por este joven. Reconocía que su sabio no estaba hablando sus propias palabras, sino las del Dios al que servía. Y puesto que este era obviamente el Dios que le había dado su sueño para empezar, era mejor que lo escuchara.

El segundo, tercero y cuarto reino: Medo-Persia, Grecia y Roma

Habiendo sobrevivido al bombazo de la revelación del reino temporal, Daniel continuó:

> Y después de ti se levantará otro reino inferior al tuyo; y
> luego un tercer reino de bronce, el cual dominará sobre
> toda la tierra. Y el cuarto reino será fuerte como hierro; y
> como el hierro desmenuza y rompe todas las cosas, des-
> menuzará y quebrantará todo. (Versículos 39-40)

El primer reino y el último, de los que oiremos hablar dentro de
un momento, están identificados en la interpretación. Los tres del
medio no. Sin embargo, una mirada a la historia nos muestra claramente qué imperios ha conectado Dios con el torso y las piernas de
la estatua. Babilonia sería reemplazada, pero no en grandeza. El reino inferior de plata fue el Imperio medopersa que conquistó Babilonia en 539 a. C. Aunque duró dos siglos, este segundo imperio no
estuvo a la altura de la belleza y opulencia del reino de Nabucodonosor. Entre el 334 y el 330 a. C., el "reino de bronce" griego, dirigido por Alejandro Magno, derrotó a los medopersas, y Alejandro
extendió su imperio hacia el este.

Aunque Alejandro murió joven, su imperio duró otros dos siglos
y medio antes de que los romanos tomaran el poder en el 63 a. C.
¿Por qué la visión de Nabucodonosor describía el poderoso Imperio romano como hierro mezclado con arcilla? Porque la historia de
Roma es una historia de división. Hubo tiempos de unidad, pero a
menudo un general se enfrentaba a otro, o el emperador se enfrentaba al Senado. Finalmente, esta discordia condujo a la división de
Roma en un imperio oriental y otro occidental. Como el hierro, el
Imperio romano tenía una gran fuerza, pero la disensión, la desu-
nión y, por último, la distancia, corroyeron su poder y condujeron
a su colapso.

El quinto reino: el reino de Dios

Ahora Daniel llega al más intrigante de los reinos, uno diferente a
todos los anteriores. Como una bola de bolos lanzada hacia un pino
de porcelana, este reino de piedra golpeó el oro, la plata, la arcilla e
incluso las partes de hierro de la estatua con una fuerza pulverizado-
ra, dejando tras de sí un fino polvo que se lo llevó la brisa. Una vez

despejado el escenario, la piedra se asentó y creció hasta cubrir toda la tierra. Solo un reino podría ejercer tanto poder: el reino de Dios.

> Y en los días de estos reyes el Dios del cielo levantará un reino que no será jamás destruido, ni será el reino dejado a otro pueblo; desmenuzará y consumirá a todos estos reinos, pero él permanecerá para siempre, de la manera que viste que del monte fue cortada una piedra, no con mano, la cual desmenuzó el hierro, el bronce, el barro, la plata y el oro. El gran Dios ha mostrado al rey lo que ha de acontecer en lo por venir; y el sueño es verdadero, y fiel su interpretación. (Versículos 44-45)

¿Quién había oído hablar de un reino eterno? Los imperios van y vienen. La descendencia de Nabucodonosor pronto lo descubriría. Solo una deidad podía lograr esta gran hazaña eterna. ¿Pero qué deidad? Obviamente no Marduk o Aku o Nabu. De lo contrario, no habría habido un "después" en la interpretación de Daniel. El Dios del cielo es el único que tiene el poder no solo para establecer un reino global, sino para sostenerlo durante la eternidad.

¿La piedra alegórica?

Me parece muy interesante que haya muchos que digan: "La cabeza es literalmente Babilonia. El pecho y los brazos son Medo-Persia en sentido literal. El vientre y los muslos son Grecia en sentido literal. Los pies son Roma en sentido literal. Pero la piedra es una representación alegórica de Jesús estableciendo su reino espiritual con el advenimiento de la iglesia". Espera, ¿qué? Un grupo que sostiene este punto de vista son los preteristas, que dicen que todas las profecías de Daniel se cumplieron hasta el momento en que Jesús caminó sobre la tierra, aunque algunos extienden el cumplimiento hasta el final del Imperio romano. También creen que el Discurso del Monte de los Olivos de Mateo 24-25 y la mayor parte del libro de Apocalipsis se cumplieron en el año 70 d. C.

¿Qué regla de interpretación exige que pasemos de lo literal a lo espiritual? La única razón que se me ocurre para hacer este cambio es la presuposición personal. La presuposición dice que cuando miras una porción de las Escrituras que no concuerda con tu doctrina ya establecida, debes alegorizar el pasaje para poder moldearlo a tus creencias.

Dios ha prometido a través de las Escrituras que vendrá un tiempo en que establecerá un reino literal sobre el cual Jesús gobernará desde Jerusalén. El salmista habló del Mesías reinando desde Sion cuando escribió:

> El que mora en los cielos se reirá;
> El Señor se burlará de ellos.
> Luego hablará a ellos en su furor,
> Y los turbará con su ira.
> Pero yo he puesto mi rey
> Sobre Sion, mi santo monte. (Salmos 2:4-6)

¿Dónde está Sion? En Jerusalén. El Rey de Dios, el Mesías, se sentará en ese trono. Y no solo los judíos lo honrarán. También los gentiles lo buscarán y lo seguirán.

> Acontecerá en aquel tiempo que la raíz de Isaí, la cual
> estará puesta por pendón a los pueblos, será buscada por
> las gentes; y su habitación será gloriosa. (Isaías 11:10)

Observa que dice "las" gentes, no solo "algunas" gentes. Este es un reino global con un gobierno global, que durará mil años.

> Y vi las almas de los decapitados por causa del testimonio
> de Jesús y por la palabra de Dios, los que no habían adora-
> do a la bestia ni a su imagen, y que no recibieron la marca
> en sus frentes ni en sus manos; y vivieron y reinaron con
> Cristo mil años. Pero los otros muertos no volvieron a vivir
> hasta que se cumplieron mil años. Esta es la primera resu-
> rrección. Bienaventurado y santo el que tiene parte en la

primera resurrección; la segunda muerte no tiene potestad sobre estos, sino que serán sacerdotes de Dios y de Cristo, y reinarán con él mil años. (Apocalipsis 20:4b-6)

Ahora, para aquellos de ustedes que están listos para abalanzarse sobre mí, pueden guardar sus "ajá" en una caja. En estos pasajes, tanto del Antiguo como del Nuevo Testamento, no estamos experimentando el estado eterno. La tierra todavía existe. Jerusalén sigue estando en Oriente Medio. La única diferencia por ahora es que en lugar de reunirse la Knéset en la ciudad, hay un trono con un rey en él. El reinado de mil años de Jesús será el comienzo del reino eterno. Cuando Satanás y sus malvadas hordas sean derrotados de una vez por todas al final del milenio, se crearán un nuevo cielo y una nueva tierra. Es desde allí que nuestro Salvador gobernante continuará su reinado por la eternidad.

Y no habrá más maldición; y el trono de Dios y del Cordero estará en ella, y sus siervos le servirán, y verán su rostro, y su nombre estará en sus frentes. No habrá allí más noche; y no tienen necesidad de luz de lámpara, ni de luz del sol, porque Dios el Señor los iluminará; y reinarán por los siglos de los siglos. (Apocalipsis 22:3-5)

Un rey postrado

La reacción de Nabucodonosor fue asombrosa. Comprensible, pero asombrosa.

Entonces el rey Nabucodonosor se postró sobre su rostro y se humilló ante Daniel, y mandó que le ofreciesen presentes e incienso. El rey habló a Daniel, y dijo: Ciertamente el Dios vuestro es Dios de dioses, y Señor de los reyes, y el que revela los misterios, pues pudiste revelar este misterio. (Daniel 2:46-47)

¿Te imaginas la sorpresa cuando el rey más poderoso del mundo se postró ante un eunuco adolescente de la corte? Daniel no solo había logrado lo imposible al relatar el sueño, sino que además ofreció una poderosa interpretación profética llena de verdad y poder. Pero a pesar de haber sido expuesto ante su sirviente de la corte, el rey conocía la verdadera fuente del sueño y su significado. El Dios de Daniel era el revelador de los secretos. Marduk falló. Nabu no apareció. Aku ni crecía ni menguaba. Era el "Dios de dioses, y el Señor de los reyes" el que había intervenido.

¿Vemos a un rey convertido en esta época? ¿Fue este su momento de "le fue contado por justicia"? Probablemente no. Fue más un reconocimiento del Dios del cielo que una conversión. Dentro de un par de capítulos se hará obvio que Nabucodonosor no estaba listo para entregar su vida al Señor, si es que alguna vez lo hizo.

Lo que sigue nos lleva una vez más a aquella sala del trono egipcio donde José había interpretado el sueño de Faraón:

> Y dijo Faraón a José: Pues que Dios te ha hecho saber todo esto, no hay entendido ni sabio como tú. Tú estarás sobre mi casa, y por tu palabra se gobernará todo mi pueblo; solamente en el trono seré yo mayor que tú. Dijo además Faraón a José: He aquí yo te he puesto sobre toda la tierra de Egipto. (Génesis 41:39-41)

José demostró su fidelidad a Dios, dándole todo el honor y la alabanza a él. Dios lo recompensó con poder y posición. También Daniel se aseguró de que Nabucodonosor supiera que él era solo el portavoz. Así, su recompensa divina estaría próxima.

> Entonces el rey engrandeció a Daniel, y le dio muchos honores y grandes dones, y le hizo gobernador de toda la provincia de Babilonia, y jefe supremo de todos los sabios de Babilonia. Y Daniel solicitó del rey, y obtuvo que pusiera sobre los negocios de la provincia de Babilonia a Sadrac, Mesac y Abed-nego; y Daniel estaba en la corte del rey. (Daniel 2:48-49)

En esta historia, se destacan tres rasgos del carácter de Daniel. Primero, fue humilde, asegurándose de que Dios recibiera todo el honor del rey. En segundo lugar, Daniel mostró amor por las personas, tanto si amaban a Dios como si no. Después de recibir el sueño y su interpretación de parte del Señor, sus primeras palabras a Arioc, capitán de la guardia del rey, fueron: "No mates a los sabios de Babilonia" (versículo 24). Estos eran magos, hechiceros y astrólogos que buscaban adivinar la sabiduría usando muchos métodos que la ley mosaica prohibía. Sin embargo, en lugar de abandonar a su suerte a estos pecadores, Daniel habló en su favor. Del mismo modo, debemos recordar amar y ayudar a aquellos cuyas creencias y estilos de vida son muy diferentes de los nuestros. Por último, no se olvidó de sus amigos. Si Daniel ascendía, llevaría a sus amigos con él.

Por desgracia, estos amigos pronto se encontraron en el punto de mira de Nabucodonosor.

Capítulo 3

LA FE PROBADA
POR EL FUEGO

DANIEL 3

A medida que se amplía la distribución de mis libros, crece el número de idiomas a los que se traducen. Esto me emociona por muchas razones. La verdad de los planes perfectos de Dios para los últimos tiempos está irrumpiendo en cada vez más lugares. La esperanza que proviene de una relación personal con Jesús el Mesías está llegando a un mayor número de personas.

Otro beneficio que realmente me entusiasma es que los trasfondos y las situaciones de vida de quienes leen estos libros son cada vez más diversos. Cuando se publicaban únicamente en inglés, podía esperar que la mayoría de los lectores tuviera una mentalidad occidental. Eran estadounidenses y europeos, junto con mis queridos amigos de Sudáfrica y Australia.

Pero ahora que *Revelando el Apocalipsis*, *Israel and the Church* [Israel y la Iglesia] y otros libros se traducen a lenguas de Europa del Este, Sudamérica, India y Asia Oriental, entre mis lectores hay quienes piensan de forma culturalmente diferente. Debo tenerlo en cuenta al momento de escribir. También pueden experimentar una mayor hostilidad de sus gobiernos hacia el cristianismo evangélico.

En otras palabras, la fe, para un gran número de mis lectores, puede ser peligrosa.

Eso no quiere decir que no haya riesgo para los cristianos en el mundo occidental. Pero lo que está en juego es diferente. Las relaciones, el empleo y la aceptación social pueden estar en peligro cuando los creyentes de Occidente defienden la verdad en medio de la decadencia social y moral. Pero el rechazo y la persecución son de esperar. Jesús les dijo a sus discípulos:

> Si el mundo los aborrece, tengan presente que antes que a ustedes me aborreció a mí. Si fueran del mundo, el mundo los amaría como a los suyos. Pero ustedes no son del mundo, sino que yo los he escogido de entre el mundo. Por eso el mundo los aborrece. (Juan 15:18-19 NVI)

Cuando se trata de seguir a Cristo, existen riesgos ocupacionales. El principal de ellos es que el mundo te desprecie. Pero los peligros de la fe no son nada nuevo, sino que se remontan a mucho más atrás, incluso al tiempo en que el Mesías caminó sobre la tierra. En este capítulo, veremos cómo el firme compromiso de tres jóvenes estuvo a punto de llevarles a una muerte muy dolorosa.

Una estatua realmente grande

Cierto día, alentado por sus sacerdotes y sabios o, tal vez, por capricho personal, el rey Nabucodonosor decidió que sería una buena idea erigir una enorme imagen de oro. Dado que la palabra hebrea para "imagen" en Daniel 3:1 suponía una figura humana, es posible que el sueño de la estatua de Nabucodonosor años antes hubiera despertado un poco de inspiración. Tras gestarse durante un tiempo, determinó que una estatua gigante de oro sería justo lo que Babilonia necesitaba. Pero a diferencia de la figura anterior, en esta se aseguraría de que fuera algo más que la cabeza de oro. Este enorme ídolo sería el rey de pies a cabeza.

De nuevo, esto es solo una posibilidad. El texto no nos dice si se trataba de una estatua del rey, de Marduk (Bel) o de algún otro dios.

De hecho, Daniel fue un poco escaso en detalles, probablemente porque la estatua no era el punto de esta historia. Lo que ocupó el centro del escenario fue un enfrentamiento a muerte entre el rey y los tres amigos de Daniel.

El profeta tuvo la bondad de darnos algunos antecedentes para que visualicemos mejor el escenario. En primer lugar, tenemos una fecha para el acontecimiento. Aunque el texto hebreo no tiene ninguna referencia temporal, la Septuaginta, la traducción griega del siglo III a. C. de las Escrituras hebreas, comienza el capítulo con "en el año dieciocho de Nabucodonosor". No podemos afirmar con seguridad si esto se basa en la tradición oral o porque uno de los setenta y dos traductores pensó que era necesaria una marca de tiempo al azar.

En segundo lugar, conocemos la ubicación, más o menos. La imagen dorada fue colocada en la llanura de Dura. Por desgracia, *Dura* es un nombre de lugar común. Imagínate tratar de localizar una ciudad específica llamada Washington en los Estados Unidos o San José en América Central y del Sur. Sin embargo, tenemos un buen candidato para la ubicación. El arqueólogo del siglo XIX, Jules Oppert, descubrió un enorme cuadrado de ladrillos a unos nueve kilómetros y medio al sureste de Babilonia que habría sido lo suficientemente grande como para soportar la imagen dorada. La cercanía de este lugar a la capital no habría dificultado en exceso las reuniones de culto de su población.

En tercer lugar, conocemos el tamaño de esta monstruosidad. El ídolo de Nabucodonosor medía veintisiete metros de pies a cabeza. Ese es el tamaño de un edificio de nueve pisos. Lo que hace que la imagen sea tan inusual es que solo tenía dos metros y medio de ancho. Esta proporción de diez a uno entre altura y anchura era la norma entre los antiguos obeliscos egipcios[4]. Aunque perfecta para una torre delgada, habría distorsionado los rasgos humanos típicos. Así que probablemente tengamos una representación alta y bastante esbelta de Nabucodonosor o de uno de sus dioses.

Por último, ya fuera maciza o enchapada, sabemos que estaba hecha de oro. Si nos decantamos por la teoría del oro macizo, estaríamos hablando de una riqueza que haría sonrojar incluso a Elon Musk. Una estatua de veintisiete metros de alto por dos metros y medio de profundidad y dos metros y medio de ancho tiene un volumen de 7290 pies cúbicos. Un pie cúbico de oro pesa 539 kg (1 188,6 libras)[5]. Haciendo cuentas, estamos ante un peso total de 3 930 toneladas (8 664 894 libras). Y, porque te mueres por saberlo, basándonos en el precio de 1 890.84 de dólares americanos por onza de oro[6] el día que estoy escribiendo esto, estamos ante un coste total de 262 142 850 735.36 de dólares. Eso es mucho dinero, incluso para el rey. La otra opción que parece igual de bonita y no implica conseguir una segunda hipoteca sobre la gran Mesopotamia es que fuera de madera recubierta de oro. Me inclino por la opción B.

Todo se trata de mí

Nabucodonosor era un hombre con defectos. El principal de ellos era el orgullo, como veremos más claramente en el próximo capítulo. Si esta imagen era del rey o de un dios o, simplemente, un obelisco gigante, seguía siendo una representación tangible del poder y la majestad de Nabucodonosor. No hay nada tan personal como el sistema de creencias de alguien. Así que ya sea que él fuera el objeto de adoración o que estuviera controlando la adoración de la nación, seguía siendo él diciéndole a la gente: "Tengo el poder de decirles en qué creer".

Este mismo pecado de orgullo llevará a un futuro líder a erigir una imagen de adoración dentro del templo de Dios, como veremos más adelante en el libro de Daniel. Ese líder, el anticristo, obligará a la gente a mostrar su lealtad a él adorándolo y recibiendo una marca que los identifique con él:

> [Al falso profeta] se le permitió infundir aliento a la imagen de la bestia, para que la imagen hablase e hiciese matar a todo el que no la adorase. Y hacía que a todos, pequeños y grandes, ricos y pobres, libres y esclavos, se les pusiese una marca en la mano derecha, o en la fren-

te; y que ninguno pudiese comprar ni vender, sino el que tuviese la marca o el nombre de la bestia, o el número de su nombre. (Apocalipsis 13:15-17)

La bestia cuya imagen se menciona es ese mismo anticristo. La segunda bestia, o falso profeta, animará y dará poder a una estatua suya. La población será entonces obligada a adorar el objeto genuino. El castigo por resistirse a esta adoración de ídolos es el mismo que enfrentarán nuestros jóvenes héroes en este capítulo: la muerte.

El deseo del hombre de que otros le adoren es parte de la naturaleza pecaminosa que hemos heredado de Adán. Hay algunos países que puedes visitar en los que encontrarás cuadros gigantes de los gobernantes de esas naciones. Los murales de los ayatolás Jomeini y Jamenei cubren los laterales de muchos edificios en Irán. En Corea del Norte, todos los hogares están obligados a colgar retratos de Kim Il-Sung, Kim Jong-Il, Kim Jong-Un y Kim Jong-Suk, y a mantenerlos completamente limpios de polvo[7]. Este autoengrandecimiento dictatorial no debería sorprendernos. Después de todo, el orgullo es el pecado que causó la caída del propio gran enemigo.

¡Cómo caíste del cielo, oh Lucero, hijo de la mañana! Cortado fuiste por tierra, tú que debilitabas a las naciones. Tú que decías en tu corazón: Subiré al cielo; en lo alto, junto a las estrellas de Dios, levantaré mi trono, y en el monte del testimonio me sentaré, a los lados del norte; sobre las alturas de las nubes subiré, y seré semejante al Altísimo. (Isaías 14:12-14)

Al igual que el diablo, gran parte de la humanidad ha sustituido al Dios de la Biblia por un dios a su propia imagen: uno que puedan controlar, uno que les haga sentirse cómodos y felices, uno que les dé la libertad de ser quienes son o qué ser. Solo los reyes y los dictadores tienen el poder de obligar a los demás a adorar a su propio dios personificado.

Detente, póstrate y adora

Una vez erigida la imagen, el rey Nabucodonosor trazó su plan:

> Y envió el rey Nabucodonosor a que se reuniesen los sátra-
> pas, los magistrados y capitanes, oidores, tesoreros, con-
> sejeros, jueces, y todos los gobernadores de las provincias,
> para que viniesen a la dedicación de la estatua que el rey
> Nabucodonosor había levantado. Fueron, pues, reunidos
> los sátrapas, magistrados, capitanes, oidores, tesoreros,
> consejeros, jueces, y todos los gobernadores de las provin-
> cias, a la dedicación de la estatua que el rey Nabucodono-
> sor había levantado; y estaban en pie delante de la estatua
> que había levantado el rey Nabucodonosor. (Daniel 3:2-3)

La lista de invitados era minuciosa y detallada, y Daniel se aseguró de que el lector supiera que todos habían asistido. A estos líderes
se les dio a conocer la orden del rey:

> Y el pregonero anunciaba en alta voz: Mándase a voso-
> tros, oh pueblos, naciones y lenguas, que al oír el son de la
> bocina, de la flauta, del tamboril, del arpa, del salterio, de
> la zampoña y de todo instrumento de música, os postréis
> y adoréis la estatua de oro que el rey Nabucodonosor ha
> levantado; y cualquiera que no se postre y adore, inmedia-
> tamente será echado dentro de un horno de fuego ardien-
> do. (Versículos 4-6)

Así como Daniel estaba determinado a que cada lector conociera cada categoría de funcionario que asistió al anuncio, estaba
igualmente decidido a que conociéramos la composición completa de la orquesta. [En mi libro en inglés] preferí utilizar la biblia
New King James Version a la English Standard Version en el pasaje anterior porque, en una interesante elección de traducción, la
NKJV redujo la banda de alabanza a solo cinco instrumentos. No
puedo culpar a ninguna opción de traducción porque hay algunos

términos musicales extraños utilizados en el versículo. Esto se evidencia en las diferentes listas de las distintas traducciones. La New International Version sustituye el tamboril y el salterio por la cítara y la lira. La Holman Christian Standard Bible da cabida a un tambor y la NASB [New American Standard Bible] incluye un salterio. La KJV [King James Version] es la más intrigante, ya que incluye en su lista la corneta y el curiosamente llamado sacabuche. La cuestión es que, fuera cual fuera la composición de la banda, la orden del rey era clara: cuando empezaran a tocar, todo el mundo debía postrarse y adorar.

Una vez difundida la orden por todo el reino, llegó el momento de la primera ejecución musical. El director de la orquesta golpeó el atril con su batuta, levantó las manos y la banda comenzó a tocar. Al instante, en todo el país, la población cayó de rodillas y rindió culto. Mientras la música seguía sonando, se oyó un estruendo vocal cuando las masas pronunciaron sus palabras de alabanza y honor a la imagen y al rey. Nabucodonosor se hinchó de orgullo mientras permanecía allí absorbiéndolo todo.

Pero había un problema. Algunos de los caldeos, a quienes aparentemente se les permitía espiar durante el tiempo de adoración, se fijaron en tres hombres que estaban de pie. No habrían sido difíciles de detectar, ya que eran los únicos que seguían en posición vertical. Ahora bien, lo que hizo doblemente indignante su desprecio a la orden es que fueran funcionarios públicos, hombres a los que se les había dado autoridad para dirigir al pueblo en nombre del rey. Los caldeos estaban furiosos. ¿Cómo se atrevían estos hombres a desafiar la orden de su señor? Esperaron a que terminara la música y corrieron a ver al rey.

La fe del "Y si no"

Una vez en presencia de Nabucodonosor, los caldeos elevaron sus acusaciones. Reiteraron la exigencia del rey de que todos, al son de la música, se postraran y adoraran la imagen que él había construido. El horno de fuego, le recordaron, era el destino de todos los que se negaran a obedecer. Luego le presentaron la acusación:

Hay unos varones judíos, los cuales pusiste sobre los negocios de la provincia de Babilonia: Sadrac, Mesac y Abed-nego; estos varones, oh rey, no te han respetado; no adoran tus dioses, ni adoran la estatua de oro que has levantado. (Versículo 12)

Casi se puede oír el desdén en sus voces cuando pronunciaron la palabra *judíos*. Se trataba de gente que tenía fama de diferenciarse del resto. A pesar de su cautiverio, seguían manteniendo un aire de ser diferentes, leales a una autoridad y a una ley que se elevaban por encima del rey y de sus decretos. Y lo que tenía que ser más agravante era que se les había recompensado con puestos que parecían afirmar sus creencias de superioridad respecto a los demás. Estos celos profesionales, combinados con una concepción errónea de un complejo de superioridad, hicieron que los cuatro exiliados judíos fueran odiados por los cortesanos de la corte del rey.

Los caldeos estaban encantados de informar de la desobediencia de Sadrac, Mesac y Abed-nego. La respuesta del rey fue justo lo que esperaban. Nabucodonosor se enfureció. ¿Quién se atrevía a desafiar sus órdenes? De inmediato, mandó llamar a estos jóvenes rebeldes.

Cuando llegaron, el rey los reconoció. Su ira comenzó a calmarse un poco. Estos chicos le caían bien y los conocía por su nombre. Eran leales servidores suyos que habían hecho maravillas con la administración de la provincia de Babilonia. Tal vez habían entendido mal la orden. Quizás solo necesitaban un recordatorio de las nefastas consecuencias de la desobediencia. Muy probablemente, todo lo que necesitaban era escuchar las palabras de su boca, una orden directa del gran Nabucodonosor, para aclararles quién era el máximo poder en este reino. Les dijo:

¿Es verdad, Sadrac, Mesac y Abed-nego, que vosotros no honráis a mi dios, ni adoráis la estatua de oro que he levantado? Ahora, pues, ¿estáis dispuestos para que al oír el son de la bocina, de la flauta, del tamboril, del arpa, del salterio, de la zampoña y de todo instrumento de música,

os postréis y adoréis la estatua que he hecho? Porque si no
la adorareis, en la misma hora seréis echados en medio de
un horno de fuego ardiendo; ¿y qué dios será aquel que
os libre de mis manos? (Versículos 14-15)

Esta fue una declaración verdaderamente asombrosa de poder
mezclado con gracia. Nabucodonosor les estaba dando una segunda
oportunidad, algo probablemente bastante raro en su corte. Tenían
una simple elección: vida o muerte. Adórame o arde. Puede que estos
varones tal vez pensaran que su Dios era especial, pero este era el
territorio de Nabucodonosor. Este era su reino, sus reglas. Si lo desa-
fiaban, daría la orden y un contingente de guardias los ataría y los
arrojaría al horno. ¿Qué dios podría salvar a alguien de ese destino?

Hasta el día de hoy, después de leerlo tantas veces, la respuesta de
los tres judíos sigue conmoviéndome. Es tan simple, pero tan increíblemente profunda. Es la perfecta declaración de fe en Dios vista a
través del prisma de la eternidad.

Sadrac, Mesac y Abed-nego respondieron al rey Nabucodonosor, diciendo: No es necesario que te respondamos
sobre este asunto. He aquí nuestro Dios a quien servimos puede librarnos del horno de fuego ardiendo; y de tu
mano, oh rey, nos librará. Y si no, sepas, oh rey, que no
serviremos a tus dioses, ni tampoco adoraremos la estatua
que has levantado. (Versículos 16-18)

Esta es una poderosa declaración de rebeldía respetuosa y lógica.
En primer lugar, vemos a los tres hombres despreciando a Nabucodonosor como autoridad máxima. ¿Habría oído antes este monarca las palabras: "No es necesario que te respondamos sobre este
asunto"? Era rey e hijo de rey. Probablemente, lo único que había
oído en su vida era "¡Sí, señor!". Pero Sadrac, Mesac y Abed-nego
le respondieron: "No necesitamos darte explicaciones. Si sientes la
necesidad de arrojarnos al horno de fuego, que así sea. Pero no te
obedeceremos".

Los tres hombres también desafiaron el poder de Nabucodonosor. Con una palabra, él tenía autoridad sobre la vida y la muerte. Podía invadir naciones, destruir ciudades y aniquilar poblaciones si así lo deseaba. Como resultado, estaba acostumbrado al temor ante su presencia. Todo el mundo tenía la paranoia de que una palabra mal dicha o un aparente desprecio pudiera resultar en su eliminación. Sin embargo, estos judíos le dijeron: "¿Crees que necesitas matarnos? Hazlo lo mejor que puedas. Solo debes saber que aquí hay alguien más poderoso que tú, y él tiene la última palabra sobre si vivimos o morimos".

Por último, desafiaron su sentido de victoria. No importa lo que les sucediera a estos tres varones, Nabucodonosor saldría siempre perdiendo. Las palabras del trío "Y si no" no son una declaración de duda. No están diciendo que tal vez Dios no pueda salvarlos de una muerte ardiente. Con esas tres poderosas palabras, Sadrac, Mesac y Abed-nego declaran su absoluta aceptación del plan perfecto de Dios. "Dios, si nos salvas, ¡genial! Pero si nos dejas arder en el horno de fuego, ¡también estupendo! Confiamos en que, de cualquier manera, estamos a salvo contigo, y sabemos que tanto si vivimos como si morimos, será para cumplir tu propósito".

Hay muchos que le temen a la idea de "Y si no" cuando oran. Les preocupa que esas palabras contradigan la declaración de Santiago:

> Y si alguno de vosotros tiene falta de sabiduría, pídala a Dios, el cual da a todos abundantemente y sin reproche, y le será dada. Pero pida con fe, no dudando nada; porque el que duda es semejante a la onda del mar, que es arrastrada por el viento y echada de una parte a otra. No piense, pues, quien tal haga, que recibirá cosa alguna del Señor. El hombre de doble ánimo es inconstante en todos sus caminos. (Santiago 1:5-8)

Pero como vemos con Sadrac, Mesac y Abed-nego, "Y si no" no constituye una falta de fe. Más bien, es una declaración de fe. "Esto es lo que deseo, Señor. Pero si tú eliges otra cosa, confío en que tus caminos son mejores que mis caminos. Haz conmigo lo que desees".

En la primavera de 2023, la esposa del Dr. Rick, Linda, fue diagnosticada de cáncer. Juntos oraron para que el Señor se lo quitara y le devolviera la salud. Pero junto con esa oración de sanidad añadieron: "Pero hágase tu voluntad". El cáncer avanzó rápidamente por el cuerpo de Linda, y en julio, la amada esposa de Rick de sesenta y tres años estaba con su Salvador. Pidieron a Dios, y él respondió, diciendo: "Tengo algo más planeado". Y juntos, Rick y Linda dijeron: "Bendito sea el nombre del Señor".

No tengas miedo del "Y si no". Pide el deseo de tu corazón, porque tu Padre quiere oírlo. Pero deja que Dios sea Dios. Mientras que los resultados temporales podrían traer dolor y tristeza, el plan eterno de Dios para sus hijos resultará finalmente en gozo y felicidad.

Dios con nosotros

Sadrac, Mesac y Abed-nego no tuvieron la oportunidad de explicarle al rey la perspectiva más amplia de la fe "Y si no", porque Nabucodonosor se puso furioso. Daniel nos dice que el rey "se llenó de ira, y se demudó el aspecto de su rostro contra Sadrac, Mesac y Abed-nego" (versículo 19). Estos eran sus muchachos, su leal séquito. Se suponía que eran los chicos por los que no tenía que preocuparse. Si cierras los ojos, puedes visualizar cómo la cara del rey cambia de la esperanza de que todo sea un malentendido a la rabia violenta al reconocer que la lealtad de estos hombres no le pertenecía a él, sino a alguien más. No se trataba solo de una ley quebrantada; era una traición personal. Con el corazón destrozado y el ego ofendido, ordenó que "el horno se calentase siete veces más de lo acostumbrado" (versículo 19).

Sin tomarse el tiempo de hacer desnudar a los tres varones ni de golpearlos o azotarlos, el rey exigió que fueran atados y arrojados al fuego. Así que, aún vestidos con sus ropas oficiales de la corte, fueron atados y echados dentro del horno. Al caer, las llamas, avivadas más allá de lo que el horno podía contener, consumieron a los guardias que los habían subido. Este es un bello detalle añadido para demostrar que no eran llamas como las de las películas de Hollywood. Eran reales, y era imposible para cualquiera sobrevivir.

El orgullo herido de Nabucodonosor no tuvo mucho tiempo para sanar. Cuando miró para asegurarse de que sus antiguos muchachos de oro habían muerto, se quedó sin aliento. Se puso en pie de un salto y, señalando el horno, preguntó: "¿No echaron a tres varones atados dentro del fuego?" (versículo 24). Los que le rodeaban, experimentando el mismo asombro, confirmaron que el hecho era cierto.

El rey trató de formular las palabras que le permitieran describir el espectáculo sobrenatural que estaba presenciando. Tembloroso, finalmente, dijo: "He aquí yo veo cuatro varones sueltos, que se pasean en medio del fuego sin sufrir ningún daño; y el aspecto del cuarto es semejante a hijo de los dioses" (versículo 25).

Las cuerdas que habían atado a Sadrac, Mesac y Abed-nego habían desaparecido. Los hombres se pusieron de pie, se ajustaron la ropa, se volvieron a poner los turbantes y se agruparon para recibir a este nuevo hombre que había aparecido.

Casi se puede oír el asombro en la voz de Nabucodonosor cuando pronunció las últimas palabras del versículo 25. El cuarto hombre, ¿cómo era? ¿Qué fue lo que hizo que el rey lo identificara como un hijo de los dioses? Lamentablemente, no recibimos ninguna descripción más allá de las sobrecogedoras palabras de Nabucodonosor. Daniel tampoco nos dice en definitiva quién es. Pero podemos deducir que la suposición del rey estaba más cerca de lo que comprendía.

Este nuevo miembro en el fuego no era un hijo de los dioses, sino que probablemente era el Hijo de Dios. Siempre que hay una teofanía, o una aparición de Dios en la carne, se trata por lo general del Señor Jesucristo preencarnado. Él es la única persona de la Divinidad trina que aparece de tal manera. En una ocasión, cuando tres hombres se aparecieron a Abraham, se nos dice que dos de ellos eran ángeles y el tercero era "Jehová" (Génesis 18:1). Cuando Josué estaba a punto de entrar en la tierra prometida, se le apareció un hombre en uniforme de combate conocido como el Príncipe del ejército de Jehová (Josué 5:14-15). Mientras este hombre hablaba, se nos dice que era "Jehová" quien se dirigía a Josué (6:2). Hay veces en que

Dios obra sin ser visto. Hay ocasiones en las que envía a sus ángeles para que intervengan. Luego están esos pocos casos especiales en los que Dios decide que la ocasión merece una visita personal, en carne y hueso. El horno de fuego fue una de esas.

Nabucodonosor reconoció de inmediato que se había excedido en algo que era mucho más grande que él mismo. Rápidamente trató de remediar la situación.

> Entonces Nabucodonosor se acercó a la puerta del horno de fuego ardiendo, y dijo: Sadrac, Mesac y Abed-nego, siervos del Dios Altísimo, salid y venid. Entonces Sadrac, Mesac y Abed-nego salieron de en medio del fuego. Y se juntaron los sátrapas, los gobernadores, los capitanes y los consejeros del rey, para mirar a estos varones, cómo el fuego no había tenido poder alguno sobre sus cuerpos, ni aun el cabello de sus cabezas se había quemado; sus ropas estaban intactas, y ni siquiera olor de fuego tenían. (Daniel 3:26-27)

¿No es interesante que Dios no actuara para evitar que fueran arrojados al horno? En cambio, esperó el momento en que pudiera rescatarlos del fuego. ¿Por qué permitiría que sus fieles siervos pasaran por tal prueba? En primer lugar, es en el fuego de la vida donde nuestra fe es probada y se fortalece. Sadrac, Mesac y Abed-nego tenían una gran fe. Pero después de esta prueba de fuego, su confianza en Dios se elevó al nivel de una fe de fuego. Si estás pasando por el fuego en este momento, debes saber que no estás caminando solo. Y, a medida que dependes de Dios, confiando en su plan, estás fortaleciendo tu propia fe hasta el nivel de una fe probada por el fuego. Sus palabras habladas a través de Isaías son un gran consuelo cuando estás en las llamas:

> Cuando pases por las aguas, yo estaré contigo; y si por los ríos, no te anegarán. Cuando pases por el fuego, no te quemarás, ni la llama arderá en ti. (Isaías 43:2)

La segunda razón por la que estos tres hombres tuvieron que pasar por esta prueba fue para que Dios pudiera revelarse al rey. Nabucodonosor estaba enceguecido por su propia prepotencia, y se necesitaría algo enorme, algo sobrenatural, para que la luz de la realidad se abriera paso. Cuatro varones caminando en un infierno ardiente parecieron funcionar.

> Entonces Nabucodonosor dijo: Bendito sea el Dios de ellos, de Sadrac, Mesac y Abed-nego, que envió su ángel y libró a sus siervos que confiaron en él, y que no cumplieron el edicto del rey, y entregaron sus cuerpos antes que servir y adorar a otro dios que su Dios. Por lo tanto, decreto que todo pueblo, nación o lengua que dijere blasfemia contra el Dios de Sadrac, Mesac y Abed-nego, sea descuartizado, y su casa convertida en muladar; por cuanto no hay dios que pueda librar como este. (Daniel 3:28-29)

Era la segunda vez que el rey Nabucodonosor se enfrentaba al Dios del cielo. Anteriormente, el Señor había mostrado su poder sobre los entresijos de la humanidad al darle al rey un sueño y luego proporcionarle su interpretación. Ahora mostraba su soberanía sobre el exterior, sobre la constitución física de la humanidad, no solo al perdonarle la vida a estos tres jóvenes, sino uniéndose a ellos en la conflagración. El mensaje era claro para el rey. Hay un Dios que está por encima de todos los demás, porque "no hay dios que pueda librar como este".

Pero el rey aún no estaba listo para entregarse a este único Dios verdadero. La declaración de Nabucodonosor fue simplemente un reconocimiento de la gran fe de Sadrac, Mesac y Abed-nego y una confesión del poder de su Dios. No hubo palabras de sumisión ni de adoración. No inclinó la cabeza ni dobló las rodillas. De hecho, en lugar de someterse a la autoridad del Dios Todopoderoso, el rey dijo presuntuosamente que pondría al Señor bajo su propia protección. "No te preocupes, Dios de Sadrac, Mesac y Abed-nego, yo te cubro las espaldas. Me aseguraré de que nadie hable mal de ti".

Esto me recuerda a Pedro cuando trató de proteger a Jesús de sí mismo. Cuando el Mesías empezó a hablar de su futura y necesaria muerte, el descarado discípulo no quiso saber nada. "Entonces Pedro, tomándolo aparte, comenzó a reconvenirle, diciendo: Señor, ten compasión de ti; en ninguna manera esto te acontezca" (Mateo 16:22). De inmediato, Jesús reprendió a su discípulo, diciendo: "¡Quítate de delante de mí, Satanás!; me eres tropiezo, porque no pones la mira en las cosas de Dios, sino en las de los hombres" (versículo 23). ¿Por qué fue tan dura la respuesta de Jesús?

Se reducía al orgullo de Pedro. En lugar de someterse a la voluntad del Padre, el discípulo le había dicho a su Maestro cómo debía a ser. "Sé que estás preocupado por la gente que quiere hacerte daño, Señor. Pero descansa tranquilo, yo cuidaré de ti". De la misma manera, Nabucodonosor percibió que el Dios creador podía ahora respirar aliviado porque el gran rey babilónico lo tomaría bajo su cuidado. En el próximo capítulo de Daniel, Nabucodonosor finalmente aprenderá quién está realmente a cargo.

Nuestro capítulo termina de manera similar al anterior. Los jóvenes fieles son recompensados, y el rey los promueve a una posición más alta dentro del liderazgo de la provincia de Babilonia. Cuando somos obedientes a Dios, él nos recompensa el cien por ciento de las veces. Cuando te encuentres desanimado mientras vas conduciendo de la iglesia a la casa luego de enseñar en la escuela dominical infantil por cuadragésima tercera semana consecutiva porque nadie más se ofrece, y te sientas fracasado porque los niños no han prestado atención, y el pastor se ha extendido mucho, y los padres se han puesto de mal humor, y la aspiradora se ha atascado con un crayón y nadie te ha dado las gracias, solo debes saber que Dios te ha bendecido. Puede que no veas tu recompensa, pero Dios te ha visto. Él conoce cada galleta desmenuzada en la alfombra y cada vaso de Kool-Aid derramado. Te vio en casa cuando estudiabas las lecciones y preparabas las manualidades. Él estaba sonriendo cuando ayudaste a la niña nueva y te interesaste por el niño cuyos padres se están divorciando. Dios está observando, y está almacenando tus recompensas, los tesoros del cielo que son mucho más valiosos que cualquier cosa que puedas recibir aquí en la tierra.

Dios recompensa la fe. Recompensa la fe cotidiana que se expresa en la obediencia y en llevar una vida recta. Recompensa la fe sacrificada que se demuestra a través del servicio y la ayuda. Recompensa la fe peligrosa que no transige, aunque las consecuencias sean duras. Sadrac, Mesac y Abed-nego sabían que una vida sometida al único Dios verdadero era la única manera de vivir que valía la pena. Nabucodonosor aún no lo entendía, pero estaba a punto de aprenderlo.

Capítulo 4

APRENDIENDO POR LAS MALAS

Ha sido una mañana de pesadilla. La rivalidad entre tus dos hijos había llegado al máximo. Se peleaban por quién tenía el *waffle* más grande en el desayuno, por ver quién metía qué coche de Hot Wheels en la mochila. Se peleaban por quién se sentaba en el asiento trasero detrás de mamá y quién se quedaba sin espacio para las piernas detrás de papá. Sus constantes peleas, puñetazos y egoísmo te estaban sacando de quicio.

Lo peor de todo es que debería haber sido una mañana muy divertida. Tú, tu mujer y tus hijos se dirigían a un parque de atracciones situado a cuarenta y cinco minutos de tu casa. Tu intención era pasar un día en familia lleno de alegría y buenos recuerdos. En cambio, tu mujer está sentada a tu lado, furiosa por el comportamiento de los niños. Tus hijos se dan puñetazos por una incursión intencionada que traspasó la línea imaginaria que separa el asiento trasero en dos mitades.

"Ya basta", les exiges. Pero no te hacen caso.

"Basta, ustedes dos, o nos volvemos a casa". Aun así, La batalla detrás de ti continúa.

Miras a tu mujer y te encoges de hombros. Ella asiente con la cabeza. Pones el intermitente y tomas la siguiente salida de la autopista. Poco a poco, los niños se dan cuenta del cambio de sentido.

"Papá, ¿por qué hemos dado la vuelta?", pregunta uno.

"Papá, ¿por qué estamos volviendo a casa?", grita el otro.

Tú respondes: "Les dije que si no paraban, daría la vuelta. Como siguieron, ahora nos dirigimos a casa".

Las preguntas para ti se convierten en súplicas para su madre. Pero ella deja claro que no quiere saber nada. Pronto, sus súplicas se convierten en lágrimas, y los sollozos continúan después de que llegan a casa y envías a los niños a sus habitaciones. El resto de la mañana transcurre sin que se oiga nada en el piso de arriba. Pero cuando se acerca la hora de comer, oyes crujidos en las habitaciones. Cinco minutos más tarde, dos niños contritos bajan las escaleras, con la cabeza gacha y los ojos todavía un poco enrojecidos.

"Mamá, papá, sentimos habernos peleado. Deberíamos haber parado cuando nos lo dijeron".

Tras un minisermón obligatorio, porque eso es lo que hacen los padres, extiendes los brazos y los niños vienen corriendo hacia ti. Tu mujer se inclina y se une al abrazo familiar. Pronto estás en el parque del barrio jugando a la pelota. Por la noche, *pizza* y cine. Se ha aprendido la lección y se ha restablecido el sentido de familia.

Daniel 4 es, en esencia, una historia en la que Dios advirtió a Nabucodonosor que dejara de hacer lo que estaba haciendo, dando la vuelta al coche cuando el rey lo ignoró, y luego restaurándolo en su trono cuando finalmente entró en razón y se arrepintió. Y no es de extrañar que, como sucedió en los capítulos anteriores, esta historia comience con un sueño y una imagen del rey.

Los sueños como forma de comunicación

Daniel es un libro de sueños y visiones. Para la mentalidad occidental, la idea de que Dios se comunique de esta manera subconsciente o espiritual puede parecer bastante extraña. Sin embargo, en Oriente Medio y otras partes del mundo, estas cosas no son inusuales. Muchos musulmanes que viven en países donde el evangelio está prohibido, como Irán, han llegado a la fe en Jesucristo a través de sueños y visiones. Una historia muy común entre los nuevos creyentes es la de un hombre que se acerca a los pies de la cama y les habla de la esperanza que pueden encontrar en Yasu, el nombre de Jesús utilizado por muchos cristianos árabes. Cuando la gente no tiene a su alcance la Palabra de Dios, el Señor sigue encontrando formas de darse a conocer a quienes desean descubrir la verdad del Dios creador.En el libro de Job, después de que sus tres amigos no lograran convencerle de su pecado, Job fue acosado verbalmente por el joven advenedizo Eliú. Durante su amonestación, le recordó al anciano que Dios tiene muchas maneras de hablar a la humanidad.

> Por sueño, en visión nocturna,
> Cuando el sueño cae sobre los hombres,
> Cuando se adormecen sobre el lecho,
> Entonces revela al oído de los hombres,
> Y les señala su consejo,
> Para quitar al hombre de su obra,
> Y apartar del varón la soberbia.
> Detendrá su alma del sepulcro,
> Y su vida de que perezca a espada. (Job 33:15-18)

Las palabras de Eliú habrían sido mucho más apropiadas para Nabucodonosor que para Job. El orgullo era precisamente el problema que el rey necesitaba tratar o guardar para siempre. Si no se ocupaba él mismo, Dios estaba más que dispuesto a echarle una mano.

El otro elemento clave en los acontecimientos de Daniel 4 es el de la imagen. A diferencia de las estatuas de los capítulos 2 y 3, el componente representativo del nuevo sueño de Nabucodonosor no está hecho por el hombre. Es un producto de la naturaleza: un árbol. Sin embargo, el simbolismo que transmiten tanto las estatuas como el árbol es el mismo. Caracterizan el orgullo de la humanidad y su gloria. Y en las tres historias, Dios demuestra ser más poderoso que cualquier persona o cosa de este universo creado. Con la estatua, Dios arrojó una piedra que la derribó. Con la imagen de oro,

Dios frustró la voluntad del rey al salvar a los tres muchachos. Con el árbol, veremos que, a pesar de su gloria, Dios puede y quiere derribarlo. Solo hay uno que es soberano en este universo, y no estaba sentado en un trono en Babilonia.

Un mensaje para todo el pueblo

Este capítulo es único en las Escrituras. Es la única vez que un monarca gentil narra una historia. En la primera mitad de Daniel 4, leemos las palabras del mismo Nabucodonosor al señalar los acontecimientos. Luego Daniel retoma la narración durante quince versículos antes de que el rey vuelva a intervenir y lo resuma todo. Una vez más, nuestro profeta utiliza sus dotes literarias para contar de forma creativa una historia muy importante.

El rey Nabucodonosor comenzó con un saludo:

> Nabucodonosor rey, a todos los pueblos, naciones y lenguas que moran en toda la tierra: Paz os sea multiplicada. (Daniel 4:1)

Debido a que esta historia sería enviada a todo el reino de Babilonia, se escribió en forma de proclamación. Nabucodonosor presentó al remitente como él mismo. Luego identificó a los destinatarios como todos los demás que no eran él. Esta historia debía leerse en todas las provincias, ciudades y aldeas del imperio. Dondequiera que Babilonia tuviera influencia, se contaría la historia. Esto es fascinante porque no favorece en absoluto al rey. Pero como vimos cuando Nabucodonosor se postró ante Daniel en el capítulo 2, no temía humillarse cuando se enfrentaba a un poder superior al suyo.

Qué aliviado debió haberse sentido el pueblo cuando oyó que se trataba de un mensaje de paz. Imagínate a un padre llevando a su primogénito a la plaza del pueblo. Se había corrido la voz de que el rey tenía una proclamación que leer. Rara vez eso era bueno. Su esposa se había quedado en casa con los más pequeños por si el mensaje se refería a una próxima guerra, impuestos más altos, un reclutamiento militar o alguna otra mala noticia. Cuando llegaron al centro del pueblo ya se había formado una multitud. Al cabo de unos minutos, un susurro recorrió la multitud. Un hombre vestido como un heraldo de la corte subió a una plataforma. Al aclararse la garganta, el padre acercó a su hijo a su lado.

"Del rey a todo el pueblo: paz".

Un audible suspiro de alivio recorrió la multitud cuando el padre levantó el brazo de los hombros de su hijo. No más guerras. Tampoco nuevos impuestos. Esta proclamación iba a ser puramente informativa. Una sonrisa cruzó el rostro del hombre, pero pronto se convirtió en desconcierto cuando el heraldo continuó:

> Conviene que yo declare las señales y milagros que el Dios Altísimo ha hecho conmigo. ¡Cuán grandes son sus señales, y cuán potentes sus maravillas! Su reino, reino sempiterno, y su señorío de generación en generación. (Versículos 2-3)

Puedes imaginarte el asombro que provocó a la gran parte de la multitud reunida en aquella ciudad y en todo el imperio. ¿Quién es este nuevo "Dios Altísimo"? ¿Es más poderoso que Marduk o Nabu? ¿Merece más adoración que aquel gigantesco ídolo de oro ante el cual el rey nos obligaba a inclinarnos cada vez que oíamos la orquesta?

Pero había un grupo de personas que no habría quedado perplejo. En cambio, se habrían asombrado. Después de años como minoría exiliada en un inmenso imperio, el hecho de que los judíos oyeran que su Dios, el único Dios verdadero, era reconocido por el rey con una mención y una alabanza especiales debió de ser motivo de gran alegría. Me pregunto si este fue el momento en que aquellos rebeldes adoradores de ídolos que rechazaron a Dios y que habían sido expulsados de Jerusalén comenzaron a volver sus corazones a su Padre celestial.

La historia de un árbol

Terminada la introducción, Nabucodonosor comenzó su relato. Para sorpresa de nadie, se trataba de otro sueño:

Yo Nabucodonosor estaba tranquilo en mi casa, y floreciente en mi palacio. Vi un sueño que me espantó, y tendido en cama, las imaginaciones y visiones de mi cabeza me turbaron. Por esto mandé que vinieran delante de mí todos los sabios de Babilonia, para que me mostrasen la interpretación del sueño. Y vinieron magos, astrólogos, caldeos y adivinos, y les dije el sueño, pero no me pudieron mostrar su interpretación. (Versículos 4-7)

En este momento, algunos de los oyentes habrán pensado: "¿No hemos oído esto antes? El rey sueña. Los sabios no lo interpretan. Luego apareció aquel muchacho y lo resolvió todo. ¿Cómo era que se llamaba?". La respuesta a su pregunta interna fue dada mientras el heraldo procedía:

Hasta que entró delante de mí Daniel, cuyo nombre es Beltsasar, como el nombre de mi dios, y en quien mora el espíritu de los dioses santos. Conté delante de él el sueño, diciendo: Beltsasar, jefe de los magos, ya que he entendido que hay en ti espíritu de los dioses santos, y que ningún misterio se te esconde, declárame las visiones de mi sueño que he visto, y su interpretación. (Versículos 8-9)

Daniel había vuelto. El nombre le habría sonado a muchos en el imperio. Era un pez gordo de la corte del rey. Así como los de la provincia de Babilonia habrían conocido los nombres de Sadrac, Mesac y Abed-nego debido a sus altos cargos, el nombre de Daniel sería reconocido en todas las naciones del imperio debido a las proclamaciones, visitas, grandes proyectos, chismes de la corte y una plétora de otras maneras en que la gente se entera de sus líderes.

Como suele suceder con los sueños proféticos, todo comienza con buenas noticias:

Estas fueron las visiones de mi cabeza mientras estaba en mi cama: Me parecía ver en medio de la tierra un árbol, cuya altura era grande. Crecía este árbol, y se hacía fuerte, y su copa llegaba hasta el cielo, y se le alcanzaba a ver desde todos los confines de la tierra. Su follaje era hermoso y su fruto abundante, y había en él alimento para todos. Debajo de él se ponían a la sombra las bestias del campo, y en sus ramas hacían morada las aves del cielo, y se mantenía de él toda carne. (Versículos 10-12)

Si el sueño hubiera terminado con "y vivieron felices para siempre, retozando bajo el árbol", los oyentes habrían quedado bastante satisfechos. Pero había un problema. El árbol tenía una enfermedad, y si se permitía que se propagara, esta escena idílica no tardaría en desmoronarse. Había que derribar el árbol.

Vi en las visiones de mi cabeza mientras estaba en mi cama, que he aquí un vigilante y santo descendía del cielo. Y clamaba fuertemente y decía así: Derribad el árbol, y cortad sus ramas, quitadle el follaje, y dispersad su fruto; váyanse las bestias que están debajo de él, y las aves de sus ramas. Mas la cepa de sus raíces dejaréis en la tierra, con atadura de hierro y de bronce entre la hierba del campo; sea mojado con el rocío del cielo, y con las bestias sea su parte entre la hierba de la tierra. Su corazón de hombre sea cambiado, y le sea dado corazón de bestia, y pasen sobre él siete tiempos. (Versículos 13-16)

Mientras Nabucodonosor observaba, una figura descendió del cielo. El rey se refirió a este personaje como "un vigilante y santo". La palabra aramea traducida como "vigilante" se refiere a un ángel o a un mensajero de Dios. Esto se relaciona perfectamente con la imagen bíblica de estos servidores espirituales del Señor. Los cuatro seres angelicales que Juan ve revoloteando alrededor del trono de Dios tenían "seis alas, y (...) estaban llenos de ojos" (Apocalipsis 4:8). Algunos de sus ojos los pusieron en el Señor, y otros en su creación. A su señal, estaban listos para volar con esas seis alas y hacer su voluntad, porque habían sido creados para servir. Como escribió David:

> Bendecid a Jehová, vosotros sus ángeles,
> Poderosos en fortaleza, que ejecutáis su palabra,
> Obedeciendo a la voz de su precepto.
> Bendecid a Jehová, vosotros todos sus ejércitos,
> Ministros suyos, que hacéis su voluntad. (Salmos 103:20-21)

El anuncio que trajo el vigilante fue trágico. Aquel inmenso árbol, hermoso en apariencia, benéfico y generoso con todos los que buscaban alimento y cobijo, estaba destinado al hacha. No solo sería derribado, sino que sus ramas serían arrancadas y sus frutos esparcidos. Allí yacería, expuesto a los factores, indefenso y sin valor.

Pero había un destello de esperanza. El tronco no sería triturado ni cortado en pedazos. Permanecería, y con él, el sistema de raíces que había debajo. Es cierto que estaría atado con una banda de hierro y bronce para que no pudiera crecer. Pero seguiría habiendo vida.

Esto es tan típico de los castigos de Dios. Pueden ser duros y devastadores, porque a menudo eso es lo que se necesita para despertarnos a nuestro pecado. Sin embargo, si miramos fijamente en la oscuridad de nuestras luchas, veremos un destello de luz. Allí es donde espera la misericordia. Allí es donde encontraremos el perdón, la reconciliación y, de nuevo, la alegría.

Para Nabucodonosor, el árbol, la esperanza estaba muy lejos de donde él estaba. Y sí, ahora estaba claro que se trataba de él porque el anuncio del vigilante cambió su enfoque de un árbol a una persona. Y había pocas dudas de quién era esa persona.

Las noticias no eran buenas. Nabucodonosor estaba a punto de perder la razón. Se adentraría en la naturaleza, se empaparía con el rocío de la mañana y comería de la hierba de los campos junto con el ganado y los animales salvajes. Pasaría siete tiempos atrapado en esta condición.

No sabemos con certeza la duración de los "siete tiempos". ¿Fueron días, meses o años? En la interpretación bíblica, el contexto es nuestro mejor aliado, así que echemos un vistazo. Daniel utilizó la palabra "tiempos" más adelante en su libro para referirse a los años, justo cuando habló de un "tiempo, y tiempos, y medio tiempo" (7:25; ver también 12:7). No es de extrañar que, por estar en Daniel, también la encontremos en Apocalipsis. En Apocalipsis 12:14 encontramos la misma frase, de nuevo refiriéndose a los años. Por lo tanto, podemos suponer sin temor a equivocarnos que a Nabucodonosor le esperaba un alejamiento de la realidad durante siete años.

¿Por qué tendría que soportar esto el rey? El sueño concluía con una declaración de propósito, pronunciada por el vigilante:

> La sentencia es por decreto de los vigilantes, y por dicho de los santos la resolución, para que conozcan los vivientes que el Altísimo gobierna el reino de los hombres, y que a quien él quiere lo da, y constituye sobre él al más bajo de los hombres. (Daniel 4:17)

Este tema estaba muy presente en la agenda de Dios durante ese tiempo. Quería asegurarse de que el rey, los judíos y los gentiles de todas las naciones supieran quién era él. Setenta y dos veces en la Biblia, Dios usa la expresión "entonces sabrán que yo soy Jehová", u otras similares. De ese número, cincuenta y ocho se encuentran en los escritos del contemporáneo de Daniel, el profeta exílico Ezequiel. Un tema clave en Ezequiel es que Dios traería juicio sobre su pueblo, y así sabrían los judíos que él es el Señor. Pero más tarde Dios devolvería a los judíos a su patria para que el mundo supiera que él es el Señor. Una y otra vez en Ezequiel, la razón que Dios da para sus juicios presentes y futuros, y para sus restauraciones presentes y futuras, es que todas las personas puedan verlo por lo que él es. No es cualquier otro dios. Es el Rey de reyes y el Señor de señores.

Nabucodonosor estaba a punto de descubrir quién es el Rey de reyes.

Una compasión sorprendente

El rey le había contado su sueño a Daniel, y ahora estaba dispuesto a escuchar su interpretación, fuera cual fuese:

> Yo el rey Nabucodonosor he visto este sueño. Tú, pues, Beltsasar, dirás la interpretación de él, porque todos los sabios de mi reino no han podido mostrarme su interpretación; mas tú puedes, porque mora en ti el espíritu de los dioses santos.
>
> Entonces Daniel, cuyo nombre era Beltsasar, quedó atónito casi una hora, y sus pensamientos lo turbaban. El rey habló y dijo: Beltsasar, no te turben ni el sueño ni su interpretación.
>
> Beltsasar respondió y dijo: Señor mío, el sueño sea para tus enemigos, y su interpretación para los que mal te quieren. (Versículos 18-19)

La respuesta de Daniel al sueño es muy interesante. El castigo que estaba a punto de caer sobre el rey le perturbaba. Recordemos que Nabucodonosor era el hombre que lo había secuestrado de su tierra, quien lo había castrado y lo había obligado a servir en su propia corte. También era el hombre responsable de la destrucción de la ciudad santa de Jerusalén, del arrasamiento del templo y de la matanza de tantos compatriotas de Daniel. Pero no hubo deleite por parte del profeta. No hubo alegría por la pronta caída del rey. Por el contrario, casi te puedes imaginar a Daniel caminando hacia una silla y desplomándose en ella, o paseándose por las alas de la sala del trono tratando de ordenar sus palabras.

Parece que había surgido un afecto genuino entre el rey y el sabio. Daniel había aceptado que el Señor lo pusiera en esa posición, y se esforzaba por hacer su trabajo lo mejor posible. Esto me recuerda una carta que Jeremías envió a los exiliados en Babilonia. Les dijo:

> Edificad casas, y habitadlas; y plantad huertos, y comed del fruto de ellos. Casaos, y engendrad hijos e hijas; dad

mujeres a vuestros hijos, y dad maridos a vuestras hijas, para que tengan hijos e hijas; y multiplicaos ahí, y no os disminuyáis. Y procurad la paz de la ciudad a la cual os hice transportar, y rogad por ella a Jehová; porque en su paz tendréis vosotros paz. (Jeremías 29:5-7)

Daniel sabía que, así como le fuera al rey, también le iría al reino. Y a medida que el reino avanzara, también lo harían las condiciones de vida de sus compañeros exiliados. Así que sirvió a su rey de todo corazón. Es difícil servir a alguien por entero si tu corazón está en su contra. Por tanto, el corazón de Daniel estaba ahora con el rey. ¿Estaba de acuerdo con todo lo que hacía su soberano? Probablemente no. Pero de verdad deseaba lo mejor para él.

Los verdaderos seguidores de Cristo saben que este mundo no es nuestro hogar. Somos exiliados esperando hasta el día en que el Señor nos lleve a casa. Mientras esperamos, debemos seguir la directiva de Jeremías: vivir nuestras vidas, buscar lo mejor para nuestras naciones y orar y buscar el bienestar de los demás. Para ello, tenemos que asegurarnos de que nuestros corazones estén con los que nos rodean.

La sociedad en la que vivimos está polarizada, y la cultura del odio es muy fuerte. Por desgracia, esto es cierto tanto en la iglesia como en el mundo. Los insultos que los cristianos desatan unos contra otros y, lo que es peor, contra los no creyentes que están perdidos y desconocen el camino de la salvación, es espantoso. Mientras Dios sacude la cabeza ante nuestros prejuicios y nuestras mezquinas disputas, el enemigo se ríe porque su estrategia para una iglesia ineficaz e irrelevante se está desarrollando tal y como él había planeado.

Cuando Juan escribió: "No améis al mundo, ni las cosas que están en el mundo" (1 Juan 2:15), se refería al sistema del mundo, no a las personas del mundo. Como dijo Jesús a los fariseos cuando cenaba en casa del recién transformado y notorio pecador, Mateo, el recaudador de impuestos: "Los sanos no tienen necesidad de médico, sino los enfermos. No he venido a llamar a justos, sino a pecadores" (Marcos 2:17). Como Daniel, estamos aquí para amar y mostrar la verdad de la salvación de Dios a todos los pecadores, grandes y pequeños. Esto incluye a aquellos que votan diferente, que son hostiles a la iglesia, que se identifican con maneras que no encajan con las Escrituras y que viven solo para sí mismos. No estoy diciendo que estemos de acuerdo con sus opiniones o que aceptemos su pecado. Lo que digo es que los amemos con todo lo que tenemos, porque así es como Dios nos amó cuando estábamos perdidos en nuestros propios pecados.

"Tú eres el árbol"

Daniel comenzó su interpretación del sueño del rey con una recapitulación. A mitad de camino, hizo una revelación que Nabucodonosor probablemente ya sabía. "Tú mismo eres, oh rey" (Daniel 4:22), le dijo el profeta, identificando el árbol. Completó el resumen con un recordatorio de la tala del árbol, las ataduras del tronco y el pastoreo en los campos. Casi se puede oír a Daniel inhalar profundamente antes de continuar con lo que el sueño significaba para Nabucodonosor:

> Que te echarán de entre los hombres, y con las bestias del campo será tu morada, y con hierba del campo te apacentarán como a los bueyes, y con el rocío del cielo serás bañado; y siete tiempos pasarán sobre ti, hasta que conozcas que el Altísimo tiene dominio en el reino de los hombres, y que lo da a quien él quiere. Y en cuanto a la orden de dejar en la tierra la cepa de las raíces del mismo árbol, significa que tu reino te quedará firme, luego que reconozcas que el cielo gobierna. Por tanto, oh rey, acepta mi consejo: tus pecados redime con justicia, y tus iniquidades haciendo misericordias para con los oprimidos, pues tal vez será eso una prolongación de tu tranquilidad. (Versículos 25-27)

Los que escucharon al heraldo pronunciar estos hechos muy bien podrían haber esperado que las siguientes palabras fueran: "Así que hice que Beltsasar fuera golpeado, despojado de su cargo y empalado en un poste muy largo. Que esto sirva de lección a todos para que nadie hable al rey como lo hizo Beltsasar". Pero no entendieron la relación entre estos dos hombres. Nabucodonosor confiaba en Daniel, y el profeta sentía un amor piadoso por el rey. La súplica de Daniel al final de su interpretación basta para demostrarlo. "Cambia tu conducta, rey. Humíllate, vive con rectitud, muestra misericordia a los pobres; tal vez eso baste para librarte de siete años de locura y humillación".

Pero por mucho que Nabucodonosor respetara a Daniel, no estaba dispuesto a escucharle. Al parecer, el precio era demasiado alto, o tal vez el juicio era demasiado incierto. Es posible que el sueño y su interpretación asustaran temporalmente al rey. Tal vez cambiara sus costumbres por un tiempo. Quizás haya repartido una ración especial de pan a los pobres. A lo mejor conmutara algunas sentencias de muerte. Pero con el paso de las semanas y los meses, volvió a las andadas. Pronto, todo fue como de costumbre.

El orgullo de Nabucodonosor supera la paciencia de Dios

¿Cómo sabemos que no hubo un cambio permanente en Nabucodonosor? Porque las siguientes palabras del heraldo fueron: "Todo esto vino sobre el rey Nabucodonosor" (versículo 28). Una vez más, un grito ahogado se habría extendido entre los oyentes. Este "Dios Altísimo", quienquiera que fuese, no solo predijo la caída de su gran rey, sino que la hizo realidad. El heraldo detalló el acontecimiento:

> Al cabo de doce meses, paseando en el palacio real de Babilonia, habló el rey y dijo: ¿No es esta la gran Babilonia que yo edifiqué para casa real con la fuerza de mi poder, y para gloria de mi majestad? Aún estaba la palabra en la boca del rey, cuando vino una voz del cielo: A ti se te dice, rey Nabucodonosor: El reino ha sido quitado de ti; y de entre los hombres te arrojarán, y con las bestias del campo será tu habitación, y como a los bueyes te apacentarán; y siete tiempos pasarán sobre ti, hasta que reconozcas que el Altí-

simo tiene el dominio en el reino de los hombres, y lo da a quien él quiere. En la misma hora se cumplió la palabra sobre Nabucodonosor, y fue echado de entre los hombres; y comía hierba como los bueyes, y su cuerpo se mojaba con el rocío del cielo, hasta que su pelo creció como plumas de águila, y sus uñas como las de las aves. (Versículos 29-33)

Nabucodonosor paseaba por la azotea, sintiéndose muy bien consigo mismo. No pensaba en advertencias crípticas. La vida de rectitud y la misericordia hacia los pobres eran las cosas más lejanas de su mente. En lugar de eso, pensaba en su tema favorito: él mismo. "¡Mira lo que he construido! ¿Algún otro rey ha creado algo tan asombroso? ¿Hay alguien en la tierra con la mitad de mi poder? ¡Y lo hice todo con mis propias manos! Sí, realmente soy importante".

De repente, una voz interrumpió su sesión personal de alabanzas. Probablemente era una que reconocía. La había oído un año antes en un sueño. El pavor se apoderó de él. "Se te había advertido. Ahora tu reino te ha sido arrebatado, junto con tu cordura. Siete años van a pasar hasta que finalmente te des cuenta de que Dios es Dios y tú eres solo un hombre". De inmediato, la mente del rey lo abandonó. Su delirio era tan grave y su locura tan grande que fue expulsado del palacio y salió por las puertas de la ciudad.

La paciencia de Dios es grande, pero no es interminable. Para el mundo incrédulo, llegará un momento en que el pecado será tan grande que su tolerancia se acabará. Al igual que en los días de Noé, derramará su ira sobre su creación. Pero también, así como salvó al justo de Noé y a su familia elevándolos por encima del castigo por medio de un arca, él salvará a los justos de su ira venidera elevándolos por encima de la tribulación por medio del rapto. Mientras los creyentes de la iglesia disfrutan de sus recompensas con el Salvador, el resto de la humanidad soportará siete años de sufrimiento.

Siete años. Al final de estos siete años de su locura, el rey reconocerá quién es Dios. Al final de los siete años de angustia de Jacob, o la tribulación, Israel reconocerá a Jesús, el que traspasaron, como el Mesías, y entonces encontrará la salvación. Y al final de esos mismos siete años de la ira de Dios, el mundo incrédulo reconocerá la soberanía del Dios que rechazaron. Pero para ellos será demasiado tarde.

Los creyentes también necesitan darse cuenta de que la paciencia de Dios con ellos tiene un límite. Cuando ignoramos el impulso del Espíritu Santo hacia el arrepentimiento de cualquier pecado que nos esté afectando, llegará el punto en el que nuestro Padre celestial vea que el cambio solo vendrá con un poco de dura disciplina amorosa. Por eso, cuando los hijos de Dios atraviesan tiempos difíciles, siempre debemos evaluar en oración si hay alguna modificación que debamos hacer en nuestra manera de vivir. Ya sea que el origen de nuestra lucha sea la mano disciplinaria de Dios o el simple hecho de que vivimos en cuerpos corruptibles en un mundo caído, siempre podemos aprender del dolor y crecer a través de él.

¿Nabucodonosor recibió castigo o disciplina? ¿Fue retributivo o reformador? El tiempo de locura del rey es claramente este último. Primero, se le dio un límite de tiempo. Estaría bajo esta sentencia durante siete años, y luego se esperaba que aprendiera la lección. Segundo, había un propósito definido para esta prueba. Nabucodonosor sufriría su indignidad hasta que realmente comprendiera que "el Altísimo tiene dominio en el reino de los hombres, y que lo da a quien él quiere". Una vez que el rey comprendiera esta verdad de la soberanía suprema de Dios sobre todas las cosas, entonces la disciplina terminaría.

Eso fue exactamente lo que sucedió. Al final del período establecido, Dios aclaró la mente de Nabucodonosor lo suficiente como para permitirle una epifanía.

> Mas al fin del tiempo yo Nabucodonosor alcé mis ojos al cielo, y mi razón me fue devuelta; y bendije al Altísimo, y alabé y glorifiqué al que vive para siempre, cuyo dominio es sempiterno, y su reino por todas las edades. Todos los habitantes de la tierra son considerados como nada; y él hace según su voluntad en el ejército del cielo, y en los habitantes de la tierra, y no hay quien detenga su mano, y le diga: ¿Qué haces? (Versículos 34-35)

Es interesante notar que en el versículo 34, Nabucodonosor retoma la narrativa. Del versículo 19 al 33, un narrador contó la historia. Tal vez el rey no quería relatar personalmente los detalles de su juicio y caída, o tal vez hubiera sido indecoroso que un monarca lo hiciera. Lo que resulta evidente al retomar la narración es que Nabucodonosor quería asegurarse de que todos oyeran hablar de su propia boca sobre su arrepentimiento. "Alcé mis ojos al cielo [...] y bendije al Altísimo, y alabé y glorifiqué al que vive para siempre". Antes, dijo: "Yo he construido este reino". Después, dijo: "Por fin reconozco que Dios tiene el control. Él me puso en esta posición, y Él puede sacarme de ella. ¡Gloria sea a su nombre!".

Misión cumplida. Dios buscó humillar a este poderoso rey, y lo logró. Ahora la perspectiva del monarca era una que el Señor podía usar más efectivamente para cumplir sus propósitos. Entonces Dios le devolvió el reino a Nabucodonosor.

> En el mismo tiempo mi razón me fue devuelta, y la majestad de mi reino, mi dignidad y mi grandeza volvieron a mí, y mis gobernadores y mis consejeros me buscaron; y fui restablecido en mi reino, y mayor grandeza me fue añadida. Ahora yo Nabucodonosor alabo, engrandezco y glorifico al Rey del cielo, porque todas sus obras son verdaderas, y sus caminos justos; y él puede humillar a los que andan con soberbia. (Versículos 36-37)

El rey aprendió su lección, y como resultado recibió cinco bendiciones. Primero, recuperó la razón. Segundo, su honor y esplendor le fueron devueltos. Tercero, sus consejeros y nobles volvieron a respetarlo y acudieron a él. Es probable que ningún miembro de su corte estuviera más emocionado por su restauración que Daniel. Cuarto, Nabucodonosor fue restaurado en su reino, recuperando su posición como soberano del imperio. Quinto, se le añadió una "mayor grandeza". Esto significa que, si bien antes era grande, ahora se volvió aún más poderoso.

¿Regresó el rey Nabucodonosor a sus viejos hábitos? No lo sabemos con certeza, porque esto es lo último que oímos de este poderoso gobernante. Lo que sí sabemos es que finalmente comprendió que, aunque él fuera el gran rey del imperio, existe un Rey más grande en el cielo. Esto nos lleva a preguntarnos: ¿Veremos al rey Nabucodonosor en el cielo? Es difícil saberlo. Sin duda tuvo una experiencia con el Dios misericordioso que cambió su vida. Pero nunca podremos conocer el verdadero estado de su corazón. ¿Reconoció al Señor como el único Dios verdadero, o simplemente lo puso en el primer lugar de su lista de diez deidades principales, bajándose a sí mismo al número dos? Se acerca un tiempo en que lo sabremos con certeza. Yo, por mi parte, espero encontrarme algún día con él en la eternidad.

Capítulo 5

EL FIN DE UN IMPERIO

DANIEL 5

Era el verano del año 64 d. C. La fuerza de Roma estaba en su apogeo y el imperio se extendía desde el océano Atlántico hasta mucho más allá de las costas orientales del Mediterráneo. La ciudad misma era el centro del poder y la cultura. Era rica, suntuosa y estaba repleta de estructuras de madera. Por eso, cuando el Circo Máximo, el estadio para carreras de carros, se incendió, las brasas no tardaron en volar al edificio siguiente, y al siguiente. Pronto, la ciudad estaba en llamas y ardía más caliente que, no sé, ¿un horno ardiente tal vez?

La ciudad ardía. Día tras día, más edificios eran consumidos. Miles de ciudadanos quedaron atrapados en la conflagración, mientras cientos de miles veían cómo sus casas y todas sus posesiones caían víctimas de las llamas. La gente se preguntaba por qué nadie ayudaba a apagar el fuego. ¿Dónde estaba el emperador Nerón? Desde luego, no era muy querido y la gente tenía pocas expectativas puestas en él. Pero, aun así, se podría pensar que haría algo para evitar que la capital de su imperio ardiera hasta los cimientos.

Al cabo de seis días, el fuego por fin se extinguió por sí solo. De los catorce distritos de Roma, diez fueron destruidos. La ciudad estaba en ruinas. Y la gente quería respuestas. ¿Cómo pudo suceder esto? Buscando un chivo expiatorio, Nerón culpó a los cristianos, y muchos se apresuraron a unirse a él en esta explicación. Su acusación condujo a una brutal persecución de los creyentes del siglo I, durante la cual fueron arrestados, torturados y ejecutados por crucifixión, en la hoguera o como alimento para animales salvajes en un estadio.

Sin embargo, las miradas más perspicaces se volvieron hacia el emperador. ¿Provocó el incendio a propósito para despejar espacio para algunos de sus proyectos de construcción, pero las llamas se descontrolaron? ¿O buscaba una excusa para perseguir a esa nueva secta religiosa que seguía a algún rey, dios u hombre? Incluso entonces, a todos les gustaban las teorías conspirativas, y ¿quién mejor para teorizar contra ellas que un emperador impopular? A decir verdad, es probable que el incendio que destruyó Roma no fuera más que un accidente en una ciudad que, al construirse al azar con el paso del tiempo, se convirtió en un polvorín.

Pero una vez que surge una teoría de conspiración, deshacerse de ella es más difícil que aflojar las mandíbulas de un pastor alemán del pantalón de un ladrón de chatarra. A lo largo de las décadas y los siglos siguientes, no solo se culpó a Nerón de iniciar el incendio, sino también de no preocuparse mientras el número de muertos aumentaba rápidamente. Con el tiempo nació el dicho "Nerón tocaba el violín mientras Roma ardía", que ha permanecido desde entonces. No importa que al comenzar el incendio el emperador estuviera a cincuenta y seis kilómetros de distancia, en su mansión de Antium, o que el violín no se inventara hasta mil años después.

Aunque el dicho pueda ser incorrecto, sigue siendo apropiado para nuestra historia de Daniel 5. El príncipe heredero de Babilonia celebraba una fiesta, una bacanal salvaje de proporciones épicas. Mientras tanto, el enemigo estaba a las puertas y faltaban horas para que la ciudad se derrumbara. Pero en esta fatídica ocasión del año 539 a. C., la última noche de la existencia del gran imperio, "Belsasar tocaba el violín mientras Babilonia ardía".

Un descubrimiento real

Lo primero que debemos hacer al abordar este nuevo relato es situarnos adecuadamente en la historia. Entre el último signo de puntuación del capítulo 4 y la primera letra mayúscula del capítulo 5 transcurrieron más de treinta años. Desde la muerte de Nabucodonosor en el 561 a. C., el imperio había ido decayendo. La estatua gigante con la que soñaba el monarca en el capítulo 2 podría haberse aplicado fácilmente a sus propios descendientes. Él era la cabeza de oro, luego cada sección sucesiva de la estatua iba decayendo en calidad y valor.

El teólogo Clarence Larkin, en su clásico comentario *The Book of Daniel* [El libro de Daniel], expuso la historia:

> Nabucodonosor fue sucedido tras su muerte, en 561 a. C., por su hijo Evil-merodac, quien inmediatamente liberó a Joaquín, rey de Judá, de la prisión y lo alimentó de su propia mesa (2 Reyes 25:27-30; Jeremías 52:31-34). Tras un reinado de dos años, Evil-merodac fue ejecutado por conspiradores, encabezados por Neriglisar, su cuñado, que subió al trono y reinó durante unos cuatro años y quien fue asesinado en batalla en el año 556 a. C. Su hijo y sucesor, Laborosoarchod, un niño tonto, fue rey durante menos de un año, cuando fue golpeado hasta la muerte, y el trono fue ocupado por un usurpador, Nabonido (o Nabonides), otro yerno de Nabucodonosor, que se había casado con la viuda de Neriglisar, y que reinó desde el año 555 a. C. hasta la caída de Babilonia en el año 538 a. C.[8].

"Eh, Amir, odio mencionarlo, pero viste que no hay ningún Belsasar en esta lista, ¿verdad?" ¡Bien visto! Y eso fue una dificultad para los teólogos durante muchos años. Los historiadores escépticos se apresuraron a señalar la ausencia del rey como prueba de la falibilidad de la Biblia. En respuesta, los eruditos bíblicos se retorcían un poco y afirmaban: "Está por ahí en alguna parte. Solo que aún no lo hemos encontrado". Pero no hay que retorcerse con una explicación así, porque la arqueología bíblica es la justificación perfecta para cualquier falta de evidencia.

"¿No es eso un pretexto, Amir? ¿No podrías decir también que la tierra fue poblada primero por hombrecillos azules que vinieron de un planeta lejano y se estrellaron en la tierra en su cohete, pero que aún no hemos encontrado las pruebas?". Podría, pero no lo haría. La diferencia es doble. En primer lugar, hay una enorme cantidad de pruebas arqueológicas que demuestran la veracidad de la Biblia. No solo eso, sino que se descubren nuevas pruebas todo el tiempo. La segunda diferencia es que nunca ha habido ningún hallazgo arqueológico que haya contradicho la Biblia de ningún modo. Así que, si se preguntaba por Belsasar, un teólogo de principios del siglo xix podría haber dicho con toda confianza: "A menos que puedan mostrarme pruebas arqueológicas de que nunca hubo un Belsasar, entonces esperaré a que se descubra la confirmación de su existencia".

No habría tenido que esperar mucho.

En 1854, sir Austen Henry Layard dirigía una excavación arqueológica en la antigua ciudad de Ur. Mientras iban descubriendo capa tras capa, se encontraron con cuatro pequeños cilindros de arcilla de mediados del siglo VI a. C. En uno de estos cilindros estaban escritas en lengua babilónica y en escritura cuneiforme treinta y una líneas divididas en dos columnas[9]. Conocido más tarde como uno de los Cilindros de Nabonido, este asombroso hallazgo incluía una oración al dios de la luna, Aku, de Nabonido, el último de los reyes babilonios, para "Belsasar, el hijo mayor, mi descendencia".

Los descubrimientos no acabaron ahí. Casi tres décadas después, en 1882, se publicó la Crónica de Nabonido. Este antiguo texto cuneiforme habla de que el rey estuvo alejado de su trono durante diez de sus diecisiete años, dejando a su "príncipe heredero", Belsasar, al mando[10]. Desde entonces, se han descubierto varias menciones más a Belsasar. Cuando se trata de arqueología bíblica, la regla es: "Si aún no está ahí, espera; ya aparecerá".

Una ciudad preparada para la caída

Ahora que nos hemos posicionado en la historia de Babilonia, necesitamos entender la ciudad en sí misma. Cuando leemos las palabras "Babilonia la grande" en las Escrituras, hay una buena razón para ese apelativo. Babilonia era enorme: veinticuatro kilómetros a cada lado. Alrededor de la ciudad había una enorme muralla de ladrillo de veintiséis metros de espesor y ciento seis metros de altura. Esta muralla incluía doscientos cincuenta torres desde las cuales el ejército podía defender la ciudad. Se decía que seis carros podían circular uno al lado del otro por encima de la muralla defensiva. Para mayor protección, un foso rodeaba la ciudad, con puentes levadizos que conducían a grandes puertas de bronce.

El río Éufrates dividía la ciudad en dos partes. Pero para que nadie pensara que un enemigo podía utilizar el agua como punto de entrada para atacar, unas gruesas puertas de bronce bloqueaban también esa vía. Estos poderosos elementos de defensa eran la razón por la que, en la noche de nuestra historia, el príncipe heredero Belsasar se sentía tan cómodo en su palacio. Esto a pesar de que el rey Ciro y su enorme ejército medopersa estaban acampados justo fuera de las murallas de la ciudad. Después de todo, nadie podía atravesar las defensas de Babilonia. ¿No es cierto?

Tal vez a Belsasar le habría ido mejor de haber estudiado las Escrituras hebreas en lugar del menú de degustación de vinos del palacio. Si lo hubiera hecho, se habría encontrado con palabras escritas más de un siglo antes. El profeta Isaías había escrito sobre esta misma noche:

> Así dice Jehová a su ungido, a Ciro, al cual tomé yo por su mano derecha, para sujetar naciones delante de él y desatar lomos de reyes; para abrir delante de él puertas, y las puertas no se cerrarán: Yo iré delante de ti, y enderezaré los lugares torcidos; quebrantaré puertas de bronce, y cerrojos de hierro haré pedazos; y te daré los tesoros escondidos, y los secretos muy guardados, para que sepas que yo soy Jehová, el Dios de Israel, que te pongo nombre. (Isaías 45:1-3)

Para que unas enormes puertas de bronce bloqueen eficazmente la entrada de agua a una gran ciudad, deben cumplirse dos condiciones: primero, el agua debe ser profunda. Segundo, las puertas deben estar cerradas. Por desgracia, para Belsasar, en la noche del sábado 12 de octubre de 539 a. C., si se hubiera retirado por un tiempo de su fiesta para pasear junto a la defensa del agua, habría descubierto que no se cumplía ninguna de estas dos condiciones.

¿Cómo pudo ocurrir semejante fracaso? Una vez que Ciro el persa hubo colocado a todas sus tropas en posición, dio una señal a un vasto grupo situado a lo largo del Éufrates, río arriba. Comenzaron a cavar, desviando finalmente el curso del río para que rodeara la ciudad en lugar de atravesarla. Se podría pensar que alguien se habría dado cuenta de que el nivel del agua que fluía hacia Babilonia disminuía rápidamente, pero es difícil captar este tipo de detalles cuando todo el mundo está borracho. ¿Y por qué estaban todos borrachos? Porque el jolgorio de Belsasar era esencialmente una fiesta en toda la ciudad. Tenía a su círculo íntimo bebiendo vino dentro del palacio, mientras que afuera, en las calles, continuaban la embriaguez y el libertinaje.

Así fue también como, aquella noche en particular, en la entrada del río a través de las murallas, las casi impenetrables puertas de bronce con sus mortíferas púas sobresaliendo de manera amenazante por la parte superior estaban abiertas de par en par.

"Eh, Earl, ¿te has acordado de cerrar las puertas?".

"Cállate y pásame otra cerveza".

Cuando el agua bajó lo suficiente, el ejército de Ciro simplemente entró. Mira de nuevo Isaías 45:1-3. Más de cien años antes de que ocurriera, Dios nombró al conquistador de Babilonia y cómo rompería las defensas de la ciudad. ¡Increíble!

La fiesta se sale de control

Daniel 5 comienza con una fiesta. "El rey Belsasar hizo un gran banquete a mil de sus príncipes, y en presencia de los mil bebía vino" (versículo 1). Es probable que esto no haya sido inusual para el líder interino de Babilonia. Como veremos cuando avance la historia, Belsasar no sería considerado un hombre de gran carácter.

Para los jóvenes consentidos, la depravación cotidiana puede volverse aburrida y cansadora. A menudo, existe la necesidad de estímulos mayores y mejores, o menores y más desagradables, según cómo se defina. Al príncipe heredero se le ocurrió una idea que tenía el punto justo de peligro y sacrilegio. Los judíos tenían una reputación, al igual que su Dios. Desde hacía siglos se contaban historias sobre plagas en Egipto y victorias militares milagrosas. Incluso su abuelo, el gran Nabucodonosor, había caído bajo el hechizo de este supuesto Dios Altísimo. ¿No sería divertido que trajeran los vasos sagrados que se habían traído del templo de Jerusalén para brindar un poco?

> Belsasar, con el gusto del vino, mandó que trajesen los vasos de oro y de plata que Nabucodonosor su padre había traído del templo de Jerusalén, para que bebiesen en ellos el rey y sus grandes, sus mujeres y sus concubinas. Entonces fueron traídos los vasos de oro que habían traído del templo de la casa de Dios que estaba en Jerusalén, y bebieron en ellos el rey y sus príncipes, sus mujeres y sus concubinas. Bebieron vino, y alabaron a los dioses de oro y de plata, de bronce, de hierro, de madera y de piedra. (Versículos 2-4)

Belsasar cometió tres grandes errores. Primero, tomó vasos sagrados y los utilizó para una causa común. Segundo, en lugar de adorar al Dios del cielo mientras bebía de ellos, alabó a los dioses de plata y oro. Por último, y lo más significativo, tomó para sí lo que pertenecía a Dios.

Cuando los israelitas comenzaron a adentrarse en la tierra prometida, su primera parada fue la ciudad de Jericó. Como era la primicia de todas las ciudades que iban a conquistar, pertenecía a Dios. Por lo tanto, debían destruir todo a excepción de "toda la plata y el oro, y los utensilios de bronce y de hierro, sean consagrados a Jehová, y entren en el tesoro de Jehová" (Josué 6:19). Al séptimo día del asedio de Jericó por Israel, los israelitas marcharon siete veces alrededor de los límites de la ciudad, y las murallas se derrumbaron. Los soldados entraron y destruyeron todo lo que había en la ciudad.

Un hombre llamado Acán miró todo el botín y vio "un manto babilónico muy bueno, y doscientos siclos de plata, y un lingote de oro de peso de cincuenta siclos" (Josué 7:21). Los quiso para sí, así que los cogió y los enterró en su tienda. Pero Dios vio lo que había hecho. Y a causa de su pecado, cuando los hebreos atacaron la siguiente ciudad, fueron derrotados de manera contundente. Solo cuando la propiedad sagrada perteneciente al Señor le fue devuelta, comenzó a bendecir de nuevo al pueblo de Israel.

Si la disciplina de Dios para con sus propios hijos fue tan grande, de ninguna manera iba a permitir que un príncipe heredero pagano corrompiera los vasos sagrados de su templo. El Señor decidió que Belsasar necesitaba una visitación. Había que enseñarle que no eran los dioses de plata y oro los que determinaban quién se sentaba en el trono. Era el Dios Altísimo quien tomaba esas decisiones. Al final de esa noche, como le gustaba tanto repetir a Ezequiel, el príncipe heredero y todos los demás sabrían "que yo soy Jehová".

Una mano irrumpe en la fiesta

Cuanto más bebían, más estruendosa se volvía la fiesta. Entonces se oyó un grito. A este le siguió un prolongado jadeo a medida que una persona tras otra se daba cuenta de lo que estaba ocurriendo en la parte delantera de la sala de banquetes. "En aquella misma hora aparecieron los dedos de una mano de hombre, que escribía delante del candelero sobre lo encalado de la pared del palacio real, y el rey veía la mano que escribía" (Daniel 5:5). No me satisface del todo la traducción de la primera parte de este versículo de la Reina Valera 1960. Le falta el impacto de la NTV ("de pronto") y de la NBV ("de repente"). La gente estaba bebiendo, bailando y haciendo otras cosas que es mejor no mencionar, cuando —¡bum!— todo cambió. De repente, había un intruso entre ellos. Alguien se había colado en la fiesta. En realidad, ni siquiera era alguien, sino una parte de alguien.

Me encanta cuando encuentro en las Escrituras la frase "de repente". Siempre significa un giro brusco y, por lo general, inesperado de los acontecimientos. Se encuentra en los profetas:

Desde hace mucho tiempo
anuncié las cosas pasadas.
Yo las profeticé;
yo mismo las di a conocer.
Actué de repente
y se hicieron realidad. (Isaías 48:3 NVI)

Dios continuó advirtiendo al pueblo. Se aseguró de que escucharan sus palabras. Pero ellos siguieron haciendo según les complacía, pensando que Dios estaba haciendo amenazas vacías. Entonces, de repente, Dios actuó y todas sus promesas de castigo se cumplieron.

Esta expresión "de repente" da una gran esperanza a la iglesia, a la vez que anima a los creyentes a continuar en su diligente servicio. Jesús estaba en el monte de los Olivos, hablando a los discípulos acerca de su futuro regreso en el rapto, cuando dijo:

Pero de aquel día y de la hora nadie sabe, ni aun los ángeles que están en el cielo, ni el Hijo, sino el Padre (…) Velad, pues, porque no sabéis cuándo vendrá el señor de la casa; si al anochecer, o a la medianoche, o al canto del gallo, o a la mañana; para que cuando venga de repente, no os halle durmiendo. (Marcos 13:32, 35-36)

No sabemos la hora ni el día de su regreso. Vendrá de repente. No queremos estar atrapados en el pecado y la inmoralidad en ese fatídico momento, como lo estuvieron Belsasar y sus nobles. Queremos ocuparnos de los asuntos del Padre para poder esperar con ansias ese momento repentino en que seremos arrebatados para estar con nuestro Mesías.

Una mano grande e incorpórea escribiendo en una pared tendería a cambiar el estado de ánimo en cualquier ambiente. Sería, sin duda, el aguafiestas definitivo de cualquier fiesta desenfrenada. Cuando Belsasar vio la mano, recuperó la sobriedad de inmediato, convirtiéndose la borrachera en un miedo atroz. Se quedó con la boca abierta mientras la mano escribía cuatro palabras en la pared en un alfabeto que no entendía. Luego, tan repentinamente como había aparecido, la mano desapareció, dejando tras de sí un mensaje grabado en la pared enlucida. Belsasar apenas podía sostenerse de pie.

> Entonces el rey palideció, y sus pensamientos lo turbaron, y se debilitaron sus lomos, y sus rodillas daban la una contra la otra. El rey gritó en alta voz que hiciesen venir magos, caldeos y adivinos; y dijo el rey a los sabios de Babilonia: Cualquiera que lea esta escritura y me muestre su interpretación, será vestido de púrpura, y un collar de oro llevará en su cuello, y será el tercer señor en el reino. Entonces fueron introducidos todos los sabios del rey, pero no pudieron leer la escritura ni mostrar al rey su interpretación. Entonces el rey Belsasar se turbó sobremanera, y palideció, y sus príncipes estaban perplejos.
> (Daniel 5:6-9)

Daniel da una maravillosa descripción física del terror del rey. En esencia, el soberano interino perdió la capacidad de mantenerse en pie y no podía controlar sus temblores. Cuatro palabras estaban escritas en la pared en un idioma que él desconocía. Pero había una cosa que claramente sí entendía: ese mensaje era para él.

Así que hizo lo que aparentemente hacían todos los monarcas babilonios cuando les faltaba entendimiento: llamó a los magos. Y todos estos sabios hicieron lo que aparentemente hacían siempre que se eran llamados a resolver un misterio: vacilaban. Eran completamente inútiles para interpretar el mensaje, al igual que los dioses a los que servían. Belsasar estaba perdido, pero entonces intervino la reina. En el palacio se había corrido la voz de la misteriosa mano y su críptico mensaje. Entonces llegó a los aposentos de la reina la noticia del sorprendente fracaso de los sabios y de la desesperación del rey, por lo que ella se apresuró a ayudar.

> La reina, por las palabras del rey y de sus príncipes, entró a la sala del banquete, y dijo: Rey, vive para siempre; no te

turben tus pensamientos, ni palidezca tu rostro. En tu reino hay un hombre en el cual mora el espíritu de los dioses santos, y en los días de tu padre se halló en él luz e inteligencia y sabiduría, como sabiduría de los dioses; al que el rey Nabucodonosor tu padre, oh rey, constituyó jefe sobre todos los magos, astrólogos, caldeos y adivinos, por cuanto fue hallado en él mayor espíritu y ciencia y entendimiento, para interpretar sueños y descifrar enigmas y resolver dudas; esto es, en Daniel, al cual el rey puso por nombre Beltsasar. Llámese, pues, ahora a Daniel, y él te dará la interpretación. (Versículos 10-12)

Si alguna vez Daniel hubiera necesitado una referencia para su currículum, la reina tendría que haber estado en el primer lugar de su lista. Parece que después de que el abuelo de Belsasar, Nabucodonosor (nombrado como su "padre" en el pasaje, es decir, su antepasado), había abandonado la escena, Daniel había sido dejado a un lado paulatinamente. A medida que crecía la depravación de las cortes reales, iban disminuyendo las ganas de tener a un viejo eunuco bienhechor mirando por encima del hombro. Las historias del reinado de Nabucodonosor se habrían transmitido a través de los años, por lo que los nombres de Beltsasar, Sadrac, Mesac y Abed-nego habrían sido conocidos. No obstante, pertenecían a una generación anterior, razón por la cual Belsasar no había pensado en Daniel.

Pero ahora que Belsasar se había acordado de este siervo del Altísimo, existía un rayo de esperanza. "¡Quizá interprete estas palabras para mí como interpretó los sueños de mi abuelo!". Así que mandó llamar al viejo profeta.

Entonces Daniel fue traído delante del rey. Y dijo el rey a Daniel: ¿Eres tú aquel Daniel de los hijos de la cautividad de Judá, que mi padre trajo de Judea? Yo he oído de ti que el espíritu de los dioses santos está en ti, y que en ti se halló luz, entendimiento y mayor sabiduría. Y ahora fueron traídos delante de mí sabios y astrólogos para que leyesen esta escritura y me diesen su interpretación; pero no han podido mostrarme la interpretación del asunto. Yo, pues, he oído de ti que puedes dar interpretaciones y resolver dificultades. Si ahora puedes leer esta escritura y darme su interpretación, serás vestido de púrpura, y un collar de oro llevarás en tu cuello, y serás el tercer señor en el reino. (Versículos 13-16)

Belsasar le suplicó ayuda a Daniel. Destacó la relación de Daniel con Nabucodonosor, quien lo había traído de Judá. Los sabios habían fracasado, le dijo a Daniel, y prometió al viejo servidor de la corte una gran recompensa si le ayudaba.

El anciano pone a los niños en su sitio

Cuando Daniel habló, no pudo ocultar el desdén que sentía por el hombre que estaba sentado frente a él. Comenzó diciéndole que no quería ninguna de sus recompensas. No solo no significarían nada para él, sino que también sabía lo que estaba a punto de suceder más tarde esa noche cuando Ciro viniera. Entonces, con toda la autoridad que viene con la edad, la sabiduría y una vida recta, Daniel procedió a regañar al príncipe heredero como si fuera un alumno travieso.

En las elecciones presidenciales estadounidenses de 1988, se celebró un debate de los candidatos a la vicepresidencia: el senador republicano Dan Quayle y el senador demócrata Lloyd Bentsen. Quayle, de 41 años, constantemente a la defensiva por su juventud, en un momento dado comparó su experiencia con la de John F. Kennedy cuando este se postuló a la presidencia. Bentsen, mucho mayor, replicó: "Senador, yo serví con Jack Kennedy. Conocí a Jack Kennedy. Jack Kennedy era amigo mío. Senador, usted no es Jack Kennedy".

En los versículos 18-23, el anciano Daniel, en esencia, le dio al joven y advenedizo rey interino el mismo tratamiento. "Belsasar, yo serví a Nabucodonosor. Conocí a Nabucodonosor. Nabucodonosor era amigo mío. Belsasar, tú no es Nabucodonosor". Tu abuelo era un gran hombre, le dijo al príncipe heredero. Reconocía que el Dios

Altísimo estaba a cargo. Y cuando lo olvidó, Dios se lo recordó, y Nabucodonosor aprendió la lección.

Entonces, señalando al joven con su dedo huesudo, Daniel dijo:

> Y tú, su hijo Belsasar, no has humillado tu corazón, sabiendo todo esto; sino que contra el Señor del cielo te has ensoberbecido, e hiciste traer delante de ti los vasos de su casa, y tú y tus grandes, tus mujeres y tus concubinas, bebisteis vino en ellos; además de esto, diste alabanza a dioses de plata y oro, de bronce, de hierro, de madera y de piedra, que ni ven, ni oyen, ni saben; y al Dios en cuya mano está tu vida, y cuyos son todos tus caminos, nunca honraste. (Versículos 22-23)

Estas palabras provocaron otra ronda de jadeos en la sala del banquete. ¿Quién le hablaba así al rey? Pero Belsasar se sentó allí y lo aceptó. Primero, porque no tenía un carácter lo suficientemente fuerte como para enfrentarse a este anciano. Segundo, sabía que las palabras de Daniel eran ciertas. Tercero, necesitaba saber qué significaba el mensaje, y este hombre frente a él era el único que podía revelárselo.

Daniel procedió:

> Entonces de su presencia fue enviada la mano que trazó esta escritura. Y la escritura que trazó es: MENE, MENE, TEKEL, UPARSIN. Esta es la interpretación del asunto: MENE: Contó Dios tu reino, y le ha puesto fin. TEKEL: Pesado has sido en balanza, y fuiste hallado falto. PERES: Tu reino ha sido roto, y dado a los medos y a los persas. (Versículos 24-28)

Al leer las palabras del viejo profeta, puedes imaginar en tu mente un cambio de escena. La mesa del banquete desapareció, sustituida por una larga mesa. Junto a la pared, frente a la escritura sobrenatural, se elevó un gran estrado de juez. Sentado detrás de este formidable escritorio, estaba el Juez. Era el Dios Altísimo que había llevado al joven rey a su sala, donde temblaba de miedo.

Daniel ya había anunciado los cargos: "No has humillado tu corazón. Te has levantado contra el Señor del cielo. Has usado indebidamente los vasos del templo de Dios para adorar a falsas deidades. No has glorificado a aquel que tiene tu propio aliento en su mano".

No había duda sobre el veredicto. Ya estaba escrito en la pared detrás del Juez. ¡Culpable de todos los cargos!

"MENE: Contó Dios tu reino, y le ha puesto fin". El Altísimo puede hacer lo que quiera con los pueblos de la tierra, sean de la realeza o campesinos. Nabucodonosor aprendió esta lección cuando declaró: "[Dios] hace según su voluntad en el ejército del cielo, y en los habitantes de la tierra, y no hay quien detenga su mano, y le diga: ¿Qué haces?" (Daniel 4:35). El Señor evaluó la Babilonia de Belsasar, la declaró indigna de existir, y ahora la destruiría.

"TEKEL: Pesado has sido en balanza, y fuiste hallado falto". No solo el reino era indigno, también lo era su rey. Llegará un día en que se erigirá otro tribunal. Juan habla de él como:

> un gran trono blanco y al que estaba sentado en él, de delante del cual huyeron la tierra y el cielo, y ningún lugar se encontró para ellos. Y vi a los muertos, grandes y pequeños, de pie ante Dios; y los libros fueron abiertos, y otro libro fue abierto, el cual es el libro de la vida; y fueron juzgados los muertos por las cosas que estaban escritas en los libros, según sus obras... Y el que no se halló inscrito en el libro de la vida fue lanzado al lago de fuego. (Apocalipsis 20:11-12, 15)

Tengo noticias para ti: no hay nadie en esta tierra cuyas obras sean lo suficientemente dignas como para obtener un veredicto de "inocente" ante ese trono. Todos los esfuerzos hechos por el hombre serán hallados deficientes. Pero no tenemos que depender de nuestros propios esfuerzos. El discípulo Pedro escribió: "También Cristo padeció una sola vez por los pecados, el justo por los injustos, para llevarnos a Dios" (1 Pedro 3:18). Nuestras obras nunca estarán a la altura, pero la obra de Jesús en la cruz fue más que suficiente. Cuando recibimos a Jesús como nuestro Señor y Salvador, no tenemos que preocuparnos por el juicio final. De hecho, ni siquiera estaremos de pie para ser juzgados entonces, habiendo sido llevados antes en el rapto para estar con nuestro Mesías para siempre. Todo lo que se necesita es creer que Jesús es quien dijo ser y darle la preeminencia en nuestras vidas.

"PERES: Tu reino ha sido roto, y dado a los medos y a los persas". El enemigo está a la puerta, y está entrando.

En respuesta, Belsasar colmó a Daniel de regalos y lo ascendió a tercero en el reino, lo cual es semejante a que el capitán del Titanic anunciara el ascenso de su primer oficial a capitán de navío en medio del Atlántico. Todo lo declarado por Dios a través de Daniel se cumplió. Era inevitable porque, literalmente, la escritura estaba en la pared. Por cierto, esta historia es el origen de esa frase tan utilizada. Daniel concluyó el relato diciendo a los lectores: "La misma noche fue muerto Belsasar rey de los caldeos. Y Darío de Media tomó el reino, siendo de sesenta y dos años" (Daniel 5:30-31).

Lecciones de fracaso en el liderazgo

Hay dos lecciones importantes que veo en esta triste historia de fracaso en el liderazgo:

La administración requiere fidelidad

La Biblia habla con frecuencia de la importancia de la administración. Con esto me refiero a la entrega de una responsabilidad a una persona por parte de otra que tiene autoridad. Cuando se otorga, naturalmente, el que está en autoridad espera que el administrador cumpla fielmente sus directivas.

La administración de Belsasar era el pueblo de Babilonia. Sin embargo, lo descuidó y se negó a ser responsable ante aquel que le dio esa administración. No solo no quiso ser responsable ante el Altísimo, sino que Belsasar también rechazó totalmente al Dios del cielo, que le dio su propio aliento para respirar. Cuando llegó el momento de que el verdadero Maestro pidiera cuentas de la administración de este rey, fue pesado en la balanza y hallado falto. En otras palabras, Belsasar no estuvo a la altura de las expectativas de un administrador fiel. El apóstol Pablo habló de la administración cuando escribió: "Ahora bien, se requiere de los administradores, que cada uno sea hallado fiel" (1 Corintios 4:2). Los administradores tienen una gran responsabilidad: deben ser fieles o confiables para con su superior.

Me encanta la palabra hebrea para fidelidad. Es אֱמֶת (emet), y transmite el significado de firmeza y fiabilidad. Cuando Josué luchó contra los amalecitas, Moisés alzó las manos mientras permanecía en lo alto de una colina y observaba la batalla entre Israel y el enemigo. Israel vencía mientras Moisés mantenía las manos en alto. Pero cuando el octogenario líder se cansaba y bajaba los brazos, la batalla se inclinaba en favor de los amalecitas. Así que Aarón, el hermano de Moisés, y Hur proporcionaron una piedra para que el anciano líder se sentara mientras ellos sostenían sus brazos en alto. La Biblia nos dice que el día terminó con la victoria de Israel porque "hubo en sus manos firmeza [emet] hasta que se puso el sol" (Éxodo 17:12). Esto no habría sucedido sin que Aarón y Hur cumplieran fielmente con sus obligaciones.

Un administrador fiel es aquel que es "firme" en su administración o responsabilidades. Cuando asumes una función en tu iglesia o te comprometes a ayudar a un compañero de trabajo, Dios espera que lleves a cabo tu misión lo mejor que puedas. Así que, incluso cuando te sientas desanimado, cansado o poco apreciado, sigue ocupándote de los asuntos del Padre. Él te ve, y nada de lo que hagas para Él pasará desapercibido.

La fidelidad en lo poco resulta en más oportunidades para honrar a Dios y bendecir a otros

Jesús, en una de sus muchas parábolas, contó la historia de dos administradores fieles y sus recompensas. Cuando su señor regresó de un largo viaje y descubrió que sus siervos habían duplicado el dinero que les había dejado, les dijo: "Bien, buen siervo y fiel; sobre poco has sido fiel, sobre mucho te pondré; entra en el gozo de tu señor" (Mateo 25:21, 23). Me gusta el enfoque que la Nueva Traducción Viviente da al mismo pasaje:

> Bien hecho, mi buen siervo fiel. Has sido fiel en administrar esta pequeña cantidad, así que ahora te daré muchas más responsabilidades. ¡Ven a celebrar conmigo!

La imagen del señor y los siervos celebrando juntos es hermosa. Expresa perfectamente la alegría del Señor cuando cumplimos y hacemos su voluntad lo mejor que podemos. Su promesa consiste en que cuando demostremos ser merecedores de confianza en lo poco, él nos abrirá amplias puertas de ministerio que nos dejarán boquiabiertos.

El rey Belsasar rehusó ser un administrador fiel. Como resultado, incluso lo que tenía le fue quitado. Su fracaso en confiar en Dios y hacer su voluntad contrasta fuertemente con la historia que vamos a leer en el siguiente capítulo sobre una fidelidad inquebrantable.

Capítulo 6

BOCAS ABIERTAS, BOCAS CERRADAS

DANIEL 6

C uando llegues a la cima de tu profesión, de tu organización, de tu deporte o de cualquier grupo del que puedas formar parte, pronto te darás cuenta de que hay otros que quieren estar ahí contigo. O, más probablemente, sin ti.

Esta era la situación en la que se encontraba Daniel. Era el líder de líderes del rey Darío, y muchos de sus líderes subalternos lo odiaban por ello. Daniel tenía tres dinámicas en su contra. Primero, había llegado a la cima de su profesión y era exaltado por encima de todos los demás que hacían lo mismo que él. Segundo, se había ganado su elevada posición porque lo hacía mucho mejor que nadie. Tercero, era un forastero, un judío, uno de los que fueron tomados de Jerusalén por el anterior y ahora derrotado imperio.

> Pareció bien a Darío constituir sobre el reino ciento veinte sátrapas, que gobernasen en todo el reino. Y sobre ellos tres gobernadores, de los cuales Daniel era uno, a quienes estos sátrapas diesen cuenta, para que el rey no fuese perjudicado. Pero Daniel mismo era superior a estos sátrapas

y gobernadores, porque había en él un espíritu superior; y
el rey pensó en ponerlo sobre todo el reino. (Daniel 6:1-3)

El rey Darío el Medo examinó su cuerpo de líderes y eligió a ciento veinte de los mejores a quienes otorgaría autoridad sobre su reino.
Luego evaluó a estos ciento veinte y escogió a tres para ser gobernar-
dores sobre el resto. Ellos serían los líderes de los líderes. Daniel, el
anciano eunuco judío llevado al exilio, fue uno de los que recibió
esta elevada posición. Podría haber sobrevivido a los celos y la cruel-
dad de los traidores y trepadores de la corte si no hubiera sido tan
bueno en su trabajo.

Con el paso del tiempo, Darío observó a su trío de gobernadores
y decidió que necesitaba hacer una reorganización corporativa más.
Uno de sus "líderes de líderes" superaba con creces a los otros dos.
Antes de que los demás líderes supieran lo que estaba ocurriendo, el
anciano Daniel fue ascendido a líder de los líderes de líderes. Ahora
era el mandamás, el jefazo, el *number one* de la corte.

Eso fue ir demasiado lejos. De ninguna manera todos esos persas
y medos, que por nacimiento merecían estar en esa posición, iban
a dejar que este extranjero remanente de la administración anterior
fuera su jefe. No se parecía a ellos. No actuaba como ellos. Adoraba a su propio dios y rehuía sus ídolos. ¡Y era tan estricto! Nada de
construir tu propio nido secreto o cobrar en exceso los tributos de
los distritos para llenar tus propios bolsillos. Daniel era un hombre de reglas, un bonachón que no sabía o no le importaba cómo se
jugaba de verdad.

Un plan tremendamente brillante

El anciano judío tenía que irse. ¿Pero cómo? El rey lo amaba. El
viejo monarca pensaba que Daniel era más bueno que el pan. ¿Qué
falta podrían encontrar para acabar con este hombre?

Entonces los gobernadores y sátrapas buscaban ocasión
para acusar a Daniel en lo relacionado al reino; mas no
podían hallar ocasión alguna o falta, porque él era fiel, y

ningún vicio ni falta fue hallado en él. Entonces dijeron aquellos hombres: No hallaremos contra este Daniel ocasión alguna para acusarle, si no la hallamos contra él en relación con la ley de su Dios. (Versículos 4-5)

Su idea era realmente brillante. Si no puedes atacar a un hombre por sus defectos, busca la manera de eliminarlo utilizando sus puntos fuertes. Incluso más que su lealtad al rey, Daniel era leal a su Dios. Si había una manera de utilizar lo que consideraban una jerarquía fuera de sincronía, según su entendimiento, lograrían derribar al viejo judío.

Se sentaron y pensaron. Conspiraron. Tramaron. Maquinaron. Y parafraseando a cierto autor brillante, "Entonces se les ocurrió una idea. Una idea espantosa. A los gobernadores y sátrapas se les ocurrió una idea maravillosa y espantosa"[11].

Entonces estos gobernadores y sátrapas se juntaron delante del rey, y le dijeron así: ¡Rey Darío, para siempre vive! Todos los gobernadores del reino, magistrados, sátrapas, príncipes y capitanes han acordado por consejo que promulgues un edicto real y lo confirmes, que cualquiera que en el espacio de treinta días demande petición de cualquier dios u hombre fuera de ti, oh rey, sea echado en el foso de los leones. Ahora, oh rey, confirma el edicto y fírmalo, para que no pueda ser revocado, conforme a la ley de Media y de Persia, la cual no puede ser abrogada. Firmó, pues, el rey Darío el edicto y la prohibición. (Versículos 6-9)

Como conocemos todas las motivaciones entre bastidores, somos capaces de ver a través de estos sinvergüenzas reales. Pero Darío no conocía la historia de fondo, así que no podemos culparlo por dejarse engañar por este plan tan bien urdido. Primero, los oficiales apelaron a la confianza del rey, mientras le contaban una gran mentira. Informaron al rey de que *todos los funcionarios* se habían reunido y estaban de acuerdo con el edicto real que estaban a punto de presentar. Si Darío se hubiera detenido a considerar la petición una vez que hubiera oído de qué se trataba, habría entendido que su administrador en jefe de ninguna manera habría estado de acuerdo con ella. Pero estos eran sus líderes y líderes de líderes. ¿De verdad le mentirían? Además, era un hombre ocupado. No tenía tiempo para analizar todos los decretos que le llegaban.

En segundo lugar, los funcionarios jugaron con la vanidad del rey. "Darío, eres tan grande, tan poderoso, tan fuerte, que es una tontería que cualquiera de tus súbditos pida ayuda a cualquier dios o ser humano que no seas tú. De hecho, es algo irrespetuoso, tal vez incluso un poco traicionero, si lo piensas". Supongo que solo necesitaría las dos manos y tal vez un pie para contar el número de reyes que, a lo largo de la historia, han respondido a ese tipo de halagos con un "¡Oh, vamos, chicos! En realidad, no soy *tan* grande". Darío era como los otros reyes de su época. Si había una oportunidad para darse a sí mismo un poco más de gloria, no la dejaba pasar.

Por último, los funcionarios utilizaron hábilmente la ley real. Se aseguraron de recordarle a Darío que, una vez firmado un edicto, no se podía deshacer. Cuando le recordaron al rey ese estatuto legalmente vinculante, probablemente agitó la mano con desdén y dijo: "Sí, sí, sí, ya lo sé. Ahora, ¿a dónde firmo?". Fue una jugada brillante. Los funcionarios estaban tendiendo la trampa para que, cuando trajeran a Daniel, Darío no pudiera decir: "Me engañaron" o "Me había olvidado de esa ley". Al firmar el decreto, él sabía que los próximos treinta días serían el mes del rey Darío, y cualquiera que rompiera las reglas sería comida para leones.

Habían tendido la trampa y, sin saberlo, el rey Darío acababa de poner en marcha el mecanismo. Ahora solo quedaba esperar a que Daniel interviniera. Sabían que no tendrían que esperar mucho.

El poder de la fe cotidiana

¿Qué harías si estuvieras en la situación de Daniel? ¿Harías un paréntesis en tu fe, pensando que Dios comprendería el peligro en el que te encuentras? ¿O esconderías tu fe, orando desde el interior de tu armario o metido en el sótano? Daniel nunca fue de los que se esconden en el sótano. Al igual que sus tres amigos que, cuando sonó la música, permanecieron desafiantemente en pie mientras todos los demás en el reino se postraron, Daniel se negó a poner la seguridad por encima de la audacia, el miedo por encima de la fe, y a sí mismo por encima de Dios.

> Cuando Daniel supo que el edicto había sido firmado, entró en su casa, y abiertas las ventanas de su cámara que daban hacia Jerusalén, se arrodillaba tres veces al día, y oraba y daba gracias delante de su Dios, como lo solía hacer antes. (Versículo 10)

¿Por qué Daniel tenía que ser tan visible en su fe? ¿Habría sido un pecado si hubiera mantenido sus ventanas cerradas y sus oraciones para sí mismo? Para Daniel, la respuesta era que sí. Habría supuesto una ruptura de su rutina habitual de adoración por falta de fe en la protección de Dios. El anciano profeta tenía la costumbre de orar de la manera prescrita por el rey Salomón en la dedicación del templo. Con las manos elevadas al Dios del cielo, el gran rey había orado:

> Si pecaren contra ti (pues no hay hombre que no peque), y te enojares contra ellos, y los entregares delante de sus enemigos, para que los que los tomaren los lleven cautivos a tierra de enemigos, lejos o cerca, y ellos volvieren en sí en la tierra donde fueren llevados cautivos; si se convirtieren, y oraren a ti en la tierra de su cautividad, y dijeren: Pecamos, hemos hecho inicuamente, impíamente hemos hecho; si se convirtieren a ti de todo su corazón y de toda su alma en la tierra de su cautividad, donde los hubieren llevado cautivos, y oraren hacia la tierra que tú diste a sus padres, hacia la ciudad que tú elegiste, y hacia la casa que he edificado a tu nombre; tú oirás desde los cielos, desde el lugar de tu morada, su oración y su ruego, y ampararás su causa, y perdonarás a tu pueblo que pecó contra ti. (2 Crónicas 6:36-39)

Daniel estaba viviendo las palabras que Salomón había pronunciado más de cuatrocientos años antes. No solo eso, también estaba siguiendo el remedio del rey para aliviar el castigo. Si los exiliados que habían sido llevados como cautivos debían orar "hacia [su] tierra" y "hacia [su] casa", Salomón suplicó a Dios que "[oyera] desde los cielos", "[amparara] su causa" y "[perdonara] a [su] pueblo".

Esta no era una oración diseñada para proclamarse desde un armario o un sótano. Una oración de súplica como la de Salomón debe pronunciarse audazmente y con las ventanas abiertas hacia Jerusalén. La fe que cree en el perdón, la restauración y la venida de Dios también creerá en su protección en todo momento.

"Pero, Amir, Daniel era un profeta, así que tenía ese tipo de fe sobrenatural. No era una persona común. Además, era anciano. Sabía que su tiempo terminaría pronto de todos modos". Permítanme abordar primero la última afirmación. No creo que el miedo a ser despedazado y devorado por animales salvajes tenga un límite de edad. Ya sea que tengas dieciocho u ochenta años, la posibilidad de ser arrojado al foso de los leones está mano a mano con ser empujado a un estanque de pirañas en la lista de formas en que no quieres dejar esta vida.

En cuanto a la primera afirmación —que tenía algún tipo de fe profética sobrenatural— recuerda que las acciones de Daniel aquí coincidían con lo que siempre había sido. Desde el momento en que llegó a Babilonia con Sadrac, Mesac y Abed-nego, los cuatro adolescentes con rostros llenos de granos estaban dispuestos a arriesgarlo todo por Dios. Eran de la escuela de fe "Mi Dios me protegerá, pero incluso si no lo hace, voy a hacer lo que es correcto". No había ninguna diferencia inherente entre aquellos jóvenes y tú y yo.

Santiago, el hermano de Jesús, escribió en su carta sobre el gran profeta Elías: "Elías era hombre sujeto a pasiones semejantes a las nuestras, y oró fervientemente para que no lloviese, y no llovió sobre la tierra por tres años y seis meses. Y otra vez oró, y el cielo dio lluvia, y la tierra produjo su fruto" (Santiago 5:17-18). En esencia, Santiago estaba diciendo que Elías era simplemente una persona común y corriente, como nosotros. Pero fíjate en lo que su fe le permitió hacer.

Cuando los discípulos de Jesús fueron incapaces de expulsar un demonio de un niño, él les dijo: "Si tuviereis fe como un grano de mostaza, diréis a este monte: Pásate de aquí allá, y se pasará; y nada os será imposible" (Mateo 17:20). La fe no se trata de una cuestión genética ni de llamado. Lo que cuenta es cuánto confías en Dios.

Cuando eres puesto a prueba, aunque no veas una manifestación física del Dios Todopoderoso, ¿sigues creyendo que te ama, que vela por ti y que siempre verá y recompensará tu justicia? Vivimos en una sociedad altamente visual en la que podemos ver casi cualquier cosa que deseemos, ya sea a través de nuestros televisores o de Internet. Pero Dios habita más allá de lo visual, y por eso es tan difícil para las personas confiar en él. Dado que Dios está más allá de lo que podemos ver, la fe en él tampoco es algo visual. Como dijo el escritor de Hebreos: "Es, pues, la fe la certeza de lo que se espera, la convicción de lo que no se ve" (Hebreos 11:1).

¿Hay algo en lo que no confíes en Dios? ¿Hay alguna dificultad a la que te enfrentas y por la que no puedes dejar de preocuparte? Esas noches en las que te desvelas preocupándote las pasarías mejor orando. Deja que Dios pelee tus batallas. Confía en que él te ama. Entiende que él está ahí, aunque tus ojos no sean capaces de distinguirlo. En esos momentos en los que te espera el foso de los leones, debes saber que no vas a entrar allí solo. Como dijo Jesús al famoso discípulo que dudaba: "Porque me has visto, Tomás, creíste; bienaventurados los que no vieron, y creyeron" (Juan 20:29).

Una cosa sabemos con certeza sobre Daniel: no era tonto. Sabía que toda la confabulación de la "petición al rey" era una trampa para deshacerse de él. No le habría sorprendido en absoluto descubrir a sus enemigos escondidos tras su puerta y esperando a que iniciara una de sus tres oraciones diarias. Cómo debieron de alegrarse cuando oyeron resonar las palabras de súplica en la morada del profeta. De inmediato, corrieron hacia el rey.

> Fueron luego ante el rey y le hablaron del edicto real: ¿No has confirmado edicto que cualquiera que en el espacio de treinta días pida a cualquier dios u hombre fuera de ti, oh

rey, sea echado en el foso de los leones? Respondió el rey
diciendo: Verdad es, conforme a la ley de Media y de Persia, la cual no puede ser abrogada. (Daniel 6:12)

Una vez más, estos hombres tampoco eran tontos. Habían trama-
do el crimen perfecto, y ahora, con la afirmación del rey de que la
ley estaba en vigor y no podía ser alterada, se preparaban para revelar a la víctima.

Lo que viene a continuación sucede muy a menudo cuando las
personas y las naciones conspiran contra el pueblo de Dios, pero se
olvidan de Dios. Ocurrió en 1948, cuando Israel se declaró indepen-
diente. Cinco naciones atacaron al recién nacido país. La coalición
de naciones árabes debería haber ganado debido a su superioridad
numérica y a sus armas más poderosas, pero se olvidaron de Dios.
En cambio, fueron derrotados de manera contundente.

En 1967, cinco naciones árabes, junto con un par de otras tropas de
apoyo, rodearon Israel con una fuerza de más del doble del tamaño de
los judíos. Al darse cuenta de que estaba a punto de producirse un ataque, el ejército israelí lanzó un ataque preventivo. La batalla se prolongó
hasta que, seis días más tarde, la guerra terminó y las fuerzas árabes volvieron corriendo a casa. Una vez más, Dios había protegido a su pueblo.

Luego, en 1973, una fuerza de coalición con tropas de una doce-
na de países invadió Israel en el día más sagrado de la nación, Yom
Kipur. En dos semanas y media, el ejército de la coalición árabe fue
obligado a retirarse con más de cinco veces las bajas del ejército israelí. Esto es lo que sucede cuando la gente trama y conspira, pero no
tiene en cuenta al Dios Todopoderoso que ama y cuida de los suyos.

Podría seguir diciendo una y otra vez que Dios ha protegido a
mi nación, Israel, de conspiraciones externas. Podría hacer lo mismo
con mi propia vida también, ya que he visto al Señor estar conmigo contra las piedras y flechas que otros me arrojaron. Dios es fiel.
No importan las conspiraciones que se formen contra nosotros,
sabemos que Dios tiene cuidado de sus hijos. E incluso si Dios
decide no sacarnos del fuego, sabemos que todo será para su gloria y
nuestra recompensa. Es lo que nos promete; es como él obra.

Una noche inusual con compañía inesperada

La trampa fue tendida, el rey engañado, y ahora era el momento de la gran revelación. Con una falsa preocupación por la ofensa cometida ante la majestad de Darío, los oficiales dijeron:

> Daniel, que es de los hijos de los cautivos de Judá, no te respeta a ti, oh rey, ni acata el edicto que confirmaste, sino que tres veces al día hace su petición. Cuando el rey oyó el asunto, le pesó en gran manera, y resolvió librar a Daniel; y hasta la puesta del sol trabajó para librarle. Pero aquellos hombres rodearon al rey y le dijeron: Sepas, oh rey, que es ley de Media y de Persia que ningún edicto u ordenanza que el rey confirme puede ser abrogado. (Versículos 13-15)

El rey se dio cuenta de que lo habían engañado. Pasó el resto del día tratando de encontrar una manera de salvar la vida de Daniel. Pero fue inútil. Cuando la luz del atardecer comenzaba a menguar, los funcionarios le recordaron a Darío con petulancia: "Puedes intentar todo lo que quieras para salvar a tu pequeña mascota, oh rey. Pero es imposible. Es la hora de los leones".

De la misma manera que estos sabios no habían tenido en cuenta a un Dios protector en su trama, tampoco habían considerado a un rey ofendido. Los monarcas tienden a enfadarse un poco cuando se les engaña; se enfadan el doble cuando los infractores se lo restriegan. Darío no reaccionó inmediatamente a las palabras burlonas de sus oficiales, pero tampoco las olvidó.

Reconociendo que era impotente para detener el destino de Daniel, pero con la esperanza de que el Dios de Daniel no lo fuera, Darío dio la orden. Se cumplió de inmediato.

> Entonces el rey mandó, y trajeron a Daniel, y le echaron en el foso de los leones. Y el rey dijo a Daniel: El Dios tuyo, a quien tú continuamente sirves, él te libre. Y fue traída una piedra y puesta sobre la puerta del foso, la cual selló el rey

con su anillo y con el anillo de sus príncipes, para que el acuerdo acerca de Daniel no se alterase. (Versículos 16-17)

Mi colaborador en este libro, el Dr. Rick Yohn, tiene ochenta y seis años a la fecha en que escribo. Esa es aproximadamente la edad que Daniel tenía cuando ocurrió este incidente. Rick se apresuraría a señalar que la intervención milagrosa de Dios no comenzó con los leones. Comenzó con el lanzamiento.

El foso de los leones no era una jaula, sino un pozo. La palabra que se traduce como "echaron" o, en algunas traducciones, "arrojaron", solo se utiliza una vez más en las Escrituras: cuando los tres amigos de Daniel fueron arrojados al horno de fuego. Si alguien se está imaginando al profeta octogenario descendiendo cuidadosamente con cuerdas para un aterrizaje suave en el suelo de piedra, que se quite esa imagen de la cabeza. Si hubiera sido algo parecido a lo de Sadrac, Mesac y Abed-nego, le habrían dado un fuerte empujón sin preocuparse por el aterrizaje.

Pero parece que, después de todo, no hubo sobresaltos en el aterrizaje. No se nos da ningún indicio de que, al día siguiente, cuando todo había terminado, Daniel hubiera sido tratado por una conmoción cerebral o que hubiera tenido que ser trasladado por aire al Hospital General de Babilonia con una fractura de cadera. En cambio, se nos dice que "ninguna lesión se halló en él" (versículo 23). Pero nos estamos adelantando. Esto es suficiente para darnos cuenta de que Dios estuvo con Daniel desde el momento en que comenzó la prueba, y permaneció con él durante todo el tiempo.

Si tuviera que elegir una de las pruebas de fe mencionadas en las Escrituras para atravesarla, siempre he pensado que sería esta. Pasar el rato con toda una manada de leones temporalmente domesticados, ¿no sería genial? Pero ahora que he procesado en detalle el incidente para este libro, estoy mucho menos entusiasmado con la idea de enfrentarme a esa experiencia. Daniel estaba bajo tierra, así que la fría humedad de la guarida habría sido dura para su frágil cuerpo. El aire habría sido denso y húmedo, y habría estado impregnado del hedor de los animales salvajes. Los olores rancios de carne podrida y excrementos frescos, junto con el fuerte hedor a amoniaco de la orina felina, habrían hecho que el aire fuera casi irrespirable. Mi esperanza para Daniel es que el segundo milagro de Dios en el foso fuera darle el mismo aire fresco sobrenatural que le proporcionó a Jonás, y que permitió al profeta descarriado sobrevivir en el vientre de un pez durante tres días.

Después de que Daniel tocara fondo, literalmente, fue puesta una piedra sobre la entrada del foso. Su propósito era impedir que el rey pudiera cambiar de opinión sobre el destino de Daniel. En un acto más de humillación, se le obligó a sellar el foso con su anillo. El libro de agravios reales contra los cortesanos del palacio era cada vez más extenso.

Con la piedra en su lugar, el foso habría quedado completamente oscuro. Sin la capacidad de usar el sentido de la vista, los otros sentidos se habrían agudizado. Esto incluiría el desafortunado sentido del olfato, como hemos señalado, así como la audición de Daniel. Aparte de unos posibles vítores silenciosos procedentes de los funcionarios de arriba, oyó un grave estruendo depredador. Junto a él sentía las pisadas suaves y mullidas, y gruesas mechas de pelo le rozaban el brazo. De repente, su pierna izquierda se dobló después de que algo parecido a una vara le golpeara el muslo. Un segundo golpe le ayudó a identificarlo como una cola agitada que se movía de un lado a otro.

A pesar de la fe de Daniel, su presión sanguínea probablemente habría subido junto con su pulso. Eso es una reacción natural en una situación de miedo. La gente suele ver el miedo como falta de fe. No es así. El miedo es una emoción normal que Dios programó en nosotros para ayudarnos a saber cuándo es el momento de tener mucho cuidado. Es cómo actuamos ante el miedo lo que refleja nuestra confianza en Dios. Si dejamos que nuestro terror temporal se convierta en ansiedad a largo plazo, entonces nos estamos perdiendo la realidad de nuestro Padre protector. Si el miedo se convierte en amargura o si nos lleva a cuestionar la bondad de Dios, entonces estamos dejando que el enemigo introduzca la duda en nuestras vidas. Pero si usamos nuestro miedo para volvernos a Dios, para orar y buscar su ayuda, entonces es algo bueno. Y si dejamos que sea el sistema natural de advertencia para el que fue creado, entonces nuestra emoción del miedo está cumpliendo el propósito creado por Dios.

No sabemos dónde se encontraba Daniel en el espectro entre la ansiedad leve y el gran temor de convertirse en cena. Lo que sí vemos es que confió en Dios, y como era de esperar, Dios apareció.

> Luego el rey se fue a su palacio, y se acostó ayuno; ni instrumentos de música fueron traídos delante de él, y se le fue el sueño. El rey, pues, se levantó muy de mañana, y fue apresuradamente al foso de los leones. Y acercándose al foso llamó a voces a Daniel con voz triste, y le dijo: Daniel, siervo del Dios viviente, el Dios tuyo, a quien tú continuamente sirves, ¿te ha podido librar de los leones? Entonces Daniel respondió al rey: Oh rey, vive para siempre. Mi Dios envió su ángel, el cual cerró la boca de los leones, para que no me hiciesen daño, porque ante él fui hallado inocente; y aun delante de ti, oh rey, yo no he hecho nada malo. (Versículos 18-22)

¿Cuál experiencia puede ser más increíble que pasar la noche a salvo en un foso lleno de leones? Y con un ángel como domador de fieras. El rey no se había permitido dormir. Había paseado de un lado a otro en sus aposentos, inquieto y preocupado por su amigo. Cuando por fin amaneció, corrió al foso de los leones. Esto dice algo sobre la autenticidad del carácter de Daniel: Darío realmente tenía esperanzas de que el viejo profeta sobreviviera a la noche en el foso. Supongo que, por lo general, cuando alguien llamaba a la cueva a la mañana después de una sacudida, era muy raro que le respondiera una voz.

Pero eso es exactamente lo que sucedió esa mañana. "Daniel, ¿te ha protegido tu Dios de los leones?". "Claro que sí. Vino un ángel e hizo que los leones fueran tan mansos como fuera posible". Daniel entonces defendió su inocencia, lo cual era totalmente innecesario ya que Darío conocía la situación. Reconoció de qué se trataba todo esto. Así que inició su pequeña contratrama, que muy probablemente se le ocurrió en algún momento de su paseo nocturno.

> Entonces se alegró el rey en gran manera a causa de él, y mandó sacar a Daniel del foso; y fue Daniel sacado del foso, y ninguna lesión se halló en él, porque había confiado en su Dios. Y dio orden el rey, y fueron traídos aquellos hombres que habían acusado a Daniel, y fueron echados en el foso de los leones ellos, sus hijos y sus mujeres; y aún no habían llegado al fondo del foso, cuando los leones se apoderaron de ellos y quebraron todos sus huesos. (Versículos 23-24)

El rey había estado llevando la cuenta de todas las maneras en que sus funcionarios lo habían agraviado a él y a su siervo más leal, Daniel, durante los últimos días. Ahora tenían que rendir cuentas. Con el típico ensañamiento monárquico, Darío hizo que los acusadores del profeta, junto con sus esposas e hijos, fueran arrojados al foso en lugar de Daniel. De más está decir que el bozal angelical leonino ya había expirado.

Toda la gloria es para Dios

Siguiendo el ejemplo del rey Nabucodonosor, Darío el Medo quería que todos en su reino conocieran al poderoso Dios de Daniel.

> Entonces el rey Darío escribió a todos los pueblos, naciones y lenguas que habitan en toda la tierra: Paz os sea multiplicada. De parte mía es puesta esta ordenanza: Que en todo el dominio de mi reino todos teman y tiemblen ante la presencia del Dios de Daniel; porque él es el Dios viviente y permanece por todos los siglos, y su reino no será jamás destruido, y su dominio perdurará hasta el fin. Él salva y libra, y hace señales y maravillas en el cielo y en la tierra; él ha librado a Daniel del poder de los leones. (Versículos 25-27)

Hay tres elementos de este decreto a tener en cuenta. En primer lugar, Darío reconoció que Dios es eterno y eterno es su reino. Aunque los reinos terrenales van y vienen, el reino del Dios del cielo permanece para siempre. En segundo lugar, Dios salva y libra. Todos los demás seres humanos arrojados al foso de los leones fueron sacados con una pala. Daniel salió ileso.

Tercero, este Dios hace señales y maravillas en el cielo y en la tierra. Como mencioné en un capítulo anterior, esta afirmación va en contra de nuestra cultura actual, que sostiene que el universo es un sistema cerrado de causa y efecto. Si algo no puede probarse científicamente, entonces no tiene relevancia en nuestras vidas. No hay lugar para un Dios que hace milagros.

Sin embargo, tenemos muchas pruebas de que Dios vive y está llevando a cabo su propósito en los gobiernos y en los individuos de todo el mundo. La existencia actual, predicha bíblicamente, de una nación que había desaparecido durante dos mil años, y que ahora se ha convertido en la octava potencia mundial en solo setenta y cinco años, es una prueba de que Dios existe y está obrando en nuestro mundo. Pero la nación de Israel no es la única prueba. Todos los días, tanto en el macro nivel nacional como en el micro nivel individual, nuestro Dios Todopoderoso y Padre amoroso obra de manera sobrenatural en el mundo natural para que sus planes fructifiquen.

Hemos llegado al final de la parte narrativa de la historia del libro de Daniel. Recuerda, no me refiero a una historia en el sentido ficticio de la palabra. Pero en un mundo donde algunas personas aprenden mejor a través de la recitación de hechos y otros a través de la narración de cuentos, Daniel es la mezcla perfecta de ambas. Así que para aquellos de ustedes que han estado esperando para entrar en la historia predictiva y las visiones apocalípticas de Daniel, su tiempo ha llegado. Para los que vayan a extrañar las historias, no se preocupen: todavía hay suficiente acción en los próximos capítulos para mantenerles en vilo.

Capítulo 7

EL COMIENZO
DE LAS VISIONES

DANIEL 7

Vivimos en una época en la que rara vez nos sorprende la visión de una criatura existente en el mundo natural. En cambio, lo raro y extraño llena nuestros corazones de diversión y alegría. Nos sorprendemos y maravillamos e, incluso, a veces soltamos una risa ahogada al examinar criaturas fantásticas como la blanca y peluda polilla caniche venezolana, el antílope saiga con nariz de morsa o el pez globo de aguas profundas que, al salir a la superficie, se descomprime y parece un anciano deprimido. No siempre ha sido así. No hace tantos siglos que las historias de criaturas manchadas, de cuello largo y comedoras de hojas, y de bestias enormes y de piel gruesa con narices que llegaban hasta el suelo provocaban asombro, miedo y quizá un poco de escepticismo entre los europeos.

Las películas, los programas de televisión y los videojuegos nos han hastiado aún más de lo fantástico. Orcos, *klingons* y criaturas de lagunas negras han abierto la puerta a muchos a la posibilidad de que existan seres extraños en el espacio, en la tierra o incluso en la Tierra Media. Como resultado de esta bajada del listón de lo bizarro, es probable que los lectores actuales de las Escrituras reaccionen con menos asombro que los del pasado cuando leen acerca de las cuatro bestias de Daniel 7. En lugar de asombrarse de que tales criaturas existan en lo sobrenatural, su respuesta puede estar más cerca de "Oh, eso me recuerda a esas cosas voladoras que invadieron con la flota Chitauri cuando el agujero de gusano se abrió sobre la Torre Stark en *Los vengadores*".

Ahora que llegamos a la segunda mitad de Daniel, nos enfrentamos a un cambio importante en el enfoque y en el estilo de la escritura del profeta. Pasaremos de lo increíble a lo fantástico. La narración histórica da paso a la visión apocalíptica. Daniel pasa de ser un sabio intérprete de sueños a un confuso receptor de visiones. Incluso encontramos un cambio en la lengua en la que escribe Daniel. Aparte del capítulo 1 y unos pocos versículos al principio del capítulo 2, la primera mitad del libro está escrita en arameo. Al pasar a las visiones apocalípticas, la segunda mitad está escrita en hebreo, con la única excepción del capítulo 7. ¿Por qué este cambio de idioma? Porque el enfoque de Daniel cambia. La primera mitad se ocupa principalmente del mundo gentil. Pero a partir de aquí el libro se centra principalmente en la nación de Israel.

En el capítulo 7, se sigue prestando atención a los cuatro imperios gentiles del sueño de la estatua de Nabucodonosor del capítulo 2. Pero aquí no se hace hincapié en estos imperios, sino en el reino de Dios, que con el tiempo logrará la dominación mundial. El sueño de Daniel nos ofrece un anticipo de lo que está en la agenda del mundo, comenzando por su época hasta el futuro lejano.

Este es uno de mis capítulos favoritos del libro de Daniel, porque no solo nos ofrece una mirada al futuro que Dios ha trazado para el mundo, sino que también nos da una impresionante visión del Rey del cielo y de su maravillosa sala del trono. Como hace Juan siglos más tarde en Apocalipsis, Daniel nos invita a su audiencia ante el Anciano de días. ¡Y es maravilloso!

Una breve introducción

Dado que estamos abandonando la parte narrativa del libro, ya no es necesaria nuestra línea temporal progresiva. La última vez que dejamos a Daniel fue bajo la autoridad del rey Darío el Medo, alrededor del año 539 a. C. Al inicio del capítulo 7, ha invertido el reloj y está de nuevo bajo la autoridad del degenerado rey Belsasar, unos once años antes.

> En el primer año de Belsasar rey de Babilonia tuvo Daniel un sueño, y visiones de su cabeza mientras estaba en su lecho; luego escribió el sueño, y relató lo principal del asunto. (Daniel 7:1)

Daniel está a punto de relatar una visión dada en tres escenas. La primera es de cuatro bestias que salen del mar. La segunda es de una sala de tribunal desde la cual se dicta el juicio. En la tercera se ve al Hijo del Hombre descendiendo para recibir su reino. La revelación de esta visión constituye la primera mitad del capítulo. Lo que más me gusta de los escritos apocalípticos de Daniel es que siempre nos explica el significado de sus visiones. De hecho, toda la segunda mitad de este capítulo ofrece una explicación de lo que significa la extraña primera mitad. Como alguien que tiene una sólida historia de interpretación de los sueños y visiones de otras personas, no iba a dejar a sus lectores en un dilema.

Una visión de cuatro bestias

Mientras Daniel estaba acostado en su cama, Dios invadió su sueño. Encuentro esto interesante porque muchos de mis sermones más poderosos e ideas para libros vienen a mí mientras estoy acostado en mi cama. A veces, Dios me da una idea cuando estoy despierto. Otras veces, su verdad viene a mí mientras duermo, de modo que, en la mañana, no puedo esperar a abrir mi computadora para escribir mis pensamientos. Eso después de tomar mi café doble, por supuesto.

Mientras Daniel dormía, Dios le mostró unas imágenes muy extrañas:

> Miraba yo en mi visión de noche, y he aquí que los cuatro vientos del cielo combatían en el gran mar. Y cuatro bestias grandes, diferentes la una de la otra, subían

del mar. La primera era como león, y tenía alas de águila. Yo estaba mirando hasta que sus alas fueron arrancadas, y fue levantada del suelo y se puso enhiesta sobre los pies a manera de hombre, y le fue dado corazón de hombre. Y he aquí otra segunda bestia, semejante a un oso, la cual se alzaba de un costado más que del otro, y tenía en su boca tres costillas entre los dientes; y le fue dicho así: Levántate, devora mucha carne. Después de esto miré, y he aquí otra, semejante a un leopardo, con cuatro alas de ave en sus espaldas; tenía también esta bestia cuatro cabezas; y le fue dado dominio. Después de esto miraba yo en las visiones de la noche, y he aquí la cuarta bestia, espantosa y terrible y en gran manera fuerte, la cual tenía unos dientes grandes de hierro; devoraba y desmenuzaba, y las sobras hollaba con sus pies, y era muy diferente de todas las bestias que vi antes de ella, y tenía diez cuernos. Mientras yo contemplaba los cuernos, he aquí que otro cuerno pequeño salía entre ellos, y delante de él fueron arrancados tres cuernos de los primeros; y he aquí que este cuerno tenía ojos como de hombre, y una boca que hablaba grandes cosas. (Daniel 7:2-8)

Raro.

Es difícil saber qué sentiría Daniel al ver estas imágenes. Estaría aterrorizado o tendría la boca abierta de asombro mientras se preguntaba: *¿Qué está pasando en nombre de la barba gris de Aarón?*

El simbolismo de la primera criatura habría desencadenado recuerdos en el sabio profeta. Era notablemente similar a la pérdida de la cordura de Nabucodonosor en Daniel 4, solo que al revés. En la experiencia del rey, era un hombre que se mantenía erguido. Pero de repente se convirtió en una bestia. Comía hierba con los animales del campo y le creció el pelo como las plumas de un águila y las uñas como las garras de un ave. El león volador de la visión comenzó siendo completamente animal, pero finalmente perdió sus alas y, en un precursor de *Rebelión en la granja* de George Orwell, abandonó sus cuatro patas por dos. Y mientras que en la visión de Daniel esta bestia recibió el corazón de un hombre, Nabucodonosor cambió su corazón de hombre por el de una bestia. Este león volador era Babilonia.

Más bestias procedieron a salir del mar. Podemos relacionar cada una de ellas con los reinos del sueño de la estatua de Nabucodonosor en el capítulo 2. El oso que devoraba las tres costillas habla del Imperio medopersa, que conquistó Lidia, Egipto y Babilonia. El leopardo con sus cuatro alas y cuatro cabezas era el futuro reino de Grecia, que se dividiría en cuatro imperios tras la muerte de Alejandro Magno. Luego está la última y terrible bestia, con sus diez cuernos y un cuerno pequeño que hablaba grandezas. Para eso, vamos a necesitar un poco de sabiduría angelical. Afortunadamente, es justo lo que vamos a conseguir.

Esta no es la última vez que estas bestias o este "cuerno pequeño" visitan los sueños de Daniel. En los capítulos 8 y 11 de Daniel volverán a aparecer algunos o todos estos personajes. Y mucho más adelante en la Escritura, volverán una vez más a las visiones de Juan el revelador en el ominoso capítulo 13 de su carta apocalíptica.

> Me paré sobre la arena del mar, y vi subir del mar una bestia que tenía siete cabezas y diez cuernos; y en sus cuernos diez diademas; y sobre sus cabezas, un nombre blasfemo. Y la bestia que vi era semejante a un leopardo, y sus pies como de oso, y su boca como boca de león. Y el dragón le dio su poder y su trono, y grande autoridad. (Apocalipsis 13:1-2)

¿Notas las similitudes animales de esta bestia? Son las mismas que las de Daniel, solo que en orden inverso. Esto se debe a que Daniel miraba hacia el futuro, mientras que Juan miraba hacia atrás en la historia. ¿Ves de nuevo por qué Daniel y Apocalipsis deben estudiarse juntos? Están profundamente entrelazados. Lo que Daniel predice, el Apocalipsis lo cumple.

El Anciano de días

Cuando mis hijos mayores terminaban la escuela, participaban en el acto de graduación. Siempre era una gran producción con actuación y baile. Mi hija, en particular, se involucró en la actuación. Cuando terminaba un acto, se cerraba el telón. Desde fuera del escenario, el público oía golpes y movimientos de utilería y equipamiento. Al final, todo se calmaba y se abría el telón para el siguiente acto.

Esto es similar a lo que ocurre entre los versículos 8 y 9 de Daniel 7, solo que sin el telón. Con más precisión y mucho menos movimiento de utilería, la escena pasa del mar a la sala de un tribunal. Se introducen los tronos desde fuera del escenario y luego entra el reparto. Daniel observó cómo cada uno ocupaba su lugar. Pero una vez que entró la estrella del espectáculo, el profeta dejó de prestar atención a los demás actores. Ocupando su lugar en el trono en el centro del escenario se sentó el Anciano de días.

Es difícil no estremecerse de admiración al leer la descripción de Daniel. Hay asombro y reverencia en sus palabras. Busca adjetivos para describir a aquel que está frente a él. Tropieza con los números al tratar de definir la gloriosa multitud de los que sirven al Señor en su corte. Hace un trabajo asombroso al describir lo indescriptible, pero aun así necesitamos reconocer que estamos leyendo solo un vistazo de una fracción de un mínimo porcentaje de lo que él presenció.

> Estuve mirando hasta que fueron puestos tronos, y se sentó un Anciano de días, cuyo vestido era blanco como la nieve, y el pelo de su cabeza como lana limpia; su trono llama de fuego, y las ruedas del mismo, fuego ardiente. Un río de fuego procedía y salía de delante de él; millares de millares le servían, y millones de millones asistían delante de él; el Juez se sentó, y los libros fueron abiertos. (Daniel 7:9-10)

Este capítulo es el único lugar en toda la Escritura en el que se utiliza este maravilloso apelativo, Anciano de días, para referirse al Señor. Es un título majestuoso que hace referencia a la existencia eterna de Dios. Mientras que nosotros somos criaturas temporales con un principio y un final, Dios siempre fue, es y siempre será. Esto me recuerda la descripción de la naturaleza eterna de Dios dada por Moisés:

> Señor, tú nos has sido refugio
> De generación en generación.
> Antes que naciesen los montes
> Y formases la tierra y el mundo,
> Desde el siglo y hasta el siglo, tú eres Dios.
> (Salmos 90:1-2)

Desde la eternidad pasada hasta la eternidad futura, es el gran "YO SOY". Y ahora, Daniel lo contemplaba cara a cara. El Anciano de días había tomado su lugar como Juez en un trono de fuego, y sus ruedas como de fuego ardiente. Daniel dijo que millares de millares le servían. Luego se controló a sí mismo, sabiendo que ni siquiera ese enorme número era suficiente para el séquito del Anciano de días. Aumentó su estimación a millones de millones, probablemente todavía sintiendo que ese número era inadecuado. Curiosamente, se repite el paralelismo con Juan, cuando el discípulo trató de describir el trono de Dios. Una vez más, sin embargo, lo vemos invirtiendo el orden que encontramos en Daniel, atribuyendo a la muchedumbre "miríadas de miríadas, y millares de millares" (Apocalipsis 5:11 NBLA).

Una vez que todo está en su lugar, el tribunal entra en sesión. Pero muy pronto, Daniel se da cuenta de que no está allí para presenciar un juicio, sino que tiene en una sentencia.

Crimen y castigo

El tiempo de las primeras tres bestias vino y se fue en la visión de Daniel. Lo que quedó, si lo recuerdas, fue una última bestia con un cuerno pequeño odioso que parecía no poder cerrar la boca. Cuando lo dejamos, antes de la introducción al Anciano de días, hablaba "grandes cosas"; y ahora que hemos vuelto a él, sigue hablando.

Ignorando sus arrogantes desvaríos, se abren los libros, se dicta sentencia y se ejecuta inmediatamente el castigo:

> Yo entonces miraba a causa del sonido de las grandes palabras que hablaba el cuerno; miraba hasta que mataron a la bestia, y su cuerpo fue destrozado y entregado para ser quemado en el fuego. Habían también quitado a las otras bestias su dominio, pero les había sido prolongada la vida hasta cierto tiempo. (Daniel 7:11-12)

¿Qué libros se abrieron? No lo sabemos con certeza. Probablemente contenían las obras de las bestias/naciones y del cuerno pequeño. Las tres primeras criaturas se salvaron de la destrucción, aunque su poder les fue arrebatado. La última bestia fue entregada al fuego ardiente.

Esta idea de una bestia que es arrojada al fuego puede ser familiar para aquellos de ustedes que leyeron mi libro *Revelando el Apocalipsis*. En la visión de Juan, se describe al anticristo como una bestia, al igual que su profeta. Como en el sueño de Daniel, su destino también son las llamas.

> Y la bestia fue apresada, y con ella el falso profeta que había hecho delante de ella las señales con las cuales había engañado a los que recibieron la marca de la bestia, y habían adorado su imagen. Estos dos fueron lanzados vivos dentro de un lago de fuego que arde con azufre. (Apocalipsis 19:20)

Tanto Daniel como Juan describen el mismo acontecimiento. Llegará un día en que Jesús regresará para gobernar desde su trono en Jerusalén. En esta segunda venida, el anticristo y su falso profeta serán los primeros en recibir el juicio eterno de ser arrojados al lago de fuego. Trágicamente, no serán los últimos.

El Hijo del Hombre

La montaña rusa de la visión de Daniel ahora alcanza otro punto culminante. Una nueva persona está próxima a entrar en escena. Mientras que el profeta puede no haber sabido exactamente quién era, aquellos de nosotros que hemos sido bendecidos con una mirada retrospectiva tenemos su identidad fijada desde el principio.

> Miraba yo en la visión de la noche, y he aquí con las nubes del cielo venía uno como un hijo de hombre, que vino hasta el Anciano de días, y le hicieron acercarse delante de él. Y le fue dado dominio, gloria y reino, para que todos los pueblos, naciones y lenguas le sirvieran; su dominio es dominio eterno, que nunca pasará, y su reino uno que no será destruido. (Daniel 7:13-14)

Si recuerdas, en el sueño de la estatua de Nabucodonosor había un quinto reino que rodó en la escena en forma de una gran piedra. Cuando esta golpeó la figura de múltiples capas, la derribó al suelo. En esta ocasión, lo que Daniel estaba presenciando era la venida de esa Roca con su reino a cuestas.

Esta no es la única vez que veremos al Hijo del Hombre siendo llevado a la presencia del Anciano de días. Te daré tres conjeturas sobre quién más vio a los dos unidos en una visión, pero apuesto a que solo necesitarás una. Así es: fue el discípulo Juan, quien describió la emotiva escena en que Jesús el Mesías se presentó como el único digno de abrir el rollo:

> Y miré, y vi que en medio del trono y de los cuatro seres vivientes, y en medio de los ancianos, estaba en pie un Cordero como inmolado, que tenía siete cuernos, y siete ojos, los cuales son los siete espíritus de Dios enviados por toda la tierra. Y vino, y tomó el libro de la mano derecha del que estaba sentado en el trono. (Apocalipsis 5:6-7)

"Pero, Amir, ¿cómo sabemos que este Hijo del Hombre es el mismo que el Cordero? Si lo fuera, ¿no se llamaría Hijo de Dios?". Es cierto. Profundicemos un poco más en este título, porque se trata de uno de los momentos clave de todo el libro.

En primer lugar, debemos recordar que el capítulo 7 es el capítulo bisagra de todo el libro. De nuevo, Daniel hace dos cambios: pasa de la narración a las visiones y del arameo al hebreo. El capítulo 7 es la anomalía, en tanto que contiene tanto el arameo como una visión. Es el punto de transición y, por tanto, la clave.

No hace mucho, hablaba de este capítulo con un muy buen amigo mío, el Dr. Seth Postell, decano académico del Israel College of the Bible en Netanya [Escuela Superior de Biblia de Israel]. Me dijo que la temática de los capítulos narrativos trata sobre Daniel y sus amigos, quienes se ven sometidos a la prueba de adorar cosas que no son Dios. La palabra aramea utilizada para "adoración" es *palach* (חֲלַף), similar al hebreo *pulhane* (וְחֹלוּף), que significa "ritual, adoración". Durante toda la primera parte del libro de Daniel, los amigos están dispuestos a morir antes que rendir *palach* a cualquier cosa que no sea el único Dios verdadero.

Luego llegamos a los versículos 13 y 14 y asistimos al Hijo del Hombre descendiendo con las nubes hasta el Anciano de días. Cuando el Hijo del Hombre fue llevado ante el Señor en su trono, el Dios Todopoderoso le concedió "dominio, gloria y reino". ¿Por qué? "Para que todos los pueblos, naciones y lenguas le sirvieran". En arameo, la palabra traducida como "servir" es *palach*: "adorar". De repente, vemos que todas las tribus, lenguas y naciones adoran al Hijo del Hombre.

El Hijo del Hombre debe ser deidad; de lo contrario, el capítulo 7 de Daniel entraría en contradicción con el resto del libro. Cuando Jesús compareció ante Caifás, el sumo sacerdote le preguntó si él era "el Cristo, el Hijo del Bendito" (Marcos 14:61). La respuesta de Jesús provocó que el sumo sacerdote y los jefes de los sacerdotes, los ancianos y los escribas gritaran que hablaba blasfemia. Citando a Daniel 7, dijo: "Yo soy; y veréis al Hijo del Hombre sentado a la diestra del poder de Dios, y viniendo en las nubes del cielo" (Marcos

14:62). Jesús afirmó ser el Hijo del Hombre de la visión de Daniel, haciéndose así merecedor del *palach* de todo el pueblo, incluido el sumo sacerdote y todos sus acusadores.

"Pero, Amir, si Hijo del Hombre se refiere a alguien que merece ser adorado, entonces ¿por qué Dios llama a Ezequiel con ese nombre?". Muy buena pregunta. Las frases "hijo de hombre" e "Hijo del Hombre" se utilizan casi doscientas veces en las lenguas originales de las Escrituras. El profeta Ezequiel y los Evangelios son responsables de la gran mayoría, con un uso de noventa y tres veces y ochenta y cuatro veces, respectivamente. En el Antiguo Testamento, la frase suele referirse a la propia humanidad, es decir, a un hijo de la raza humana. Es en este contexto en el que Dios elige "hijo de hombre" como apodo para Ezequiel.

Cuando miramos la redacción de Daniel 7, podemos ver que el uso de la frase sigue el patrón del Antiguo Testamento. "Hijo de hombre" en el versículo 13 se refiere a un ser humano varón. Ahora, espera antes de sacar conclusiones. Sigo creyendo que se trata de Jesús el Mesías, aquel a quien Daniel vio en su visión, como acabamos de comprobar. En arameo, hay una preposición de una letra que normalmente se traduce "como". Daniel utiliza esa palabra en este contexto. Así que lo que está diciendo es que vio a alguien semejante a un hijo de hombre. En otras palabras, vio a una persona que, según todas las apariencias, era realmente una persona.

Esta persona descendió sobre las nubes. Al tocar tierra, fue conducida ante el Anciano de días, momento en el que se le concedió toda la autoridad sobre el reino eterno de Dios y se le consideró digna de la adoración de toda la humanidad. De nuevo, así es como sabemos que la figura que descendía era cien por ciento Dios y cien por ciento hombre, Jesucristo. No es la frase "Hijo del Hombre" la que confirma su identidad.

En el Nuevo Testamento, el uso de ese título de tres palabras cambió. En los Evangelios, el propio Jesús utilizó "Hijo del Hombre" como etiqueta personal. Lo usó para referirse a sí mismo (Juan 1:51; 6:53), para describir su autoridad y ministerio terrenal (Marcos 2:10, 28), para anticipar su sufrimiento y muerte (Mateo 26:45; Juan

3:14) y para predecir su futura exaltación y gloria (Mateo 13:41-
42; 26:64).

El apóstol Juan oyó a Jesús hablar a menudo de sí mismo como el
Hijo del Hombre. Por eso, cuando el Salvador lo visitó en la isla de
Patmos, pudo seguir el patrón de Jesús de usar el artículo definido *el*:

> Y me volví para ver la voz que hablaba conmigo; y vuel-
> to, vi siete candeleros de oro, y en medio de los siete can-
> deleros, a uno semejante al Hijo del Hombre, vestido de
> una ropa que llegaba hasta los pies, y ceñido por el pecho
> con un cinto de oro. Su cabeza y sus cabellos eran blan-
> cos como blanca lana, como nieve; sus ojos como llama
> de fuego. (Apocalipsis 1:12-14)

Juan podía ver los rasgos de Jesús en esta figura de cabello blanco y ojos de fuego que tenía delante. Tenía un aspecto muy diferente, pero seguía siendo el mismo. Así que mientras Daniel vio a
alguien semejante a *un* hijo de hombre, Juan vio a alguien como *el*
Hijo del Hombre.

En la visión de Daniel, Jesús descendía para recibir su reino. Este
es el quinto reino en el sueño de la estatua de Nabucodonosor del
capítulo 2. Cuando esto ocurra, el pueblo de Israel volverá a vivir
seguro en su tierra, y las naciones gentiles vendrán a adorar a Jesús
en Jerusalén.

> Levántate, resplandece; porque ha venido tu luz, y la glo-
> ria de Jehová ha nacido sobre ti. Porque he aquí que tinie-
> blas cubrirán la tierra, y oscuridad las naciones; mas sobre
> ti amanecerá Jehová, y sobre ti será vista su gloria. Y anda-
> rán las naciones a tu luz, y los reyes al resplandor de tu
> nacimiento.
>
> Alza tus ojos alrededor y mira, todos estos se han jun-
> tado, vinieron a ti; tus hijos vendrán de lejos, y tus hijas
> serán llevadas en brazos. Entonces verás, y resplandecerás;
> se maravillará y ensanchará tu corazón, porque se haya

vuelto a ti la multitud del mar, y las riquezas de las naciones hayan venido a ti. (Isaías 60:1-5)

El dominio del Hijo del Hombre es eterno. Sin embargo, su reinado en Jerusalén tiene un límite de tiempo de mil años. Después de eso, seremos introducidos en un nuevo cielo y una nueva tierra, donde serviremos a aquel que se entregó por nosotros para que pudiéramos disfrutar de la eternidad con él.

El intérprete de sueños recibe una interpretación

Daniel estaba conmocionado. Dijo a sus lectores: "Se me turbó el espíritu a mí, Daniel, en medio de mi cuerpo, y las visiones de mi cabeza me asombraron" (Daniel 7:15). Era comprensible. Incluso en su estado de sueño, sabía que no estaba recibiendo un mensaje ordinario. Se trataba de una visión de Dios, y era sumamente importante. El problema era que no tenía ni idea de lo que significaba. Aquí estaba Daniel, el sujeto que era conocido por interpretar los sueños de los demás, y ahora se encontraba en la desesperada necesidad de una interpretación propia. Mirando a su alrededor, vio a alguien cerca y se dirigió a él en busca de ayuda.

> Me acerqué a uno de los que asistían, y le pregunté la verdad acerca de todo esto. Y me habló, y me hizo conocer la interpretación de las cosas. Estas cuatro grandes bestias son cuatro reyes que se levantarán en la tierra. Después recibirán el reino los santos del Altísimo, y poseerán el reino hasta el siglo, eternamente y para siempre. (Versículos 16-18)

No sabemos a quién o a qué pidió ayuda Daniel. Pero, como ya hemos visto, la narración es notablemente similar a la experiencia de Juan en Apocalipsis. Una gran multitud vestida de blanco agitaba palmas y adoraba al Señor en su trono. Juan quería saber quiénes eran. Un anciano cercano vino a ayudarle, y le dijo: "Estos son los que han salido de la gran tribulación, y han lavado sus ropas, y las han emblanquecido en la sangre del Cordero. Por esto están delante del trono de Dios, y le sirven día y noche en su templo; y el que está sentado sobre el trono extenderá su tabernáculo sobre ellos" (Apocalipsis 7:14-15). Esta ayuda de un mensajero cercano tiene lugar numerosas veces a lo largo de la visión apocalíptica del discípulo.

Como hemos visto antes a través de las palabras de Santiago, cuando necesitamos sabiduría sobre una situación, Dios está ahí para dárnosla. "Y si alguno de vosotros tiene falta de sabiduría, pídala a Dios, el cual da a todos abundantemente y sin reproche, y le será dada" (Santiago 1:5). Esa sabiduría puede venir a través de un pastor o un amigo o un libro o una multitud de otras fuentes. Dios quiere impartirte su sabiduría y conocimiento. Si se la pides, te será dada.

No sabemos si fue un ángel, un anciano u otra persona quien ayudó a Daniel. Lo que está claro, sin embargo, es que Daniel escogió la fuente correcta de la que obtener respuestas. Al explicar la visión, este personaje dijo:

> Estas cuatro grandes bestias son cuatro reyes que se levantarán en la tierra. Después recibirán el reino los santos del Altísimo, y poseerán el reino hasta el siglo, eternamente y para siempre. (Daniel 7:17-18)

Esto tenía sentido para Daniel. Encajaba con el sueño de Nabucodonosor. Lo que no tenía sentido era la cuarta bestia con sus cuernos. Era un nuevo giro. Daniel presionó para obtener una respuesta: "También había una cuarta bestia terrible. Masticaba y pisoteaba todo lo que había a su alrededor. Tenía diez cuernos en la cabeza, pero también tenía uno pequeño que hablaba con aires de grandeza y perseguía a los santos. Pero entonces el Anciano de días vino al rescate, juzgó al cuerno culpable y a los santos inocentes, y dio a los santos el reino. Entonces, ¿qué significa todo eso?".

Respuesta a la primera pregunta de Daniel

La fuente de información de Daniel respondió a las preguntas una por una. El profeta había dicho que deseaba "saber la verdad acerca de la cuarta bestia" (versículo 19). El mensajero respondió:

> La cuarta bestia será un cuarto reino en la tierra, el cual
> será diferente de todos los otros reinos, y a toda la tierra
> devorará, trillará y despedazará. (Versículo 23)

Los tres primeros reinos, Babilonia, Medo-Persia y Grecia, tendrían un alcance limitado. El cuarto reino, sin embargo, tendría control sobre toda la tierra. Sería violento y dominante en su intento de conquistar el mundo en un solo reino. Recuerda, en el momento de esta visión, Daniel estaba al final del poder de Babilonia. Probablemente, había oído hablar de los medos y los persas que vivían al este de Babilonia. Pero Grecia ni siquiera estaba en el horizonte, ni tampoco el cuarto reino: el Imperio romano. Pensar que en el futuro habría un reino mucho más poderoso que la antigua gloria de la Babilonia de Nabucodonosor debió de ser sobrecogedor.

Respuesta a la segunda pregunta de Daniel

El segundo aspecto sobre el que Daniel había preguntado se refería a "los diez cuernos que [la bestia] tenía en su cabeza" (versículo 20). Como vimos antes, se trataba de una diferencia clara con respecto a la estatua de Nabucodonosor. La respuesta fue que "los diez cuernos significan que de aquel reino se levantarán diez reyes" (versículo 24). Por desgracia, la fuente de Daniel no da más detalles que esa respuesta un tanto insatisfactoria. Aquí es cuando volvemos a nuestra palabra de interpretación favorita, el *contexto*, y a nuestro libro compañero de Daniel favorito: el Apocalipsis.

Si has leído *Revelando el Apocalipsis*, es probable que tus sentidos arácnidos hayan comenzado a hormiguear desde el primer momento en que leíste acerca de los diez cuernos. Tal vez tu mano ha estado levantada todo este tiempo mientras gritabas: "¡Amir, escógeme! ¡Escógeme!".

Como recordarás del Apocalipsis, el discípulo Juan estaba parado sobre la arena del mar. Desde allí vio "subir del mar una bestia que tenía siete cabezas y diez cuernos; y en sus cuernos diez diademas; y sobre sus cabezas, un nombre blasfemo" (Apocalipsis 13:1). Más tarde, cuando Juan fue llevado en el Espíritu por un ángel al desierto, vio "a una mujer sentada sobre una bestia escarlata llena de nombres de blasfemia, que tenía siete cabezas y diez cuernos" (Apocalipsis 17:3).

Puede que todavía estés pensando: *Estupendo, Amir, es bueno saber que Juan los menciona, pero eso todavía no nos dice lo que son.* Sigue leyendo Apocalipsis. Tenemos que mirar un poco más allá en el relato del desierto para obtener una explicación del ángel transportador de Juan:

> Y los diez cuernos que has visto, son diez reyes, que aún no han recibido reino; pero por una hora recibirán autoridad como reyes juntamente con la bestia. Estos tienen un mismo propósito, y entregarán su poder y su autoridad a la bestia. Pelearán contra el Cordero, y el Cordero los vencerá, porque él es Señor de señores y Rey de reyes; y los que están con él son llamados y elegidos y fieles. (Apocalipsis 17:12-14)

Los diez cuernos son diez reyes, y de estos diez reyes se levantará un rey más, el "cuerno pequeño". Es probable que ya tengas una buena idea de quién es, pero veamos lo que dice el mensajero, solo para asegurarnos.

Respuesta a la tercera pregunta de Daniel

La tercera parte de la pregunta de Daniel se centraba en el "otro cuerno" (Daniel 7:20) que salía por encima de los diez y había hablado con tanta altanería. Este era el que tenía preocupado al profeta porque veía el daño que haría al pueblo de Dios. El mensajero respondió:

> Y los diez cuernos significan que de aquel reino se levantarán diez reyes; y tras ellos se levantará otro, el cual será diferente de los primeros, y a tres reyes derribará. Y hablará palabras contra el Altísimo, y a los santos del Altísimo quebrantará, y pensará en cambiar los tiempos y la ley; y

serán entregados en su mano hasta tiempo, y tiempos, y medio tiempo. (Versículos 24-25)

En esencia, la fuente de información de Daniel repite lo que el profeta acababa de decirle. Pero no se trata solo de una reiteración. Hay tres elementos clave de información nueva. En primer lugar, aclara que el cuerno es otro rey o gobernante. En su arrogancia, este gobernante se impondrá por encima de todos los demás, marcando el comienzo de un gobierno mundial. Conocemos a este cuerno como la bestia y el anticristo.

Al principio, todos darán su lealtad a la bestia. Esto incluye a los judíos que estarán encantados con este hombre que finalmente puede traerles la paz. Sin embargo, hay un grupo de personas que no creerán en el engaño del anticristo y su profeta. Y esa es la segunda información que da el mensajero. Estas personas son identificadas como "los santos", que se negarán a seguir a la bestia o a recibir su marca. Como resultado, sufrirán una severa persecución. ¿Quiénes son estos santos? Una vez más, volvemos a Apocalipsis.

Juan vio como 144 000 siervos del Altísimo eran enviados para actuar como testigos del verdadero Dios. Inmediatamente después de esta comisión, vio una gran multitud de personas de todo el mundo. Eran las masas vestidas de blanco de las que leímos antes en este capítulo. Cuando Juan admitió ignorancia sobre su identidad, uno de los ancianos le dijo:

Estos son los que han salido de la gran tribulación, y han lavado sus ropas, y las han emblanquecido en la sangre del Cordero. Por esto están delante del trono de Dios, y le sirven día y noche en su templo; y el que está sentado sobre el trono extenderá su tabernáculo sobre ellos. Ya no tendrán hambre ni sed, y el sol no caerá más sobre ellos, ni calor alguno; porque el Cordero que está en medio del trono los pastoreará, y los guiará a fuentes de aguas de vida; y Dios enjugará toda lágrima de los ojos de ellos. (Apocalipsis 7:14-17)

Hay muchos en esta tierra que están contentos de vivir para sí mismos ahora. No ven ninguna razón para someterse a los "confines" del señorío de Dios. Creen que habrá suficiente tiempo para reconciliarse con Dios antes de morir o, en el caso del rapto, durante la tribulación. Pero son increíblemente imprudentes al contar con cualquiera de las dos eventualidades. En primer lugar, no se sabe si habrá tiempo para arrepentirse antes de morir. Además, el arrepentimiento es una cuestión del corazón, no solo una cuestión de palabras o ritos. Un compromiso de última hora con un seguro contra incendios no es un compromiso en absoluto. Por el contrario, un corazón verdaderamente arrepentido puede descubrir la salvación incluso en el último aliento.

La segunda razón por la que esto es insensato es que solo un necio se arriesgaría voluntariamente a la posibilidad de pasar por la tribulación. Será un tiempo horrible durante el cual la gran mayoría de la población mundial morirá de forma terrible debido a la violencia, los desastres o la escasez. Y para aquellos que entreguen sus vidas al Señor después de que la iglesia sea arrebatada en el rapto, la tribulación será mucho peor. No solo enfrentarán todos los horrores que vendrán sobre el mundo natural, sino que la sociedad impía gobernada por la bestia también saldrá a buscarlos. Esa enorme masa de gente que Juan vio en Apocalipsis 7 eran mártires de la tribulación. Eso significa que cada uno de ellos fue asesinado violentamente por causa de su fe.

El tormento de los santos en la tierra será malo, pero se pondrá aún peor "hasta tiempo, y tiempos, y medio tiempo". Aquí es donde encontramos la tercera información dada por el mensajero. Hay un marco de tiempo para el sufrimiento de los santos en la tribulación.

Si recuerdas, en el capítulo 4, analizamos la duración de la pérdida de la cordura de Nabucodonosor. Debía ser expulsado de la civilización "siete tiempos" (versículo 16). Gracias a un mayor contexto bíblico, determinamos que esto significaba siete años. Es ese mismo contexto más amplio el que nos permite ver que aquí el mensajero está hablando de un período de tres años y medio: tiempo (1) + tiempos (2) + medio tiempo (1/2). Más adelante en este libro, volveremos a esta frase peculiar y cómo se relaciona con los siete años de la tribulación.

La persecución de los santos será terrible de contemplar. Pero terminará. Para la mayoría, serán rescatados de la persecución por la muerte, momento en el que serán conducidos a la presencia del Dios Santo. Pero para aquellos que logren mantenerse con vida, el timbre final sonará tras concluir el segundo período de tres años y medio de la tribulación. Entonces vendrá el juicio. El mensajero le dijo a Daniel:

> Pero se sentará el Juez, y le quitarán su dominio para que sea destruido y arruinado hasta el fin, y que el reino, y el dominio y la majestad de los reinos debajo de todo el cielo, sea dado al pueblo de los santos del Altísimo, cuyo reino es reino eterno, y todos los dominios le servirán y obedecerán. (Daniel 7:26-27)

El anticristo no se dará cuenta de que se le ha dado el poder solo por un tiempo. Cuando su período llegue a su fin, será llevado ante el tribunal que será presidido por el Anciano de días. Según la visión de Daniel, el tribunal pronunciará sentencia sobre el anticristo, y será arrojado al lago de fuego junto con su falso profeta.

Esta es la justicia que los mártires de la tribulación estaban pidiendo durante el juicio del quinto sello. Desde debajo del altar suplicaban a Dios, que estaba en su trono, clamándole: "¿Hasta cuándo, Señor, santo y verdadero, no juzgas y vengas nuestra sangre en los que moran en la tierra?" (Apocalipsis 6:10). La pregunta "hasta cuándo" se responde en Daniel 7. En el momento de la segunda venida de Jesús, él traerá el castigo del tribunal sobre los enemigos satánicos del pueblo de Dios. Los mártires de la tribulación que experimentaron tal violencia y derramamiento de sangre no necesitan preocuparse nunca más por ellos.

La bestia y el falso profeta serán finalmente eliminados, pero todavía habrá otro que deberá ser puesto fuera de combate.

> Vi a un ángel que descendía del cielo, con la llave del abis-
> mo, y una gran cadena en la mano. Y prendió al dragón,
> la serpiente antigua, que es el diablo y Satanás, y lo ató
> por mil años; y lo arrojó al abismo, y lo encerró, y puso
> su sello sobre él, para que no engañase más a las nacio-
> nes, hasta que fuesen cumplidos mil años; y después de
> esto debe ser desatado por un poco de tiempo. (Apoca-
> lipsis 20:1-3)

Satanás estará atado durante mil años. En el transcurso de ese
tiempo, el mundo estará bajo una nueva administración. El reino
y el dominio del mundo serán dados "al pueblo de los santos del
Altísimo" (Daniel 7:27). El Rey de reyes será el nuevo dueño. Establecerá un nuevo orden mundial: una teocracia. Este es el quinto
reino que vio Nabucodonosor. Es un reino tan perfecto y tan glorioso que hará que otras naciones corran a Jerusalén para adorar a aquel
que está en el trono de David.

A pesar del final feliz de la interpretación del mensajero, Daniel
no tuvo una sensación de paz. Concluyó admitiendo que "mis pensamientos me turbaron y mi rostro se demudó; pero guardé el asunto en mi corazón" (versículo 28). Había que pasar por muchas cosas
terribles antes de que el pueblo de Dios alcanzara la belleza del reino
milenario, cuando el Mesías reinaría desde Jerusalén.

Si Daniel hubiera sabido lo que vendría después, probablemente habría disfrutado de la relativa docilidad de esta primera visión.
Dos años más tarde, tendría una segunda visión que lo dejaría físicamente enfermo durante días.

Capítulo 8

EL CARNERO
Y EL MACHO CABRÍO

DANIEL 8

Si no eres un amante de los animales, puede que te estés cansando de las visiones de Daniel. Hasta ahora, hemos tenido un león, un oso y un leopardo, ¡madre mía! Luego estaba la cuarta bestia, que parecía un fugitivo furioso de *La isla del doctor Moreau*. Y ahora que hemos llegado al capítulo 8, efectivamente, encontramos más animales. Al menos estos son más de la variedad de zoológico de mascotas. Estando junto a un río, Daniel ve una oveja y una cabra. Esponjosas, dóciles y más que adorables, quizá el profeta esté calmando los ánimos para contar un cuento infantil.

Sin embargo, no tardas en darte cuenta de que, si pones a esta oveja y a esta cabra en tu zoológico de mascotas, las demandas serían interminables, ya que son dos animales muy furiosos. De pronto, los cuerpos empiezan a volar. El Señor ha sacado a estas dos criaturas del granero porque quiere mostrarle a Daniel dos naciones más. Son poderosas, son violentas, y de una de ellas surgirá una persona que será precursora de la futura bestia.

Una batalla junto al río Ulai

Han pasado dos años desde la primera visión de Daniel. Cuando Dios quiso comunicarse con él esta vez, pasó por alto su sala del trono y llevó a Daniel a un río.

> En el año tercero del reinado del rey Belsasar me apareció una visión a mí, Daniel, después de aquella que me había aparecido antes. Vi en visión; y cuando la vi, yo estaba en Susa, que es la capital del reino en la provincia de Elam; vi, pues, en visión, estando junto al río Ulai. (Daniel 8:1-2)

Trescientos sesenta kilómetros al este de Babilonia estaba la ciudad de Susa. A lo largo de su historia milenaria, esta ciudad tuvo sus altibajos en cuanto a poder e influencia. En el momento de la visión de Daniel, estaba en uno de sus períodos bajos. Pero eso pronto iba a cambiar. Tras ser conquistada por Ciro el Grande a mediados del siglo VI a. C., la ciudad se convertiría en una capital persa dentro del Imperio aqueménida. Susa fue el lugar de residencia de Nehemías, desde donde desempeñó su función de copero del rey. También es la ciudad donde una joven judía, Hadasa, se levantó hasta convertirse en la reina Ester, esposa del gran rey Asuero.

Pero el viaje visionario de Daniel tuvo lugar mucho antes de aquellos días de gloria. Fue transportado a la ciudad y se detuvo junto al río Ulai. Una vez que se orientó y miró a su alrededor, vio un carnero, uno muy colérico.

> Alcé los ojos y miré, y he aquí un carnero que estaba delante del río, y tenía dos cuernos; y aunque los cuernos eran altos, uno era más alto que el otro; y el más alto creció después. Vi que el carnero hería con los cuernos al poniente, al norte y al sur, y que ninguna bestia podía parar delante de él, ni había quien escapase de su poder; y hacía conforme a su voluntad, y se engrandecía. (Versículos 3-4)

Este carnero no tenía nada de particular. Tenía dos cuernos, como la mayoría de los carneros, aunque uno de ellos se elevaba más que el otro. Lo que lo diferenciaba de los demás ovinos era su actitud. Estaba enfadado y con ganas de pelea.

Trotando desde el este, pisoteó a todos los animales que se interpusieron en su camino. Girando a la derecha, aplastó a los animales situados al norte. Girando de nuevo, pisoteó a todos los que se interpusieron en su camino hacia el sur. Era invencible. La vida era maravillosa para este carnero, poderoso entre las ovejas.

Pero entonces, al oeste, apareció un pequeño punto. A medida que se acercaba, aumentaba de tamaño. Dos hechos, de pronto, se hicieron evidentes sobre este nuevo visitante: lo que venía no se detenía, y se movía con rapidez.

> Mientras yo consideraba esto, he aquí un macho cabrío venía del lado del poniente sobre la faz de toda la tierra, sin tocar tierra; y aquel macho cabrío tenía un cuerno notable entre sus ojos. Y vino hasta el carnero de dos cuernos, que yo había visto en la ribera del río, y corrió contra él con la furia de su fuerza. Y lo vi que llegó junto al carnero, y se levantó contra él y lo hirió, y le quebró sus dos cuernos, y el carnero no tenía fuerzas para pararse delante de él; lo derribó, por tanto, en tierra, y lo pisoteó, y no hubo quien librase al carnero de su poder. (Versículos 5-7)

Un tipo duro solo es tan fuerte como su competencia. El poderoso carnero se volvió bastante tímido cuando fue golpeado por el macho cabrío. El furioso recién llegado fue implacable. Derribó al carnero, le rompió los cuernos y luego hizo un baile de cuatro pasos sobre él para asegurarse de que no volviera a levantarse. Aunque alguien hubiera querido ayudar al antiguo matón, nadie pudo.

Y entonces las cosas se pusieron muy raras.

El macho cabrío tenía un cuerno, pero una vez que su poder aumentó, el cuerno se quebró. En su lugar crecieron cuatro cuernos nuevos de tal forma que cada uno miraba en una dirección distinta. Y, como si no tuviéramos ya suficientes cuernos, de uno de los cuatro creció uno nuevo. Era pequeño, y vemos que se exaltaba con sus palabras.

¡Detente! Si estás leyendo las Escrituras y de repente te encuentras con algo que te resulta familiar, es probable que así sea. ¿Un cuerno pequeño que aparece y habla grandes palabras? Eso ya lo hemos visto antes. Esa es la bestia, también conocida como el anticristo. Las visiones de Daniel están empezando a entrelazarse.

Este cuerno pequeño no permaneció pequeño por mucho tiempo. Se engrandeció hasta "el ejército del cielo; y parte del ejército y de las estrellas echó por tierra, y las pisoteó" (versículo 10). Entonces se hizo tan grande en su propia mente que de manera arrogante subió contra Dios mismo, interfiriendo con los sacrificios que eran requeridos por la ley mosaica.

La confusión es evidente en la descripción de Daniel. Mantuvo su narración en generalidades a pesar de la necesidad de detalles en caso de que alguien quisiera entender lo que estaba sucediendo. Mientras trataba de procesar lo que estaba presenciando, escuchó una conversación cercana:

> Entonces oí a un santo que hablaba; y otro de los santos preguntó a aquel que hablaba: ¿Hasta cuándo durará la visión del continuo sacrificio, y la prevaricación asoladora entregando el santuario y el ejército para ser pisoteados? Y él dijo: Hasta dos mil trescientas tardes y mañanas; luego el santuario será purificado. (Versículos 13-14)

Luego cesó la visión. Casi puedes imaginarte al viejo eunuco de pie junto al agua. Toda la acción había concluido. Se acabaron las batallas; se silenciaron las grandes palabras y blasfemas. Ahora, Daniel miraba fijamente al cielo vacío, escuchando el correr de las aguas del río, la quietud ocasionalmente interrumpida por la conversación de dos ángeles cercanos. Sería comprensible que su estabilidad mental y física fuera un poco frágil. Probablemente, la menor provocación podría hacerle caer al suelo.

Una voz procedente del río fue esa provocación.

Gabriel, el ángel con las respuestas

De repente, alguien apareció junto a Daniel.

> Y aconteció que mientras yo Daniel consideraba la visión
> y procuraba comprenderla, he aquí se puso delante de mí
> uno con apariencia de hombre. Y oí una voz de hombre
> entre las riberas del Ulai, que gritó y dijo: Gabriel, ense-
> ña a este la visión. Vino luego cerca de donde yo estaba;
> y con su venida me asombré, y me postré sobre mi ros-
> tro. Pero él me dijo: Entiende, hijo de hombre, porque la
> visión es para el tiempo del fin. (Versículos 15-17)

Antes de que Daniel tuviera la oportunidad de preguntarse quién
era este nuevo ser con apariencia de hombre, una voz lo dio a conocer. Era Gabriel, un ángel mensajero de Dios. Dudo en usar la frase
ángel mensajero porque los significados de las palabras bíblicas originales que traducimos como "ángel" —tanto la hebrea מַלְאָךְ como
la griega ἄγγελος— significan literalmente "mensajero". Así que, en
esencia, estoy llamando a Gabriel un "mensajero mensajero". Pero
por la forma en que lo traducimos, la frase *ángel mensajero* es una
buena manera de describir tanto el ser como la función de Gabriel.

Esta es la primera vez que nos encontramos con Gabriel en las
Escrituras. Aparece de nuevo en la siguiente visión de Daniel, en el
capítulo 9. Luego le volvemos a ver en su papel más famoso, el de
anunciar al sacerdote Zacarías que sería padre de Juan el Bautista
(Lucas 1:8-20) y a María que sería la madre de Jesús el Mesías (Lucas
1:26-38). Pero que no hayamos oído hablar de él antes no significa
que Gabriel no haya existido ni que Daniel no supiera de él.

Recuerda que la Biblia es un libro muy corto si lo compara-
mos con los miles de años de historia que abarca. Mucho de lo que
Dios ha hecho no está comprendido en sus páginas. Es muy posible que, en las historias y tradiciones transmitidas en la cultura oral
judía, Gabriel fuera un nombre conocido por muchos. Eso podría
explicar la reacción de Daniel cuando el ángel se le acerca. Se postra
sobre su rostro. Tal vez fue porque estaba en presencia del principal

mensajero de Dios. Quizás se debió a la naturaleza abrumadora de lo que acababa de presenciar. O tal vez se postró porque temía que lo que había visto se hiciera realidad en cualquier momento.

Sea lo que fuere, las rodillas de Daniel se doblaron y se postró, incluso cuando Gabriel le aseguró que la última parte de los acontecimientos que acababa de presenciar no ocurrirían hasta el final de los tiempos. Las palabras del mensajero no sirvieron de nada. El viejo profeta cayó dormido. Tanto el pastor Rick como yo hemos estado enseñando y predicando durante muchos años. No es inusual para nosotros ver a nuestros oyentes con los ojos cerrados y cabeceando mientras exponemos nuestros mensajes bíblicos. Pero rara vez vemos los que se duermen incluso antes de comenzar a enseñar.

Esto es a lo que se enfrentó Gabriel. La voz le dijo que explicara la visión, pero su audiencia estaba desmayada en el suelo:

> Mientras él hablaba conmigo, caí dormido en tierra sobre mi rostro; y él me tocó, y me hizo estar en pie. Y dijo: He aquí yo te enseñaré lo que ha de venir al fin de la ira; porque eso es para el tiempo del fin. En cuanto al carnero que viste, que tenía dos cuernos, estos son los reyes de Media y de Persia. El macho cabrío es el rey de Grecia, y el cuerno grande que tenía entre sus ojos es el rey primero. Y en cuanto al cuerno que fue quebrado, y sucedieron cuatro en su lugar, significa que cuatro reinos se levantarán de esa nación, aunque no con la fuerza de él. (Daniel 8:18-22)

Sin inmutarse por el estado somnoliento de Daniel, Gabriel lo despertó y lo puso de pie. Una vez más, Gabriel le dijo que la interpretación de la visión se refiere a los últimos tiempos. Permítanme tomar un momento para informarles que esta no es mi interpretación. Esta no es la interpretación del pastor Rick. Esta es la interpretación de Gabriel. El pastor Rick y yo solo enseñamos la Biblia. Gabriel quería asegurarse de que Daniel supiera que, aunque la visión comenzaba sonando como si su cumplimiento se produjera en los próximos cientos de años, habría una realización posterior y mayor de la visión en un futuro lejano.

La naturaleza cercana y lejana de la profecía bíblica

Es típico que las profecías tengan un cumplimiento cercano y otro lejano. Comprender esta doble naturaleza de la profecía bíblica es esencial para una interpretación adecuada. Por ejemplo, cuando Jesús estaba en el monte de los Olivos hablando a sus discípulos sobre el fin de los tiempos, dijo: "Pero cuando viereis a Jerusalén rodeada de ejércitos, sabed entonces que su destrucción ha llegado. Entonces los que estén en Judea, huyan a los montes; y los que en medio de ella, váyanse; y los que estén en los campos, no entren en ella" (Lucas 21:20-21). La mayoría de los lectores dirán que esto se cumplió en el año 70 d. C., cuando Roma arrasó el templo y destruyó la ciudad. Y tienen razón. Fue una época horrible llena de sufrimiento y muerte.

Sin embargo, hay muchos en el campo preterista que sostienen que esta profecía de Jesús termina con la Roma del siglo I. Afirman que cada profecía tiene un cumplimiento. La destrucción de Jerusalén fue tan terrible que cubrió los escenarios hiperbólicos y alegóricos del fin de los tiempos descriptos en el resto del Discurso del Monte de los Olivos, así como en Apocalipsis, e incluso en lo que veremos en el resto de Daniel.

Pero si vamos a adoptar un enfoque literal para interpretar las Escrituras, sabemos que el año 70 d. C. no podría ser el cumplimiento completo de las palabras de Jesús. ¿Cómo puedo estar tan seguro? En caso de duda, sigue leyendo el contexto. No hay que ir muy lejos. En el siguiente párrafo, Jesús continuó diciendo:

> Entonces habrá señales en el sol, en la luna y en las estrellas, y en la tierra angustia de las gentes, confundidas a causa del bramido del mar y de las olas; desfalleciendo los hombres por el temor y la expectación de las cosas que sobrevendrán en la tierra; porque las potencias de los cielos serán conmovidas. Entonces verán al Hijo del

Hombre, que vendrá en una nube con poder y gran gloria.
Cuando estas cosas comiencen a suceder, erguíos y levantad vuestra cabeza, porque vuestra redención está cerca.
(Lucas 21:25-28)

La única manera de hacer que esas palabras encajen con una interpretación de cumplimiento único es espiritualizar todo el párrafo. Es en el mundo espiritual, dicen algunos, donde ocurren todas estas cosas terribles en los cielos y en los mares y en la tierra. En cuanto al regreso del Hijo del Hombre, también es un acontecimiento espiritual. Es Jesús instituyendo el reino espiritual de Dios en el mundo. Pero un regreso espiritual de Jesús no explica por qué les dice a sus oyentes "erguíos y levantad vuestra cabeza".

Una interpretación mucho más simple y literal de las palabras de Jesús sostiene que hubo un cumplimiento cercano en el año 70 d. C. durante el cual Jerusalén y su templo fueron destruidos. Pero también habrá un cumplimiento posterior y mayor, cuando la persecución de los judíos llegue hasta tal extremo que se vean obligados a huir a las montañas y esconderse. Mientras el resto de los juicios de la tribulación se llevan a cabo sobre la tierra, los judíos se refugiarán hasta que vean a su Mesías venir al rescate. Entonces lo reconocerán por lo que es: aquel a quien rechazaron, aquel a quien crucificaron, aquel a quien traspasaron (Zacarías 12:10). Uno a uno, aceptarán a Jesús como su Señor y Salvador, recibiendo la redención que él les traerá. Y así todo Israel se salvará, como nos prometió Pablo en Romanos 11:26.

Una sola profecía con dos cumplimientos.

Cuando Gabriel comenzó su interpretación, expuso el cumplimiento cercano de la visión. Pero a medida que avanzaba, pasó a una realización posterior y mayor del sueño profético. Lo que transmitió a Daniel fue terrible, y dejó clara la horrible razón por la que los judíos huirían de Jerusalén, tal como predijo Jesús más de cinco siglos después de la visión del viejo profeta.

¿Cuándo tendrá lugar este cumplimiento posterior? No lo sabemos con certeza. Pero lo que sí sabemos es que Dios ha elegido el momento, y que lo ha hecho por una razón. Gabriel lo dejó claro desde el inicio: "Voy a darte a conocer lo que sucederá después cuando llegue a su fin el tiempo de la ira de Dios, porque el fin llegará en el momento señalado" (Daniel 8:19 NVI). La frase "momento señalado" se utiliza casi veinte veces en las Escrituras, dependiendo de la traducción. Cinco de ellas aparecen aquí en Daniel (8:19; 10:1; 11:27, 29, 35). En cada uso, se encuentra la idea de que Dios tiene el control y ha fijado ciertos momentos en los que va a realizar algo. Dios estableció un tiempo cuando creó el mundo, y ha establecido un tiempo para destruirlo y hacer una nueva tierra. Él estableció un tiempo para tu nacimiento y un tiempo para que tu espíritu deje tu cuerpo. Puede que los tiempos de Dios no siempre concuerden con nuestras ideas de misericordia, lógica, justicia y amor, pero como él es soberano y santo, podemos estar seguros de que sus caminos son siempre los mejores.

La identificación del carnero y el macho cabrío

No hay nada poético o críptico en las siguientes palabras de Gabriel. Daniel no se quedó tratando de leer el subtexto o descubrir el verdadero significado del ángel. En un movimiento innovador entre los profetas del Antiguo Testamento, Gabriel dio una interpretación directa de la visión de Daniel:

> En cuanto al carnero que viste, que tenía dos cuernos: éstos son los reyes de Media y de Persia. El macho cabrío es el rey de Grecia, y el cuerno grande que tenía entre sus ojos es el rey primero. En cuanto al cuerno que fue quebrado y sucedieron cuatro en su lugar, significa que cuatro reinos se levantarán de esa nación, aunque no con la fuerza de él. (Daniel 8:20-22)

Como vimos en Daniel 5 con la escritura en la pared, no pasaría mucho tiempo hasta que el propio Daniel fuera testigo de cómo el carnero entraba trotando en Babilonia. El equipo de dos cuernos de los medos y los persas reinó con fuerza durante dos siglos después de esa gran conquista. Pero durante todo ese tiempo, una revolución cultural estaba teniendo lugar hacia el oeste en Grecia. Con el tiempo, el poder de esa transformación social se manifestó en la fuerza militar. El poderío marcial de Filipo de Macedonia comenzó a conquistar desde el norte las numerosas ciudades-estado griegas. Su objetivo era crear la Liga Helénica, que sería lo suficientemente poderosa como para acabar con el Imperio persa. Pero antes de lograrlo, fue asesinado en la boda de una de sus hijas.

Su lugar lo asumió su hijo de veinte años, Alejandro, y el curso de la historia cambió. No fue hasta después de la muerte de Alejandro cuando se le concedió el título de "Magno", pero desde el principio de sus campañas militares, todos lo habrían considerado apropiado. Como el más grande de todos los tiempos, era a la vez el G. O. A. T. (the Greatest of All Time, por sus siglas en inglés) y el macho cabrío de la visión de Daniel. Alejandro y su ejército atravesaron Asia Menor y se adentraron en el Levante. El macho cabrío encontró al carnero en la actual ciudad de Iso, llamada Cilicia por el apóstol Pablo, cerca de la frontera con Siria. Tal como Daniel la había visto, la batalla, que tuvo lugar el 5 de noviembre del año 333 a. C., fue una derrota. El ejército de Darío III fue aplastado, y fue el fin del poderoso Imperio persa.

Alejandro era el cuerno grande, y bajo su autoridad el Imperio griego continuó expandiéndose. Pero entonces ocurrió algo inesperado. El cuerno grande se quebró. A la temprana edad de treinta y dos años, Alejandro murió en circunstancias misteriosas mientras se encontraba en el palacio del antiguo rey Nabucodonosor en Babilonia. Por desgracia para el imperio y todos los que estaban bajo su dominio, Alejandro no había establecido un plan de sucesión. Como resultado, el Imperio griego se dividió en cuatro imperios más pequeños.

Antes de dejar atrás a Alejandro, quiero señalar un impacto significativo que sus conquistas tuvieron en el mundo. A medida que su ejército se dirigía hacia el este, traía consigo las costumbres griegas y, lo que es más importante, la lengua griega. A finales del siglo IV a. C., el griego era la lengua franca o común del mundo civilizado, como lo es hoy el inglés. Esta expansión lingüística sigue influyéndonos hasta el día de hoy. ¿Cómo?

En el siglo III a. C., había una gran población de judíos viviendo en Alejandría, Egipto. Como ciudadanos de uno de los cuatro imperios nacidos tras la muerte de Alejandro, estos judíos hablaban griego en lugar de hebreo. Esta barrera lingüística les separaba de sus escritos sagrados. Así que los judíos de Alejandría exigieron que sus Escrituras, nuestro Antiguo Testamento, se tradujeran a palabras que pudieran entender. Los eruditos se pusieron manos a la obra y crearon una traducción al griego conocida como Septuaginta o LXX. Fue un gran avance. La Septuaginta no solo proporcionó a los judíos sus Escrituras, sino que, por primera vez, los gentiles conocieron al Dios de Abraham, Isaac y Jacob.

Un par de siglos más tarde, cuando los evangelistas relataron la vida de Jesús, y Pablo y otros escribieron sus epístolas, y Juan comunicó su visión apocalíptica, lo hicieron también en griego. Debido a la increíble extensión del Imperio romano, nunca antes en la historia tantas personas de orígenes tan diversos habían hablado la misma lengua. No es de extrañar que este fuera el "momento señalado" por Dios para enviar al Mesías a esta tierra para nuestra redención.

La división del imperio

Alejandro se había ido. ¿Quién dirigiría ahora el imperio? Aunque el emperador no había nombrado sucesor, había designado a cuatro generales para supervisar sus conquistas. Casandro, Lisímaco, Ptolomeo y Seleuco habían recibido el control de una parte del territorio de Alejandro. Tras la violenta agitación que suele acompañar a la muerte repentina de un gobernante, cada uno de estos gobernadores, finalmente, acordó asumir el control de su propio miniimperio. Dos siglos después de que Daniel recibiera su visión, la historia muestra que "aquel gran cuerno fue quebrado, y en su lugar salieron otros cuatro cuernos notables hacia los cuatro vientos del cielo" (Daniel 8:8). Profecía perfectamente cumplida.

De los cuatro nuevos imperios, solo hay uno al que corresponde ahora la visión. El territorio dado a Seleuco abarcaba Siria,

Mesopotamia y el lejano oriente. A continuación, Gabriel habla sobre esta región y la línea seléucida:

> Y al fin del reinado de estos, cuando los transgresores lleguen al colmo, se levantará un rey altivo de rostro y entendido en enigmas. Y su poder se fortalecerá, mas no con fuerza propia; y causará grandes ruinas, y prosperará, y hará arbitrariamente, y destruirá a los fuertes y al pueblo de los santos. Con su sagacidad hará prosperar el engaño en su mano; y en su corazón se engrandecerá, y sin aviso destruirá a muchos; y se levantará contra el Príncipe de los príncipes, pero será quebrantado, aunque no por mano humana. La visión de las tardes y mañanas que se ha referido es verdadera; y tú guarda la visión, porque es para muchos días. (Versículos 23-26)

Me doy cuenta de que es una cita extensa para tratar de digerirla de una vez. Pero quería que sintieras el poder de las palabras de Gabriel. No es de extrañar que la visión dejara a Daniel físicamente enfermo. Mira el número de veces que aparece el tiempo futuro. No vemos "podría" o "habría". Este era Dios diciendo: "He visto lo que viene. Sé quién es este tipo. Esto es lo que va a hacer, y va a ser terrible. Pero no te preocupes; me ocuparé de él al final".

Recuerda, las profecías a menudo tienen una visión cercana y una visión lejana. La primera parte de la visión de Daniel solo tuvo un cumplimiento cercano. Por eso Gabriel pudo ser tan sucinto en su interpretación. "El carnero representa a los reyes de Media y de Persia. El macho cabrío es el rey de Grecia". No hay mucho margen de maniobra allí.

Pero en el versículo 23, el estilo de la narración cambia. En lugar de darnos un nombre, Gabriel habla de "un rey". En vez de dar una fecha, solo dice que es "al fin del reinado". Esta generalidad nos permite buscar un doble cumplimiento. Pero hay que tener cuidado al hacerlo. Solo podemos atribuir a esta o a cualquier otra profecía un cumplimiento cercano y lejano si el contexto de las Escrituras nos respalda. En este caso, sin duda lo hace.

El cumplimiento cercano de la visión: Antíoco IV

El quinto gobernante después del rey fundador del Imperio seléucida fue Antíoco III. Al igual que Alejandro un siglo antes, este rey también recibió el título de "el Grande" debido a sus conquistas. Era un gobernante popular dentro de su imperio y tenía fama de justo. Esto llamó la atención de los judíos de Jerusalén. Situada cerca de donde se encontraban el Imperio seléucida y el Imperio ptolemaico egipcio, Jerusalén había pasado de un lado a otro entre los dos reinos rivales. Cuando los líderes de la ciudad observaron a su actual gobernante egipcio y lo compararon con Antíoco III, decidieron que estaría bien un cambio. Así que abrieron las puertas de la ciudad al gobernante seléucida, quien expulsó a los egipcios ptolemaicos. Antíoco III nunca olvidó lo que los judíos de Jerusalén hicieron por él, y se mantuvo amistoso con la ciudad durante su largo mandato como rey.

Pero como siempre ocurre con las personas, Antíoco III murió. Su hijo Seleuco IV Filopátor se convirtió en el nuevo emperador, pero a los doce años de reinado fue asesinado. El siguiente en la línea era su hijo de diez años, pero nunca tuvo la oportunidad de sentarse en el trono. El hermano de Seleuco IV, Antíoco IV, ya había decidido que él debía ser el siguiente emperador. Formó una cábala a su alrededor y se apoderó del trono, demostrando entendimiento en "enigmas" (versículo 23) y "sagacidad" (versículo 25).

Antíoco IV era pura maldad. Creyéndose deidad, se bautizó a sí mismo como Epífanes, que significa "Dios manifiesto". Los que le conocían, en cambio, le llamaban en secreto Epímenes, que significa "loco". Narcisista, violento y cruel, el derramamiento de sangre seguía a Antíoco IV dondequiera que fuera.

Como vimos antes, tanto con Nabucodonosor como con Darío, los reyes con complejo de dios desean las oraciones y la adoración que creen merecer. Antíoco IV siguió este mismo patrón. Cuando se divulgó un decreto que exigía que los ciudadanos del imperio lo adoraran como a un dios, todo el Imperio seléucida estuvo de acuerdo. Todos, es decir, excepto los judíos. Ellos sabían que solo había un Dios, y ese loco sentado en el trono no era él.

Antíoco IV enfureció. A sus órdenes, su ejército entró en Jerusalén. Y con esta fuerza invasora vinieron la violencia, la tortura y la muerte. Jerusalén se convirtió en un baño de sangre. La clase sacerdotal pagó un precio particularmente alto. Pero los judíos estaban acostumbrados al sufrimiento y la persecución. Sabían que sobrevivirían a este último ataque.

Entonces el emperador llevó su opresión un paso más allá. Intentó impedir que los judíos adoraran a Dios. Se prohibieron los sacrificios en el templo, así como los mandatos de la ley judaica. Ordenó que se quemaran los sacrificios paganos en el altar del templo, luego profanó esta casa santa del Dios Todopoderoso dedicándola en su lugar a Zeus. Esta profanación del año 167 a. C., llamada "la abominación desoladora", es uno de nuestros vínculos con la realidad futura de esta visión. En Daniel se menciona tres veces, todas ellas apuntando a un cumplimiento al final de los tiempos (9:27; 11:31; 12:11).

La profanación del templo fue demasiado. Puedes quitarles la vida a los judíos, pero no puedes quitarles a los judíos su Dios. Un hombre llamado Judas Macabeo organizó una revuelta que, con genio militar y ayuda divina, expulsó a Antíoco IV y a su ejército de Judea. Tres años después, el emperador murió de una enfermedad, sin que nadie lo lamentara.

El cumplimiento lejano de la visión: el anticristo

Tan terrible como fue Antíoco IV, vino otro gobernante que también se exaltaría como un "Epífanes". Pablo escribió de su venida:

> Nadie os engañe en ninguna manera; porque no vendrá sin que antes venga la apostasía, y se manifieste el hombre de pecado, el hijo de perdición, el cual se opone y se levanta contra todo lo que se llama Dios o es objeto de culto; tanto que se sienta en el templo de Dios como Dios, haciéndose pasar por Dios. (2 Tesalonicenses 2:3-4)

Ese pasaje podría haberse escrito fácilmente sobre el emperador seléucida. Pero Antíoco IV llevaba muerto más de doscientos años cuando Pablo dictó este pasaje. Sin duda se está hablando de un futuro líder mundial, un futuro "cuerno pequeño", una futura bestia.

¿Cuándo llegará esta bestia? Jesús nos dio un marco de tiempo en el relato de Mateo del Discurso del Monte de los Olivos. Dijo a los discípulos: "Por tanto, cuando veáis en el lugar santo la abominación desoladora de que habló el profeta Daniel (el que lee, entienda), entonces los que estén en Judea, huyan a los montes" (Mateo 24:15-16). La bestia o el anticristo levantará la abominación desoladora. Al igual que Pablo, Jesús no se refería al pasado. Estaba mirando hacia un tiempo de cumplimiento futuro, como vimos en nuestra ilustración de cerca/lejos unas páginas atrás.

Siguiendo el ejemplo de Antíoco IV, este futuro tirano romperá un tratado de paz con Israel. Similar al emperador anterior, profanará el templo y perseguirá severamente a los judíos. Y al igual que el emperador anterior, blasfemará contra Dios, afirmando con arrogancia que él es el único divino. El libro de Apocalipsis nos dice que el falso profeta tendrá una imagen hecha de su jefe, el anticristo. De alguna manera, el falso profeta infundirá aliento al ídolo para que "la imagen hablase e hiciese matar a todo el que no la adorase" (Apocalipsis 13:15). Los paralelismos entre el emperador y la bestia son muchos. Las principales diferencias entre ambos son que el emperador está en el pasado mientras que la bestia está en el futuro, y que por muy malo que fuera Antíoco IV, el anticristo será mucho peor.

No es de extrañar que Daniel reaccionara como lo hizo.

> Y yo Daniel quedé quebrantado, y estuve enfermo algunos días, y cuando convalecí, atendí los negocios del rey; pero estaba espantado a causa de la visión, y no la entendía. (Daniel 8:27)

No solo fueron perturbadoras las imágenes que Daniel presenció en la visión, sino que para él la explicación de Gabriel fue insatisfactoria. Sí, comprendió las identidades del carnero y del macho cabrío, pero más allá de eso, la visión seguía siendo un misterio increíblemente inquietante. Era un hombre sabio. Ansiaba comprender. Solo faltaba que Gabriel volviera y rellenara algunos de los huecos que había dejado vacíos.

Tuvieron que pasar once años de espera, pero, finalmente, el mensajero de Dios regresó a Daniel. Mientras el anciano profeta oraba, Gabriel voló con presteza junto a él. En el próximo capítulo, descubriremos lo que dijo.

PROMESAS HECHAS, PROMESAS CUMPLIDAS

DANIEL 9:1-19

"Promesas hechas, promesas cumplidas". Este ha sido el eslogan favorito de los políticos durante décadas. Los partidarios de Hubert Humphrey lo pegaron en una pancarta en la Convención Nacional Demócrata de 1968. El alcalde de Chicago, Harold Washington, lo reivindicó con confianza en los años ochenta, mientras que el gobernador de Míchigan, John Engler, pregonó el eslogan en los noventa[12]. Más recientemente, fue una frase emblemática del presidente Donald J. Trump y del alcalde de Nueva York Bill DeBlasio. ¿Quieres un debate acalorado? Busca a alguien del partido político opuesto al tuyo y compara las notas sobre lo bien que los dos últimos de la lista hicieron honor a su eslogan. Yo tomaré las palomitas de maíz y veré cómo se calientan los ánimos.

Por desgracia, vivimos en una época en la que no creemos realmente que los políticos cumplan sus promesas. Esperamos que lo hagan, pero suponemos que no. Si realmente te gusta la persona, inventarás excusas sobre por qué tuvo que cambiar de opinión y transigir. Si no te gusta la persona, le dirás a tu cónyuge o a tu vecino: "¿Ves?, te lo dije".

Cuando se trata del matrimonio y las amistades, esperas que la proporción entre las promesas hechas y las promesas cumplidas sea mucho más alta. Pero también eres plenamente consciente de que la vida real interviene. La vez que tu marido te promete que irá a la reunión de padres y profesores, pero te llama a último momento para decirte que no puede escaparse del trabajo. La vez que tu mujer te promete que estará disponible para su noche de cita, pero luego la llaman para hacer horas extras. Te decepciona, pero sabes que cuando el jefe de tu marido espera que esté allí, más vale que así sea. Tenías muchas ganas de salir por la noche, pero sabes que el hecho de que tu mujer trabaje un turno extra será más beneficioso para el presupuesto familiar que gastar dinero en una cena y una película.

A veces, las promesas fracasan simplemente porque cometemos errores tontos. Olvidamos cosas. Extraviamos cosas. O inventamos excusas poco convincentes porque no queremos cumplir nuestro compromiso.

Reconozcámoslo: todos metemos la pata en algún momento. Se puede confiar en mucha gente la mayor parte del tiempo, pero ¿se puede confiar en alguien todo el tiempo? No, porque, de manera intencional o no, todo el mundo decepcionará a alguien en algún momento.

¿O no? ¿Hay alguien en quien se pueda confiar el cien por ciento de las veces? El profeta Daniel respondería a esa pregunta con un rotundo sí. Y cuando entramos en el capítulo 9 de su libro, vemos que el profeta se toma su tiempo para dar gracias a Dios por ser un fiel cumplidor de promesas, y luego le recuerda a Dios que otro de sus compromisos se avecina.

El final del exilio

Daniel tenía alrededor de ochenta y dos años cuando transcurrió el capítulo 9. Probablemente, nunca imaginó que viviría para ver este día. Era un joven en su adolescencia cuando el rey Nabucodonosor invadió Jerusalén y lo sacó de la ciudad junto con tres mil de sus amigos más cercanos. Se convirtieron en cautivos de un rey pagano y se vieron obligados a aprender la lengua, la cultura y los dioses de su nuevo país. Más tarde, cuando el rey de Judá se rebeló, el profeta había oído informes de los horrores del asedio de Jerusalén y de la destrucción final de la ciudad. ¿Por qué habría esperado Daniel llegar a anciano en la capital de un imperio que despreciaba tanto la vida humana?

Pero aunque Daniel no esperaba sobrevivir hasta el final del cautiverio, sabía que el pueblo judío sí lo haría. Antes de que se lo llevaran de Jerusalén, habría visto al profeta Jeremías. Habría escuchado sus advertencias y presenciado la forma en que el rey y su corte trataban irrespetuosamente al anciano. Después de su deportación, Daniel habría leído la carta que Jeremías había enviado a los exiliados en Babilonia. A pesar de la terrible situación, la carta contenía un mensaje de esperanza. Prometía un futuro para el pueblo judío:

> "Cuando se le hayan cumplido a Babilonia setenta años, Yo los visitaré y cumpliré Mi buena palabra de hacerlos volver a este lugar. Porque Yo sé los planes que tengo para ustedes", declara el Señor, "planes de bienestar y no de calamidad, para darles un futuro y una esperanza. Ustedes me invocarán y vendrán a rogarme, y Yo los escucharé. Me buscarán y me encontrarán, cuando me busquen de todo corazón". (Jeremías 29:10-13 NBLA)

Esta es una promesa profética directamente de Dios Todopoderoso, en la que una vez más vemos un cumplimiento cercano y un cumplimiento lejano. A corto plazo, después de cierto tiempo, se les permitirá a los judíos volver a casa. A largo plazo, llegará el tiempo en el que todos los judíos buscarán al Dios verdadero. Y ese día, lo encontrarán porque finalmente lo buscarán de todo corazón. Esto tuvo que reconfortar a Daniel en gran manera. Él sabía que Dios es un cumplidor de promesas, así que llegaría un día en que toda la idolatría y el pecado desaparecerían. Los judíos volverían a estar unidos a Dios con un solo corazón, un solo espíritu y un solo propósito.

En esta primera mitad de Daniel 9, el profeta alude a tres promesas que Dios había dado a los judíos. Estos compromisos divinos eran increíblemente importantes. No solo explicaban la razón por la que Judá se encontraba en su actual aprieto, sino que también ofrecían la tremenda esperanza de que había un límite de tiempo establecido para su sufrimiento.

Setenta años, luego a casa

Babilonia fue derrotada. El degenerado rey Belsasar había muerto y el ejército babilónico estaba devastado. Había un nuevo rey en la ciudad, y era definitivamente mejor que el canalla incompetente que había ocupado el trono después de que Nabucodonosor abandonara la escena. Esta transferencia de poder de los babilonios a los medopersas fue el cumplimiento de una promesa que Dios había hecho a su pueblo elegido. El reconocimiento de esta profecía cumplida despertó en la mente de Daniel otra promesa del Todopoderoso:

> En el año primero de Darío hijo de Asuero, de la nación de los medos, que vino a ser rey sobre el reino de los caldeos, en el año primero de su reinado, yo Daniel miré atentamente en los libros el número de los años de que habló Jehová al profeta Jeremías, que habían de cumplirse las desolaciones de Jerusalén en setenta años.
>
> Y volví mi rostro a Dios el Señor, buscándole en oración y ruego, en ayuno, cilicio y ceniza. Y oré a Jehová mi Dios e hice confesión… (Daniel 9:1-4)

De nuevo, ¿cuál fue la fuente de la seguridad de Daniel acerca de los setenta años? Fueron las palabras del profeta Jeremías. Jeremías dijo: "Setenta años", así que Daniel escribió "Setenta años". No alegorizó el número. No dijo: "Dios dijo una vez que un día es como mil años y mil años son como un día, así que Jeremías debió querer decir… eh, convierto los días en años, luego multiplico por… ¿Dónde puse ese ábaco?". Por eso insistimos en un enfoque literal para entender las Escrituras, *a menos que esté claro* que el autor está utilizando un lenguaje alegórico. Cuando este profeta citó a otro profeta, lo hizo tomando sus palabras al pie de la letra.

El pasaje anterior muestra que Daniel vio cómo Dios había cumplido la promesa de expulsar a los babilonios y traer a los medos. También sabía que había más promesas que el Señor había hecho con respecto a su pueblo, Israel. Así que Daniel comenzó a orar.

Nunca es mal momento para orar. ¿Fue Dios fiel? Alábale a través de la oración. ¿Te has dado cuenta de que te has equivocado? Confiesa de corazón, seguro de su perdón. ¿Reclamas una de sus promesas? Ora para recordarle sus palabras. No lo hagas porque te preocupa que él haya olvidado su compromiso. Por el contrario, cuando ores sus palabras, estás declarando tu fe en su fidelidad. Estas oraciones pueden darse en cualquier momento y en cualquier lugar, solo o con cualquier otra persona que te acompañe.

La destrucción de Babilonia fue un acontecimiento trascendental. El equivalente moderno más cercano que se me ocurre es lo que muchos de mis lectores mayores de Europa del Este deben haber sentido cuando la Unión Soviética se derrumbó. Habían vivido toda su vida bajo la opresión del Estado comunista. Parecía imposible que alguna vez experimentaran la verdadera libertad. Entonces, los dirigentes comunistas empezaron a caer en una República Socialista Soviética tras otra. Finalmente, el Estado comunista implosionó y la tiranía desapareció.

Babilonia fue el mayor imperio de su época. Es probable que pocos pudieran imaginar una vida sin la opresión de sus señores caldeos. Pero Dios dijo que iba a derribar el imperio, y eso fue exactamente lo que hizo. De nuevo, el cumplimiento literal de la profecía. Mientras Daniel pensaba en ello, se sintió humilde, agradecido y dolorosamente consciente de sus pecados y de los pecados de su pueblo. Así que oró. Confesó sus pecados personales y los de la nación, reconoció la justicia del juicio de Dios sobre ellos y pidió a Dios que cumpliera su promesa de hacer volver a su pueblo a Jerusalén.

Fue un movimiento audaz cuando, después de reconocer su propia pecaminosidad, Daniel le recordó de inmediato a Dios que él tenía una promesa que cumplir. Sobre todo, después de que el Señor acababa de derribar un imperio para él y su pueblo. Pero Dios siempre está dispuesto a escuchar nuestras peticiones cuando nos acercamos a él con un corazón humilde y puro, y con una actitud de rendición a su voluntad. Daniel sabía que podía recordarle a Dios sus promesas porque Dios tiene un historial de cumplirlas.

Las promesas de Dios a su pueblo

Primera promesa: la desobediencia resulta en cautiverio

Un amigo me contó una historia de su niñez como hijo de un pastor de jóvenes. El grupo de jóvenes se había reunido en su casa para una barbacoa. Mi amigo, que entonces tenía unos ocho años, tenía una pistola de agua y no paraba de dispararle a uno de los líderes de jóvenes mayores. El líder le dijo que dejara de hacerlo, pero el chico siguió disparándole. Finalmente, el líder de jóvenes le dijo: "Si me disparas una vez más, te levantaré y te arrojaré vestido a la piscina".

Mi amigo pensó que era imposible que ese hombre mayor le hiciera eso a un niño, sobre todo al hijo del pastor. Así que no se la creyó y le disparó. Lo siguiente que supo fue que estaba volando por el aire hacia la piscina. Al salir del agua, con aspecto de gato ahogado, mi amigo, que ahora lloraba, tuvo que hacer el camino mojado de la vergüenza a través de unos treinta adolescentes hasta la casa para secarse y cambiarse de ropa. Al pasar junto al líder de jóvenes, el hombre le dijo: "No puedes decir que no te lo advertí".

Las acciones tienen consecuencias. Si tú haces esto, yo haré aquello. Esta es la historia de Dios con su creación. Comenzó en el huerto. Dios le regaló a Adán un hogar exuberante lleno de todos los tipos de productos que una persona pudiera desear. Solo había una orden dada por el Señor: "De todo árbol del huerto podrás comer; mas del árbol de la ciencia del bien y del mal no comerás; porque el día que de él comieres, ciertamente morirás" (Génesis 2:16-17). Acción y consecuencia. Si comes de ese árbol, permitiré la muerte en este mundo. Si haces esto, yo haré aquello. Antes de que nos quejemos de Adán por haber sido tan necio de romper la única regla que tenía que cumplir, detengámonos a pensar en todas las veces en que conocíamos las consecuencias de nuestras acciones pecaminosas, pero aun así las cometimos.

Cuando llegó el momento de elegir a un grupo de personas para que dieran testimonio a las naciones, Dios codificó las acciones correctas y las consecuencias de cumplirlas o no. Por medio de Moisés, el Señor otorgó a los israelitas un plan detallado para una vida recta. Si solo la nación siguiera esta ley, las consecuencias serían fabulosas. Cuando Moisés estaba dando su última serie de mensajes al pueblo antes de su muerte, les dijo:

> Acontecerá que si oyeres atentamente la voz de Jehová tu Dios, para guardar y poner por obra todos sus mandamientos que yo te prescribo hoy, también Jehová tu Dios te exaltará sobre todas las naciones de la tierra. Y vendrán sobre ti todas estas bendiciones, y te alcanzarán, si oyeres la voz de Jehová tu Dios. (Deuteronomio 28:1-2)

"Todas estas bendiciones" se enumeran en los 12 versículos siguientes. "Si hacen esto", les dijo Dios, "entonces voy a hacer eso por ustedes". Pero el Señor conocía los corazones de la humanidad. Sabía que era necesario incluir la otra cara de la moneda de la obediencia. Moisés le dijo al pueblo: "Pero acontecerá, si no oyeres la voz de Jehová tu Dios, para procurar cumplir todos sus mandamientos y sus estatutos que yo te intimo hoy, que vendrán sobre ti todas estas maldiciones, y te alcanzarán" (Deuteronomio 28:15). Durante los 53 versículos siguientes, Moisés enumeró una letanía de castigos, cada uno merecido y cada uno terrible. Las consecuencias de las malas decisiones no podían ser más claras.

Cuando Daniel comenzó su oración, sabía que la destrucción de Jerusalén y el exilio eran justos. Dios había advertido al pueblo una y otra vez con profeta tras profeta, pero ellos se habían negado a dejar de seguir a otros dioses. Seguían disparándole a Dios con la pistola de agua, pensando: *Seguro que no nos hará esas cosas desagradables. Somos su pueblo elegido. Él nos ama. Además, nos hemos salido con la nuestra durante tanto tiempo que ni siquiera estamos seguros de que Dios siga prestándonos atención.*

Pero Dios sí estaba prestando atención. Los judíos cometieron el error de confundir la paciencia sufrida de Dios con debilidad o apatía. Cuando por fin tuvo suficiente con el reino del norte, trajo a Asiria para expulsar al pueblo de la tierra. Y cuando su paciencia se agotó con el reino del sur, llamó a Nabucodonosor, que vino corriendo a cumplir las órdenes del Señor.

Reconociendo que el pecado era la raíz de las dificultades de los judíos, Daniel se acercó humildemente a Dios. Describiendo su conducta en aquel momento, escribió: "Y volví mi rostro a Dios el Señor, buscándole en oración y ruego, en ayuno, cilicio y ceniza" (Daniel 9:3). No se limitó a acudir a Dios con un "Lo siento, Señor, ha sido culpa mía. Sin rencores, ¿verdad?". Daniel sintió todo el peso de sus pecados y los de la nación. El peso de la maldad lo desgastó. Se negó a alimentarse y se adornó con signos de luto. En esa actitud desconsolada oró:

> Ahora, Señor, Dios grande, digno de ser temido, que guardas el pacto y la misericordia con los que te aman y guardan tus mandamientos; hemos pecado, hemos cometido iniquidad, hemos hecho impíamente, y hemos sido rebeldes, y nos hemos apartado de tus mandamientos y de tus ordenanzas. No hemos obedecido a tus siervos los profetas, que en tu nombre hablaron a nuestros reyes, a nuestros príncipes, a nuestros padres y a todo el pueblo de la tierra. Tuya es, Señor, la justicia, y nuestra la confusión de rostro, como en el día de hoy lleva todo hombre de Judá, los moradores de Jerusalén, y todo Israel, los de cerca y los de lejos, en todas las tierras adonde los has echado a causa de su rebelión con que se rebelaron contra ti. (Versículos 4-7)

La angustia de Daniel es evidente. Sus palabras son desgarradoras. Y esto es solo el primer tercio de su oración de arrepentimiento. Te animo a que dejes este libro, tomes tu Biblia y leas los versículos 8-15. Solo alguien que conoce de verdad a Dios puede sentirse tan devastado por haberle ofendido.

Algunos se preguntarán por qué Daniel se incluyó a sí mismo en esta oración. Parecía un buen tipo, un verdadero siervo del Señor. Mientras que la nación era tan impía, Daniel se destacaba por ser tan bueno. Pero Daniel reconocía quién era. Era judío. Era su pueblo el que había ofendido a Dios. Era su pueblo el que se había rebelado y adorado a los ídolos. Daniel no era solo un "yo", era parte de un "nosotros". Como tal, se sentía responsable de los pecados de su nación.

Cuando oramos por nuestros países, debemos hacerlo como ciudadanos. Seas británico o brasileño, taiwanés o estadounidense, italiano o israelí, no hay ningún país que haya guardado su camino con Dios. Debemos orar por nuestros países, pidiendo el perdón de Dios sobre nosotros, confesando nuestra falta de atención a sus caminos. Este es el verdadero nacionalismo en su máxima expresión.

Dios siempre cumplirá sus promesas para bien o para mal. Israel había pecado contra el Señor. Por lo tanto, Daniel suplicó el perdón divino por los pecados del pueblo para que pudieran tener un nuevo comienzo.

Segunda promesa: el cautiverio de Babilonia duraría setenta años

Dios creó a la humanidad para trabajar duro y para descansar. Ambas cosas son necesarias para satisfacer nuestras necesidades y asegurarnos de no colapsar por agotamiento. En su acto de la creación, el Señor modeló para nosotros cómo es este patrón de seis días de trabajo y un día de descanso. Luego, para asegurarse de que la gente lo entendiera, lo codificó como el cuarto mandamiento de la ley mosaica.

> Guardarás el día de reposo para santificarlo, como Jehová tu Dios te ha mandado. Seis días trabajarás, y harás toda tu obra; mas el séptimo día es reposo a Jehová tu Dios. (Deuteronomio 5:12-13)

De la misma manera que Dios creó a la humanidad con la necesidad de descansar, hizo lo mismo con la tierra. Para que la tierra de labranza se mantenga sana, debe dejarse en barbecho de forma intermitente para que pueda reconstruir sus nutrientes y su humedad. Este fue el plan de Dios para la tierra, y como él es un Dios de orden, no es de extrañar que el calendario de siembra y barbecho se parezca mucho al calendario de los días de reposo. Dios le dijo a Moisés:

> Habla a los hijos de Israel y diles: Cuando hayáis entrado en la tierra que yo os doy, la tierra guardará reposo para Jehová. Seis años sembrarás tu tierra, y seis años podarás tu viña y recogerás sus frutos. Pero el séptimo año la tierra tendrá descanso, reposo para Jehová; no sembrarás tu tierra, ni podarás tu viña. (Levítico 25:2-4)

Seis años siembras y un año no. Deja que la tierra disfrute de su reposo para que la tierra pueda renovarse. Como Dios nos conoce tan bien, cortó de raíz la obvia cuestión de la falta de fe, incluso antes de que surgiera. Les dijo a los israelitas que no se preocuparan por cómo comerían ese séptimo año. "Entonces yo os enviaré mi bendición el sexto año, y ella hará que haya fruto por tres años" (versículo 21). Dios nunca nos da una orden que sea imposible de obedecer. La lógica les decía a los israelitas que morirían de hambre ese séptimo año. La fe les decía: "Confíen en Dios. Él siempre ha provisto en el pasado, y también lo hará ahora".

Una vez más, como Dios conoce tan bien a la humanidad, sabía que la lógica defectuosa de los israelitas ganaría sobre la fe. Así que les advirtió que no descuidaran los tiempos de reposo de la tierra:

> Asolaré también la tierra, y se pasmarán por ello vuestros enemigos que en ella moren; y a vosotros os esparciré entre las naciones, y desenvainaré espada en pos de vosotros; y vuestra tierra estará asolada, y desiertas vuestras ciudades.
>
> Entonces la tierra gozará sus días de reposo, todos los días que esté asolada, mientras vosotros estéis en la tierra de vuestros enemigos; la tierra descansará entonces y

gozará sus días de reposo. Todo el tiempo que esté asolada, descansará por lo que no reposó en los días de reposo cuando habitabais en ella. (Levítico 26:32-35) ·

Es aquí donde encontramos la razón del cautiverio babilónico de setenta años. El pecado condujo al exilio. La falta del tiempo de reposo agrícola determinó la duración del exilio. Habían pasado cuatrocientos noventa años desde que Israel había dejado las tierras de labranza en barbecho. ¿Cómo podemos estar seguros de ese número? Porque sabemos matemáticas básicas. Jeremías dijo que "toda esta tierra será puesta en ruinas y en espanto; y servirán estas naciones al rey de Babilonia setenta años" (Jeremías 25:11). Al ampliar nuestro contexto, vemos que los setenta años de Jeremías están directamente ligados al reposo de la tierra:

> Los que escaparon de la espada fueron llevados cautivos a Babilonia, y fueron siervos de él y de sus hijos, hasta que vino el reino de los persas; para que se cumpliese la palabra de Jehová por boca de Jeremías, hasta que la tierra hubo gozado de reposo; porque todo el tiempo de su asolamiento reposó, hasta que los setenta años fueron cumplidos. (2 Crónicas 36:20-21)

Si multiplicamos un año de reposo cada siete años por un período de setenta años, llegamos a cuatrocientos noventa años de desobediencia agrícola por parte de los judíos en la tierra. Fue la naturaleza cumplidora de las promesas de Dios lo que permitió al profeta declarar audazmente: "Yo Daniel miré atentamente en los libros el número de los años de que habló Jehová al profeta Jeremías, que habían de cumplirse las desolaciones de Jerusalén en setenta años" (Daniel 9:2).

¿Qué sucedería cuando se cumplieran los setenta años? Habría un regreso a casa. Dios nunca quiso que el pueblo de Israel permaneciera apartado de la tierra prometida. Se la había dado como un hogar eterno. Como vimos anteriormente, a través de Jeremías, el Señor prometió: "Cuando en Babilonia se cumplan los setenta años, yo os visitaré, y despertaré sobre vosotros mi buena palabra, para haceros volver a este lugar. Porque yo sé los pensamientos que tengo acerca de vosotros, dice Jehová, pensamientos de paz, y no de mal, para daros el fin que esperáis" (Jeremías 29:10-11). El amor de Dios por Israel nunca cesó. Su objetivo siempre fue traer al pueblo a casa. Este siguió siendo su plan cuando dispersó a los judíos de su tierra en los siglos I y II d. C. Durante casi dos mil años, los judíos estuvieron vagando por el mundo, hasta que en 1948 estableció de nuevo la nación de Israel en la tierra prometida. Desde entonces, millones de personas han regresado a su hogar ancestral.

Tercera promesa: Dios castigará a la nación que tomó cautivos a los judíos

"¡Espera un minuto, Amir! Dios necesitaba disciplinar a Israel. Babilonia tuvo la amabilidad de complacerlo. ¿Y luego Dios castigó a los babilonios por hacerlo? ¿No debería haberles dado las gracias?". Absolutamente no. Nabucodonosor era un mal tipo y un adorador de ídolos. Las conquistas que hizo no fueron para Dios sino para sí mismo. Es poco probable que alguna vez supiera que estaba siendo usado por Dios. Era un hombre violento y narcisista, y dirigió un ejército de matones brutales que asesinaron, violaron y saquearon ciudad tras ciudad. Esas acciones malvadas nunca estarían en la lista de deseos del Señor para ningún líder mundial.

En cambio, lo que vemos hacer a Dios es utilizar las acciones pecaminosas de la humanidad para cumplir su voluntad. Babilonia estaba surcando el Medio Oriente, así que el Señor se aseguró de que el tiempo de Nabucodonosor y su ruta estuvieran de acuerdo con su plan para disciplinar a Judá. ¿Obligó Dios al rey a matar y destruir? ¿Estaba Nabucodonosor protestando ante Dios, diciendo: "Pero, Señor, tú sabes que yo soy un pacificador, no un luchador"? No, el rey conquistador hacía sus cosas de conquistador. Dios solo guio su camino para que algo bueno pudiera salir de esto.

Pero podrías protestar: "Amir, si Dios pudo guiar a Nabucodonosor, ¿por qué no pudo detenerlo? Piensa en todas las vidas que podría haber salvado".

A menudo, lo que parece algo bueno en la superficie es, en realidad, lo contrario. Solo pregúntale a Pedro, quien, cuando prometió proteger a Jesús de cualquier daño, el Señor le dijo: "¡Quítate de delante de mí, Satanás!; me eres tropiezo, porque no pones la mira en las cosas de Dios, sino en las de los hombres" (Mateo 16:23). A veces, me pregunto qué pasaría por la mente de Pedro inmediatamente después de esa reprensión. "Uh, Señor, tal vez me entendiste mal. Intentaba ayudarte".

La disciplina tenía que llegar a Israel. La tierra tenía que conseguir sus años de reposo. Si el exilio nunca hubiera ocurrido, los judíos habrían continuado en su pecado, y Dios se habría mostrado como una deidad que no tenía los medios para cumplir sus advertencias.

Al igual que un padre siente dolor cuando disciplina a su hijo, el Padre de Israel se afligió al ver que ocurría lo que tenía que acontecer. Lloró por los muertos y lamentó la violencia. Y juró vengar la forma pecaminosa en que los babilonios trataron a su pueblo.

> Y cuando sean cumplidos los setenta años, castigaré al rey de Babilonia y a aquella nación por su maldad, ha dicho Jehová, y a la tierra de los caldeos; y la convertiré en desiertos para siempre. Y traeré sobre aquella tierra todas mis palabras que he hablado contra ella, con todo lo que está escrito en este libro, profetizado por Jeremías contra todas las naciones. Porque también ellas serán sojuzgadas por muchas naciones y grandes reyes; y yo les pagaré conforme a sus hechos, y conforme a la obra de sus manos. (Jeremías 25:12-14)

Una vez más, observa la razón del castigo de Dios a los babilonios. Pagarían por el mal hecho mediante "la obra de sus manos". El pecado sería castigado, Israel sería disciplinado y Dios permanecería santo.

Recuérdale a Dios sus promesas

Gracias a que nuestro Señor es un Dios que cumple sus promesas, Daniel pudo pronunciar con valentía la última parte de su oración. Seguro del carácter de Dios, confiando en su misericordia, comprendiendo sus propósitos y aferrándose firmemente a sus palabras, el hombre de Dios clamó:

> Oh Señor, conforme a todos tus actos de justicia, apártese ahora tu ira y tu furor de tu ciudad Jerusalén, tu santo monte; porque a causa de nuestros pecados, y por la maldad de nuestros padres, Jerusalén y tu pueblo son el oprobio de todos en derredor nuestro. Ahora pues, Dios nuestro, oye la oración de tu siervo, y sus ruegos; y haz que tu rostro resplandezca sobre tu santuario asolado, por amor del Señor. Inclina, oh Dios mío, tu oído, y oye; abre tus ojos, y mira nuestras desolaciones, y la ciudad sobre la cual es invocado tu nombre; porque no elevamos nuestros ruegos ante ti confiados en nuestras justicias, sino en tus muchas misericordias. Oye, Señor; oh Señor, perdona; presta oído, Señor, y hazlo; no tardes, por amor de ti mismo, Dios mío; porque tu nombre es invocado sobre tu ciudad y sobre tu pueblo. (Daniel 9:16-19)

A Dios le encanta que confiemos en él y que dependamos de su amor y de su gracia. Esto me recuerda cuando los hebreos estaban listos para abandonar el monte Sinaí. Habían exasperado a Dios hasta el punto de que estaba dispuesto a terminar con ellos. Le dijo a Moisés que cumpliría su promesa de darles la tierra prometida, pero que lo harían sin él. Le dijo a su profeta: "(A la tierra que fluye leche y miel); pero yo no subiré en medio de ti, porque eres pueblo de dura cerviz, no sea que te consuma en el camino" (Éxodo 33:3).

A Moisés le horrorizaba la idea de avanzar sin Dios. Suplicó a Dios que cambiara de opinión, diciendo: "Si tu presencia no ha de ir conmigo, no nos saques de aquí" (Éxodo 33:15). Si la elección era el desierto con Dios o la tierra prometida sin Dios, Moisés estaba decidido a que no fueran a ninguna parte. El Señor vio la fe de Moisés. La dependencia del profeta de él ablandó el corazón de Dios hacia el pueblo. "Y Jehová dijo a Moisés: También haré esto que has dicho, por cuanto has hallado gracia en mis ojos, y te he conocido por tu nombre" (Éxodo 33:17).

"Te he conocido por tu nombre". ¡Vaya! ¡Qué tranquilidad! ¡Qué aliento! Hay muchas razones por las que podemos destacarnos ante Dios, y no todas son buenas. Pregúntale al faraón, a Saúl y a Judas. Pero Moisés había hallado gracia a los ojos de Dios. Por eso, Dios lo conocía por su nombre. Me esfuerzo mucho para que Dios me conozca así y por esa razón. De hecho, firmo todos mis libros con Éxodo 33:17. ¿Estás viviendo una vida de sacrificio diario centrada en lo que realmente importa para que destaques ante Dios?

Rendimos verdadera adoración cuando desafiamos a Dios a actuar de acuerdo con su carácter. Es en esos momentos cuando decimos: "Señor, creo que tú eres quien dices ser. Así que oro esperando plenamente que tú seas tú". Eso es fe. Eso es adoración.

El Señor escuchó la oración de Daniel. De hecho, a la primera palabra que pronunció el profeta, Dios envió una respuesta. El mensajero que trajo esa respuesta era alguien muy conocido.

LA CUENTA REGRESIVA MESIÁNICA

DANIEL 9:20-24

Ha sido una noche sorprendentemente agradable con unos nuevos amigos. Tú y tu esposa estaban un poco indecisos al principio. A pesar de que son conocidos de la iglesia, realmente no los conocen muy bien. Cuando le dijeron que otras tres parejas también iban a unirse a la reunión, no estaban seguros de qué esperar. Al fin y al cabo, es una fiesta de Año Nuevo. ¿Se convertiría en una fiesta para beber en la que acabarías con la función de conductor designado? Pero a medida que avanzaba la noche, te diste cuenta de que no tendrías que preocuparte por eso. Todo el mundo se lo estaba pasando bien y tú estabas empezando a conectar con las otras parejas.

De repente, la anfitriona de la fiesta entra desde la cocina. Lleva una bandeja con diez copas de sidra de manzana espumante y grita: "¡Muy bien, todo el mundo! ¡Es hora de la cuenta regresiva!". Mientras levanta su copa, inclina la muñeca para poder ver su reloj. Eran las 11:51 pm.

Echas una mirada rápida a tu mujer, que parece tan confundida como tú. Pero ambos se encogen de hombros. Donde fueres, haz lo que vieres.

Una vez repartidas las copas, la anfitriona toma su propia sidra y dice: "¡Bien, allá vamos! 483, 482, 481…".

Confundido, pero sin querer parecer descortés, te unes a la cuenta regresiva, intentando mantener el entusiasmo de la anfitriona y su marido. Pero para cuando se acercan a los 300, tú y tu mujer han vuelto a sentarse en el sofá. En algún momento de los primeros 100, tu mujer cabecea con la cabeza apoyada en tu hombro, y tienes que hacer una salvada espectacular para evitar que la sidra de su copa, que se inclina lentamente, se derrame sobre la alfombra.

Cuando por fin llega el "…3, 2, 1", los deseos de "¡Feliz Año Nuevo!" son deslucidos, y a nadie le queda aliento para hacer sonar ninguna de sus bocinas de papel.

Para justificar una cuenta regresiva que empieza en 483, la recompensa al llegar a cero tiene que ser espectacular. Un cumpleaños o un aniversario no son suficientes. Tampoco lo es pasar la página de un nuevo año. Sin embargo, en el capítulo 9 de Daniel, el mensajero Gabriel trae consigo noticias que, si se hubieran entendido bien, habrían mantenido a la nación judía en vilo desde el 483 hasta los brindis con sidra.

La respuesta inmediata de Dios a la oración

El increíble párrafo en Daniel 9 que le sigue al cierre de la oración de Daniel nos dice mucho acerca de quién es Dios, la manera en que él opera, y su amor para aquellos que lo siguen.

> Aún estaba hablando y orando, y confesando mi pecado y el pecado de mi pueblo Israel, y derramaba mi ruego delante de Jehová mi Dios por el monte santo de mi Dios; aún estaba hablando en oración, cuando el varón Gabriel, a quien había visto en la visión al principio, volando con presteza, vino a mí como a la hora del sacrificio de la tarde. Y me hizo entender, y habló conmigo, diciendo: Daniel, ahora he salido para darte sabiduría y entendimiento. Al principio de tus ruegos fue dada la orden, y yo he venido para enseñártela, porque

tú eres muy amado. Entiende, pues, la orden, y entiende
la visión. (Daniel 9:20-23)

Daniel utilizó las frases "aún estaba hablando" y "volando con
presteza". Luego, de nuevo: "Aún estaba hablando…". Gabriel
siguió con: "Al principio de tus ruegos…". Daniel había presentado
al Señor una hermosa oración de confesión y petición de dieciséis
versículos y cuatro párrafos. La concluyó con "Oh Señor, escucha y
actúa", a lo que Dios respondió: "¡Claro que sí! Ya está en marcha".

"Aún", "con presteza" y "al principio". Así es como Dios actúa.
Cuando te enfrentas a una situación que te lleva a derramar tu corazón delante de Dios —tal vez sea en confesión o por necesidad o en
medio de una gran tristeza— no tienes que preguntarte si él te está
escuchando. No tienes que preocuparte por si tus palabras son las
correctas. He aquí un consejo para orar: el Señor escucha tu corazón; las palabras son solo una fachada.

Pero cuando necesites que Dios esté cerca, debes saber que incluso antes de comenzar a orar, él conoce tu necesidad y ya está elaborando la respuesta. Recuerda que no necesitas convencerle de nada
con un razonamiento bien intencionado. No necesitas compartir
con él una pantalla de ordenador dividida que muestre a un lado los
pros de la opción A y al otro los pros de la opción B. Él ya ha tomado la decisión correcta y está ocupado elaborando el mejor plan para
tu vida, no por tus palabras, sino por su amor y tu fe.

"Entonces, Amir, ¿puedo pedir lo que quiera y Dios está deseando
dármelo? Mercedes Benz, ¡allá voy!". Cálmate, amigo mío. No es así
como funciona. El apóstol Juan escribió sobre esto mismo: "Y esta
es la confianza que tenemos en él, que si pedimos alguna cosa conforme a su voluntad, él nos oye. Y si sabemos que él nos oye en cualquiera cosa que pidamos, sabemos que tenemos las peticiones que
le hayamos hecho" (1 Juan 5:14-15). Fíjate en esas cuatro palabras
"conforme a su voluntad". Aquí es donde el movimiento de la fe se
equivoca. La salud y la riqueza no siempre están en la voluntad de
Dios para nosotros. De hecho, como vimos con Daniel y sus amigos, a menudo es en los tiempos difíciles cuando nuestra fe crece.

Imagina una vida en la que Dios te da todo lo que le pides simplemente porque crees que puede hacerlo. En esencia, serías como un bebé viviendo en una cómoda cunita. Tendrías tu pequeña fe de bebé que te dice que, si lloras lo suficientemente fuerte, tu Padre te dará lo que quieres. Sería una vida cómoda y no valdrías nada para nadie.

La oración de Daniel no era para sí mismo. Era por la nación. Era para que Dios fuera glorificado en la restauración de su pueblo. Era por el arrepentimiento y la restauración para que el pueblo judío pudiera cumplir su llamado a ser la luz del mundo. Era "conforme a la voluntad [de Dios]". Esa es la clase de oración a la que Dios nunca diría que no.

Dios no solo respondió a la oración de Daniel, sino que lo hizo de inmediato. ¿Qué había en la situación a la que se enfrentaba el profeta que hizo que Dios respondiera tan rápidamente? En primer lugar, otra de sus profecías estaba a punto de cumplirse. El exilio de setenta años estaba por terminar, así que la petición de Daniel coincidió directamente con el propósito y el tiempo de Dios. Cuando caminamos al compás del Espíritu Santo, él nos dirige a orar por cosas que Dios ya ha preparado para nosotros.

En segundo lugar, Daniel era "muy amado" (Daniel 9:23). Como vimos al final del capítulo anterior, es una bendición increíble ser amado por Dios y que él nos conozca por nuestro nombre. La palabra utilizada aquí para "amado" es especial. Otra forma de traducir el hebreo, תֹּדוּמֲה (*chamudot*), es "amado por el pueblo y por Dios". Daniel era muy amado porque era uno de los hijos de Dios. Más allá de eso, era estimado en gran manera por Dios debido a su vida de fidelidad al servicio del Señor. Eso es lo que importa en la vida. No siempre los profetas fueron amados por el pueblo. Jesús dijo de la ciudad santa: "¡Jerusalén, Jerusalén, que matas a los profetas, y apedreas a los que te son enviados!" (Mateo 23:37). Pero no debemos vivir por la alabanza de los demás. A menudo, he dicho que servimos a una audiencia unilateral. Mientras Dios esté complacido con nuestras vidas, entonces lo estamos haciendo bien. Es esa clase de vida por la que Daniel fue elogiado. ¡Qué objetivo al que aspirar! Todos somos amados a pesar de lo que somos y de lo que hemos hecho, simplemente por la profundidad de la gracia y la misericordia del Padre. Pero cuán asombroso es cuando también podemos ser amados por lo que somos, y valorados y reverenciados por lo que hemos hecho. ¡Qué maravilloso es cuando podemos demostrar tangiblemente a través de nuestro sacrificio y servicio nuestro amor apasionado por Dios, que se originó en su amor por nosotros!

La tercera razón por la que el Señor respondió de inmediato fue porque tenía un plan de comunicación. Quería que Daniel comprendiera su calendario para que luego pudiera transmitirlo a sus lectores. Nosotros estamos entre los beneficiarios de este propósito divino.

Setenta semanas están determinadas

Gabriel comenzó su mensaje a Daniel diciendo: "Setenta semanas están determinadas sobre tu pueblo y sobre tu santa ciudad" (Daniel 9:24). De inmediato, notamos dos cambios de enfoque. El primero es una diferencia en el marco temporal. En lugar de setenta años, Gabriel se refiere ahora a setenta semanas. En segundo lugar, en vez de mirar a Babilonia, Medopersia, Grecia y Roma, este mensaje es para Jerusalén. El futuro de Jerusalén y del pueblo de Israel se determinará dentro de una ventana de setenta semanas.

Pero ¿estaba el ángel realmente diciendo que toda la historia judía se resolvería en los próximos quince meses? Para mayor claridad, tenemos que volver al idioma original. La palabra hebrea traducida como "semanas" significa literalmente "sietes". Así que lo que Gabriel le dijo a Daniel fue que "setenta sietes están determinados sobre tu pueblo". Así, las opciones que tenemos son tratar las partes componentes de estos "sietes" como días o como años. ¿Se refiere Gabriel a una semana literal o es una "semana de años"?

Siete años es un período común en la tradición judía. Si recuerdas, el tiempo de reposo para la tierra se dividía en incrementos de siete años. En el libro del Levítico, los judíos debían contar siete años de reposo de la tierra o siete veces siete años, lo que equivalía a cuarenta y nueve. Al año siguiente, "proclamarán libertad en la tierra para todos sus habitantes. Será de jubileo para ustedes, y cada uno de ustedes volverá a su posesión, y cada uno de ustedes volverá a su familia" (Levítico 25:10 NBLA). Los esclavos serían liberados, y el pueblo tendría un año de descanso para la tierra.

Dentro del contexto de nuestro pasaje aquí en Daniel 9, solo una interpretación anual de "sietes" o "semanas" tiene sentido lógico, en particular cuando miramos en retrospectiva a través de la lente de la historia. Por lo tanto, el período de tiempo al que Gabriel se refiere como "setenta semanas" es setenta veces siete años, o cuatrocientos noventa años. Ese número debería estar haciendo sonar tus campanas de reconocimiento del capítulo anterior. Si volvemos atrás, ese fue el número de años que los judíos ignoraron el mandato de Dios sobre el tiempo de reposo de la tierra. Si miramos hacia adelante, éste fue también el número de años que Dios había determinado para llevar a su pueblo elegido al punto en el que, un hombre, mujer y niño, reconocerían al Mesías y recibirían el don gratuito de la salvación a través de la muerte y resurrección de Jesús.

A medida que avanzamos en el mensaje de Gabriel, vemos que hay cuatro divisiones dentro de las setenta semanas. Daniel 9:25 nos dice que "habrá siete semanas, y sesenta y dos semanas". Luego, en el versículo 27, leemos de "otra semana" y "la mitad de la semana". Por lo tanto, los marcos de tiempo con los que estamos trabajando son las primeras siete semanas (cuarenta y nueve años) y las próximas sesenta y dos semanas (434 años). Esto es lo que nos dio nuestra cuenta regresiva de Año Nuevo de 483. Otros dos periodos son importantes en el mensaje de Gabriel: la última semana (siete años) y la mitad de la última semana (3,5 años). Esos números serán esenciales cuando tratemos de comprender la profecía que el mensajero está revelando a Daniel.

Pero antes de que el mensajero de Dios se adentrara demasiado en lo que ocurrirá durante ese período, nos dijo por qué todo esto es importante. ¿Alguna vez te has visto atrapado en el extremo receptor de una diatriba aparentemente interminable? Mientras la persona no para de hablar, es posible que hayas pensado: *¡Ve al grano!* No hay posibilidad de que nos sintamos así con el mensaje de Gabriel.

Él nos da amablemente el punto antes de comenzar. Con una declaración de propósitos séxtuple, comienza cada nuevo objetivo con la palabra "para":

> Setenta semanas han sido decretadas sobre tu pueblo y sobre tu santa ciudad, para poner fin a la transgresión, para terminar con el pecado, para expiar la iniquidad, para traer justicia eterna, para sellar la visión y la profecía, y para ungir el lugar santísimo. (Versículo 24 NBLA)

Cada uno de estos objetivos es activo y tiene un propósito. Hay un sentido de finalidad cuando dice que son "para poner fin", "para terminar" y "para sellar". Al leer esta lista, también se hace evidente que no se trata de objetivos humanos. Gabriel no le está dando a Daniel una lista de cosas por hacer; estas son misiones que solo Dios puede cumplir.

Cuando estudiamos estas declaraciones de propósitos, se hace evidente otra revelación muy emocionante. Estas semanas conducen a dos acontecimientos increíbles. Las primeras declaraciones apuntan a un tiempo en que el Mesías vendrá a poner fin a las ramificaciones eternamente destructivas del pecado. Luego, en las últimas tres, vemos el regreso del Mesías para marcar el inicio de su reino.

El triple propósito de la primera venida de Jesús

El primer propósito: poner fin a la transgresión

Cada uno de estos tres primeros pasos trata del pecado, y en cada uno, Gabriel utiliza una palabra hebrea diferente para describir la ofensa. En esta primera declaración, utiliza la palabra עֶשַׁפ (*pesha*), que significa "romper con". Cuando Israel transgredía, no lo hacía por ignorancia. Sabían lo que era correcto, pero decidieron a propósito "romper" con los preceptos y principios de Dios. El salmista habla de gobernantes que decidieron conscientemente ir "contra Jehová y contra su ungido, diciendo: Rompamos sus ligaduras, y echemos de nosotros sus cuerdas" (Salmos 2:2-3). Esas son palabras que expresan abiertamente una rebelión más que un pecado accidental.

¿No es esta la actitud de tantos hoy en día que dicen que la Biblia ata o restringe su libertad para disfrutar de los placeres de la vida? Esto es cierto incluso en la iglesia, donde las denominaciones y los cristianos diluyen el código moral de las Escrituras. Lo que antes se consideraba pecado ahora se acepta como una elección personal. El cristianismo progresista se considera a sí mismo iluminado, ya que sus seguidores se centran en el amor de Dios, relegando al pasado todas las "normas opresivas" de la interpretación histórica de la Biblia.

Si solo se tratara de eliminar tradiciones eclesiásticas vacías, los aplaudiría. Demasiado legalismo farisaico ha infectado a la iglesia a lo largo de los años y ha sofocado la gracia, la misericordia y el amor que deberían ser los sellos distintivos de cómo tratamos al mundo pecador. El punto donde me separo de estos cristianos excesivamente tolerantes es cuando empiezan a suavizar lo que se debe y no se debe hacer, que está claramente especificado en las Escrituras. Alegando motivos justos, exigen que se acepten y celebren las opciones de estilo de vida de todas las personas. ¿Cómo puede la gente entender el verdadero amor de Dios si su pueblo los considera pecadores? La moral de las Escrituras, sostienen, crea una barrera innecesaria y anticristiana que bloquea el camino hacia Dios.

Pero un camino sin obstáculos que evite los absolutos bíblicos de santidad no conduce a Dios; al menos, no al verdadero. Por el contrario, crea un dios progresista de fabricación propia, un hermoso ídolo moldeado a imagen de la cultura y no de las palabras de la Biblia. Como dijo Pablo en Romanos 1:22: "Profesando ser sabios, se hicieron necios", y están llevando a demasiadas personas a un falso sentido de seguridad espiritual basado en su necedad.

El mensaje que trajo Gabriel pondría fin a la inclinación de Israel a romper el pacto con Dios. Al pueblo le había llevado setenta años pagar por sus transgresiones. Pero ahora la pizarra estaba limpia. La tierra tuvo sus tiempos de reposo. Era hora de que los judíos regresaran a su hogar, pero esta vez, con el compromiso de cumplir la ley de Dios.

El segundo propósito: terminar con el pecado

La segunda palabra que el mensajero utiliza para pecado es תֵּאטֵּה (*chatat*). Significa "errar el blanco, ofender". Tiene el mismo sentido que cuando Pablo escribió: "Por cuanto todos pecaron, y están destituidos de la gloria de Dios" (Romanos 3:23). Gabriel le dijo a Daniel que Dios estaba a punto de poner fin a la continua desobediencia de sus estatutos.

No tuvieron que pasar muchas generaciones después del llamamiento de Abram para que el pueblo de Israel dejara de estar a la altura de lo que Dios esperaba de ellos. Se había propuesto que fueran una luz para los gentiles. En cambio, prefirieron las tinieblas de las naciones vecinas.

¿Cómo iba a terminar con el pecado en Israel? Daniel no habría tenido ni idea de cómo responder a esa pregunta. Pero Gabriel dejó claro que ocurriría dentro de esas setenta semanas de años. Si solo Daniel hubiera tenido la ventaja de leer el Nuevo Testamento, los detalles sobre el cumplimiento de esta promesa le habrían quedado claros. Citando las palabras de Isaías, el apóstol Pablo les dio un nuevo enfoque cuando escribió:

> Porque no quiero, hermanos, que ignoréis este misterio, para que no seáis arrogantes en cuanto a vosotros mismos: que ha acontecido a Israel endurecimiento en parte, hasta que haya entrado la plenitud de los gentiles; y luego todo Israel será salvo, como está escrito:
> Vendrá de Sion el Libertador,
> Que apartará de Jacob la impiedad.
> Y este será mi pacto con ellos,
> Cuando yo quite sus pecados.
> (Romanos 11:25-27)

Se acercaba el día en que no solo se expiarían o cubrirían los pecados de Israel, sino que se quitarían. Toda la rebelión, la adoración de ídolos y la inmoralidad serían perdonadas, eliminadas y desechadas "cuanto está lejos el oriente del occidente" (Salmos 103:12).

El Hijo del Hombre que Daniel vio descender en las nubes hacia el Anciano de días proporcionaría el camino para esta reconciliación total mediante el sacrificio de sí mismo en la cruz. Esto estaba todavía mucho más allá del tiempo de Daniel, pero el acontecimiento encajaría perfectamente en el esquema profético de las setenta semanas.

El tercer propósito: expiar la iniquidad

La palabra que la versión JBS (Biblia del Jubileo) traduce como "reconciliar" en Daniel 9:24 se entiende mejor como "expiar". Gabriel continuó diciendo que dentro de estas setenta semanas se encontraría la expiación, o cobertura, de la iniquidad. La palabra hebrea usada para pecado en esta frase es עָוֹן (*avon*), y significa "torcer o doblar". Esta es una palabra perfecta para aplicarla a los judíos de la época de Daniel, porque habían estado viviendo un estilo de vida torcido durante generaciones.

Cuando los profetas proclamaban las palabras de Dios, el pueblo "torcía" sus declaraciones para adaptarlas a su estilo de vida personal. Incluso los eruditos religiosos de su tiempo torcieron la ley para eliminar los conceptos de misericordia y gracia, dejando solo la crítica y el juicio. Sin embargo, pronto llegaría el momento en que se dispondría un sacrificio único por el pecado. Este acto de Jesús en la cruz sería la expiación definitiva, abriendo la puerta a la reconciliación de Israel con aquel que les había dado tanto, pero había recibido tan poco a cambio.

Esta expiación perfecta y completa afectaría no solo a Israel, sino al mundo entero. Mientras que Daniel tuvo que mirar hacia delante, nosotros tenemos que mirar dos mil años hacia atrás. El Cordero de Dios que quita el pecado del mundo pagó el último sacrificio, poniendo fin al poder del pecado en las vidas de aquellos que lo reciben como su Salvador y Señor.

Al pasar a los tres propósitos siguientes que se encuentran en las semanas, nos daremos cuenta rápidamente de que el cumplimiento de esta promesa del "fin del pecado" no llegará para los judíos hasta un tiempo aún futuro del nuestro. Ellos verán su cumplimiento cuando el Cordero sacrificial regrese como el León de Judá y el gran Rey guerrero de todos los reyes.

El triple propósito de la segunda venida de Jesús

El primer propósito: traer la justicia eterna

Justicia eterna. ¿En qué lugar de este globo giratorio se puede encontrar eso? Hay destellos aquí y allá de actos justos. Uno podría incluso encontrar grandes ejemplos brillantes de personas justas. Billy Graham fue un hombre que diariamente sirvió a su Señor. Los testimonios de cientos de miles de creyentes cuentan haber pasado al frente en una de las cruzadas de Graham para recibir a Jesús como su Señor y Salvador. Pero si hablaras con la hija de Billy, Anne Graham Lotz, probablemente escucharías de ella que su padre era un gran hombre, un hombre piadoso, un hombre conforme al corazón del Señor. Sin embargo, no te diría que era un hombre perfecto. Y eso no es una crítica a Billy Graham. Él te habría dicho lo mismo. No hay justicia en la creación de Dios que pueda considerarse eterna. Solo la justicia de Dios puede estar a la altura de esa descripción.

Pero hoy en día, en todo el mundo, las personas están tratando de parecer justas ante Dios y el hombre. Siguen los ritos, hacen las oraciones, repasan la lista de comprobación de lo que es la piedad y se aseguran de marcar cada casilla dos veces. Pero muchas de estas personas solo expresan una forma de piedad mientras niegan su poder. Así como Jesús acusó a los fariseos de vaciedad espiritual, estos seguidores de la religión que quieren llamar la atención son "semejantes a sepulcros blanqueados, que por fuera, a la verdad, se muestran hermosos, mas por dentro están llenos de huesos de muertos y de toda inmundicia. Así también vosotros por fuera, a la verdad, os mostráis justos a los hombres, pero por dentro estáis llenos de hipocresía e iniquidad" (Mateo 23:27-28).

Hoy en día, en Israel, todavía se puede encontrar una cultura de religiosidad egocentrista vacía. Lo que Jesús dijo en el siglo I sigue siendo cierto hoy. "Antes, hacen todas sus obras para ser vistos por los hombres. Pues ensanchan sus filacterias, y extienden los flecos de

sus mántos; y aman los primeros asientos en las cenas, y las primeras sillas en las sinagogas, y las salutaciones en las plazas, y que los
hombres los llamen: Rabí, Rabí" (Mateo 23:5-7). Pero lo que Dios
le dijo a Daniel a través de Gabriel es que, dentro del período de las
setenta semanas, el pueblo de Israel se apartaría de su religiosidad y
de sus indulgencias pecaminosas. En su lugar, desearían una verdadera justicia que es eterna, y la recibirán.

   ¿Cuándo llegará al mundo esta justicia eterna? El día en que aquel
que es eternamente justo, desde la eternidad pasada hasta la eternidad futura, regrese a esta tierra. Es entonces cuando toda la humanidad finalmente lo verá por lo que él es. Y en ese momento los
judíos reconocerán y llorarán por aquel "a quien traspasaron" (Zacarías 12:10). Cuando Jesús el Mesías regrese, trayendo justicia a la
tierra, se cumplirá la gran declaración profética de Jeremías:

> He aquí que vienen días, dice Jehová, en que levantaré
> a David renuevo justo, y reinará como Rey, el cual será
> dichoso, y hará juicio y justicia en la tierra. En sus días
> será salvo Judá, e Israel habitará confiado; y este será su
> nombre con el cual le llamarán:
> JEHOVÁ, JUSTICIA NUESTRA. (Jeremías 23:5-6)

El segundo propósito: sellar la visión y la profecía

   Una vez que la nación de Israel reconozca a Jesús como el Mesías,
no habrá más necesidad de visión ni de profecía. Al final, la nación
escogida por el Señor cumplirá perfectamente su papel de reflejar el
carácter de Dios. Su amor, misericordia, gracia, perdón, clemencia,
justicia y fidelidad se expresarán en la realidad de una nación rebel-
de, pero de una vez por todas reconciliada con su Creador.

   ¿Sellar la visión y la profecía significa que no hay más profecías
que deban cumplirse? Por supuesto que no. Todavía habrá un reino
milenario que disfrutar, en el que Jesús el Mesías gobernará desde
un trono en Jerusalén. El diablo aún tendrá que ser liberado de su
encierro de mil años para engañar a las naciones y hacer que se rebe-
len contra el Rey de reyes. Debe tener lugar la batalla final, a la cual

le seguirá el juicio ante el gran trono blanco. Una vez que toda la humanidad haya sido debidamente separada entre los que tienen sus nombres en el libro de la vida y los que no están incluidos, Dios desencadenará una demolición de los cielos y la tierra actuales para dar paso al nuevo modelo que estará libre de toda mancha pecaminosa.

Aquí se sella la necesidad de cualquier nueva profecía. Todo lo que está por venir ya ha sido predicho. Y, en el reino milenario, cualquier pregunta que necesite respuesta puede elevarse directamente al Señor, que estará gobernando en Jerusalén. Profetas, sacerdotes y mediadores de cualquier tipo serán relegados a la fila de desempleados.

El tercer propósito: ungir el lugar santísimo

Aunque esto podría referirse a Jesús mismo, la frase "el lugar santísimo" no se usa típicamente para referirse a una persona, sino que lo más probable es que se refiera al cuarto templo.

"¡Espera un momento, Amir! Ni siquiera tenemos un tercer templo construido todavía, ¿y ya estás hablando de un cuarto?". Así es, y déjame explicarte por qué. El templo es un lugar que representa la presencia de Dios con su pueblo. No es su hogar. No hay poderes mágicos escondidos dentro de la estructura. Es simplemente el lugar que Dios designa como centro de culto para asegurarse de que todos se mantengan en el camino religioso recto y estrecho.

Esto fue esencial en el mundo monoteísta de Israel después de que el pueblo entrara en la tierra prometida. En aquella época, el tabernáculo representaba la presencia de Dios con la humanidad. Si en vez de un lugar principal de adoración hubieran tenido cincuenta y siete de ellos esparcidos por todo el país, hubieran sido cincuenta y siete lugares donde la teología y la adoración podían equivocarse. Sobre todo en aquellos tiempos anteriores a los teléfonos, internet y la facilidad de transporte. Así que Dios hizo que Salomón construyera el primer templo como centro de culto. Cumplió su función hasta que la gente olvidó para qué servía el templo y empezó a utilizarlo para adorar ídolos. Por eso, Daniel y sus compañeros acabaron en Babilonia y el primer templo fue destruido.

Después del exilio, cuando el pueblo regresó a la tierra bajo el dominio persa, construyeron un segundo templo. Esta vez, estaban decididos a hacerlo bien. Nada de dioses extranjeros, nada de ídolos: era la casa de Dios y así seguiría siendo. En un principio, el segundo templo era pequeño y sencillo comparado con el tamaño y la ostentación del original, pero cuando llegó el rey Herodes el Grande, lo adornó bastante.

Por desgracia, en la época de las reformas de Herodes, el pueblo había olvidado una vez más que el templo debía ser un lugar de verdadero culto sacrificial a Dios. En cambio, se había convertido en un centro de reglas, tradiciones y comercio. Esta fue la razón de la justa indignación de Jesús cuando volcó las mesas de los cambistas y los vendedores, diciendo: "Escrito está: Mi casa, casa de oración será llamada; mas vosotros la habéis hecho cueva de ladrones" (Mateo 21:13). Como el pueblo había quitado al verdadero Dios del templo, Dios quitó el templo del pueblo. Fue destruido en el año 70 d. C. por los romanos.

Como vimos en un capítulo anterior, en medio de la tribulación de siete años, el anticristo profanará el templo. No soy un gran lógico, pero me parece que para que el anticristo profane el templo, tiene que haber un templo para profanar. ¡Hola! No es un concepto difícil. Ese es el tercer templo, el templo de la tribulación. ¿Por qué los judíos, que son conocidos por no dar lealtad a nadie que no sea judío, iban a comprometerse con alguien europeo? Déjenme decirles: el primer hombre que se ofrezca a llegar a un acuerdo para volver a establecer un templo en el monte del templo podría postularse como rey del mundo y conseguir fácilmente el voto judío.

¿Es este templo el "lugar santísimo" del que Gabriel habló a Daniel? Es todo menos eso. Durará solo hasta el final de la tribulación, cuando un terremoto demolerá gran parte de Jerusalén, incluido este templo.

Pero para entonces el Mesías habrá llegado, regresando al Monte de los Olivos con su iglesia a cuestas. Y, una vez más, estamos hablando de un regreso literal del Jesús físico parado sobre sus pies reales en el genuino Monte de los Olivos. Este no es un evento alegórico. Este es un evento real que todos verán con sus ojos mientras el sentimiento de la inminente perdición llena el pecho de los enemigos de Jesús. Jesús derrotará a las fuerzas que originalmente se reunieron en el valle de Armagedón y marcharon hacia Jerusalén. El anticristo y el falso profeta serán arrojados al lago de fuego, y Satanás será encerrado en el abismo. Este será el momento en que nos estableceremos durante mil años. Ezequiel tuvo una visión de esta era milenaria venidera, durante la cual fue elevado a lo alto de una montaña. Debajo de él podía ver una enorme ciudad que se extendía por millas y millas. Dentro de esa ciudad había un enorme templo.

Un hombre se le acercó estando en la montaña y le dijo: "Hijo de hombre, mira con tus ojos, y oye con tus oídos, y pon tu corazón a todas las cosas que te muestro; porque para que yo te las mostrase has sido traído aquí. Cuenta todo lo que ves a la casa de Israel" (Ezequiel 40:4). El hombre llevaba consigo una vara de medir, con la que realizó una medición muy detallada de este cuarto templo. Este es "el lugar santísimo". Esta es la casa de Dios que será construida y ungida al final de las setenta semanas. Y es en este lugar santo donde las personas de todo el mundo se reunirán para adorar al Rey Salvador que está sentado en el trono en Jerusalén.

Recuerda esto mientras tratamos de reconstruir el orden de las setenta semanas. El templo milenario es el único que encaja en la categoría de "lugar santísimo". No se completará hasta después de los siete años (una semana) de la tribulación. Algo tiene que suceder que nos lleve del tiempo histórico de Daniel al tiempo futuro del milenio.

Ahora que entendemos el *porqué* de los setenta sietes, Gabriel está listo para explicar el *qué*. Hasta ahora, toda la profecía ha sido directa. Sin embargo, ahora el mensajero de Dios está a punto de llevar a Daniel y a nosotros a lugares muy inesperados.

SETENTA SEMANAS
CONTABILIZADAS

DANIEL 9:25-27

Hace unos meses, el primer ministro israelí, Benjamin Netanyahu, fue entrevistado en uno de los principales canales de noticias. Se desenvolvió muy bien, a pesar de que, evidentemente, el hombre que le hacía las preguntas no era su admirador. Una vez concluido el segmento, la escena se trasladó al estudio, donde un panel esperaba al entrevistador. Mientras hablaban de los problemas de la región y de la relación entre israelíes y palestinos, me di cuenta de que era sorprendentemente limitada su comprensión de los factores geopolíticos que afectan a Oriente Medio. Esto se debía a que parecían no comprender el aspecto espiritual de la región. Trataban a Israel y a las naciones circundantes como lo harían con cualquier otro lugar del planeta.

Pero Israel y Oriente Medio no son como cualquier otra región del mundo. Para entender realmente los entresijos, es necesario profundizar. Debido a que leemos la Biblia, se nos permite esa visión más profunda. Se nos da acceso para asomarnos detrás de la cortina a ver lo que otros no pueden ver ni entender, lo que otros están incapacitados para comprender. Dios ha elegido la nación de Israel, y la ciudad de Jerusalén en particular, como el centro de todo lo que Él ha planeado para el resto de la existencia de este mundo. Esto no sorprende a nadie que estudie la Palabra de Dios. Jerusalén ha sido el centro de la atención de Dios desde que entregó la ciudad a los judíos en tiempos del rey David.

En este punto, Gabriel estaba a punto de abrir los ojos de Daniel a los planes de Dios para Israel, comenzando con las primeras siete semanas:

> Sabe, pues, y entiende, que desde la salida de la orden para restaurar y edificar a Jerusalén hasta el Mesías Príncipe, habrá siete semanas. (Daniel 9:25)

Identificadas las primeras siete semanas de años

A diferencia de las fechas, como la del rapto, que se mantienen fuera de nuestro alcance, el comienzo de las primeras siete semanas de años es un momento que podemos precisar con exactitud. En el momento de la respuesta de Gabriel a la oración de Daniel, Jerusalén era un desastre. El templo fue destruido, las murallas derribadas y la ciudad arrasada. La otrora hermosa creación de David y Salomón, admirada y visitada por dignatarios que venían de lejos, era ahora un montón de ruinas.

Si recuerdas las palabras de Dios a los exiliados por medio de Jeremías, él prometió: "Cuando en Babilonia se cumplan los setenta años, yo os visitaré, y despertaré sobre vosotros mi buena palabra, para haceros volver a este lugar" (Jeremías 29:10). Algunos de los judíos más ancianos habían estado en Babilonia durante las siete décadas completas. Se habían tomado en serio el mandato de Dios, dado a través de Ezequiel, de hacer sus vidas allí. Y ahora que Darío se había deshecho de los últimos vestigios del desmoronado Imperio babilónico, sus perspectivas mejoraban aún más. Para estos exiliados, ahora establecidos, la idea de dejar atrás sus vidas asentadas para volver a un montón de escombros habría sido difícil de vender.

Esto no cambió mucho incluso después de que comenzara la reconstrucción de Jerusalén. Años más tarde, Esdras reunió a un grupo voluntario de exiliados con el fin de emprender el difícil regreso, y sucedió que "habiendo buscado entre el pueblo y entre los sacerdotes, no [halló] allí de los hijos de Leví" (Esdras 8:15). Uno pensaría que, entre todos los judíos que querrían regresar a Jerusalén y al templo, tendrían que estar los levitas, quienes tenían la responsabilidad del culto a Dios. Esdras se vio obligado a enviar una delegación especial que convenciera a algunos de la clase sacerdotal a dejar lo que tenían en el exilio y emigrar de vuelta a casa.

Pero los exiliados que añoraban su tierra estaban dispuestos a regresar, a pesar de que Jerusalén estaba en ruinas. Solo necesitaban el visto bueno.

Y lo obtuvieron.

"¡Perfecto, Amir! Ahora solo tenemos que buscar la primera vez que un rey les ordenó volver a casa y reconstruir Jerusalén, y con eso tendremos el momento del mensaje de Gabriel". ¡Tienes toda la razón! Solo que no es tan fácil como piensas. Hubo cinco decretos emitidos en relación con el regreso de los exiliados y la restauración de Jerusalén. Cada uno ha sido identificado por un erudito u otro como aquel al que Gabriel se refería. Pero para que el momento sea el adecuado, solo puede haber un decreto correcto. Afortunadamente, Gabriel fue muy específico acerca de esta orden. La orden debe ser para la restauración y construcción de Jerusalén.

He aquí nuestras opciones: primero, el rey Ciro de Persia emitió un decreto en 538 a. C. En él escribió: "Jehová el Dios de los cielos me ha dado todos los reinos de la tierra, y me ha mandado que le edifique casa en Jerusalén, que está en Judá" (Esdras 1:2). Esto parece prometedor, hasta que vemos lo que quiere construir. Envía a los judíos a construir una casa para Dios: un templo. Un templo no es una ciudad. Táchalo de nuestra lista.

Segundo, el rey Artajerjes I promulgó un decreto relacionado con la reconstrucción de Jerusalén, que en un principio parece prometedor. Los exiliados retornados se enfrentaban a la oposición del pueblo de las provincias circundantes con respecto a la restauración del templo. Estos antagonistas escribieron mentiras al rey, quien creyó su engaño. Así que emitió un decreto en el que escribió: "Y por mí fue dada orden y buscaron; y hallaron que aquella ciudad de tiempo antiguo se levanta contra los reyes y se rebela, y se forma en ella sedición… Ahora, pues, dad orden que cesen aquellos hombres, y no sea esa ciudad reedificada hasta que por mí sea dada nueva orden" (Esdras 4:19, 21). Así que sí, se trata de la reconstrucción de la ciudad. Pero es lo contrario de lo que queremos. Este decreto *detuvo* la reconstrucción de la ciudad, en lugar de *iniciarla*.

Tercero, a instancias de los profetas Hageo y Zacarías, los exiliados que regresaron bajo el mando de Zorobabel y Jesúa desafiaron a los monarcas persas y reanudaron la construcción del templo. Esto ocurrió alrededor del año 520 a. C. Los gobernantes de los alrededores tuvieron un ataque cuando vieron comenzar la construcción. De inmediato, escribieron al rey, que ahora era Darío I. El rey Darío hizo que su equipo investigara, y encontraron el decreto original de Ciro de casi dos décadas atrás. En lugar de respaldar a los malos, apoyaba plenamente las actividades de los judíos. El rey escribió entonces a los gobernadores, diciéndoles: "Dejad que se haga la obra de esa casa de Dios; que el gobernador de los judíos y sus ancianos reedifiquen esa casa de Dios en su lugar" (Esdras 6:7). Luego, para colmo de males, ordenó que proporcionaran a los judíos todo lo que necesitaran para la construcción y para sus sacrificios. Es una hermosa historia en la que los que se oponen al pueblo de Dios reciben su merecido. Pero no es el decreto que buscamos. Una vez más, está dirigido al templo.

Cuarto, al llegar el año 458 a. C., el templo reconstruido llevaba en funcionamiento más de cinco décadas. Eso significa que este próximo decreto no podría ser sobre el templo de nuevo, ¿verdad? Error. Esdras estaba a punto de dirigir un contingente de personas a Jerusalén. El rey Artajerjes estaba convencido del gran poder del Dios judío, así que quería asegurarse de que estuviera contento con él. ¡Qué mejor manera de hacer feliz a un dios que darle un montón de cosas! Así que envió a Esdras con oro y plata y toda clase de regalos, sobre los cuales dijo: "te son entregados para el servicio de la casa de tu Dios, los restituirás delante de Dios en Jerusalén. Y todo lo que se requiere para la casa de tu Dios, que te sea necesario dar, lo darás de la casa de los tesoros del rey" (Esdras 7:19-20). Qué asombroso es el Dios al que servimos, que, como dijo Esdras, "puso tal cosa en el corazón del rey" (Esdras 7:27). Lamentablemente, para nuestros propósitos, este decreto todavía se refería al templo.

Pero no temas; aún nos queda una quinta opción. Al paso de unos trece años, encontramos a Nehemías, que era copero del rey Artajerjes. Nehemías tenía un hermano llamado Hanani, que vivía en Jerusalén. Cuando su hermano regresó a la capital persa de Susa, Nehemías preguntó por Jerusalén. Hanani dio un informe muy negativo, diciendo: "El remanente, los que quedaron de la cautividad, allí en la provincia, están en gran mal y afrenta, y el muro de Jerusalén derribado, y sus puertas quemadas a fuego" (Nehemías 1:3). Esto quebrantó el corazón de Nehemías.

La siguiente vez que Nehemías se presentó ante el rey, Artajerjes notó su aflicción. Preguntó a su siervo predilecto cuál era el problema y, tras una rápida oración, Nehemías respondió: "Si le place al rey, y tu siervo ha hallado gracia delante de ti, envíame a Judá, a la ciudad de los sepulcros de mis padres, y la reedificaré" (Nehemías 2:5). Y ahí lo tienes. No quería ir a reconstruir o reabastecer el templo. Su deseo era reconstruir y restaurar Jerusalén. Me causa gracia que el decreto que buscábamos sea el único mandato que no está escrito en el texto, sino que solo se alude a él.

En el año 444 a. C., el rey Artajerjes concedió a Nehemías permiso para abandonar su cargo en la corte y le encargó que reconstruyera la ciudad de Jerusalén y sus murallas. Era hora de que el reloj empezara a correr. Nehemías llevó un equipo a Jerusalén, organizó a los funcionarios de la ciudad para realizar el trabajo y reconstruyó milagrosamente la muralla de la ciudad en solo cincuenta y dos días.

"¡Espera, Amir! Cincuenta y dos días no son cuarenta y nueve años. ¿Qué hay de las primeras siete semanas de las que habla Gabriel?". Me alegra que lo recuerdes. El muro era la prioridad porque daba protección contra las fuerzas externas. También dio legitimidad a Jerusalén como una entidad real. Ninguna ciudad que se preciara de serlo carecía de una muralla en aquella época. Pero entonces comenzó el trabajo duro. Recuerda que Jerusalén era una metrópoli cuando Nabucodonosor entró y la arrasó. Había mucho que limpiar y reconstruir. No había excavadoras ni camiones de recogida de escombros. Todo tuvo que ser derribado a martillazos y transportado a pie o en burro. La restauración y reconstrucción de la ciudad de Jerusalén comenzó en 444 a. C. y terminó en el año 395 a. C.[13]. Es decir, cuarenta y nueve años, o siete series de siete.

Identificadas las siguientes sesenta y dos semanas de años

Como muchos de ustedes habrán notado antes, acorté el pronunciamiento de Gabriel sobre las semanas en Daniel 9:25. La cita completa dice así:

> Sabe, pues, y entiende, que desde la salida de la orden para restaurar y edificar a Jerusalén hasta el Mesías Príncipe, habrá siete semanas, y sesenta y dos semanas; se volverá a edificar la plaza y el muro en tiempos angustiosos.

Hemos explicado las primeras siete semanas. Ahora tenemos que calcular las otras sesenta y dos. Para aquellos de ustedes que no son fanáticos de las matemáticas, quédense conmigo. En cuanto a números respecta, estos son bastante emocionantes. Una vez que resolvemos la ecuación, el resultado es asombroso: ¡Mesías Príncipe! En otras palabras, mirando hacia atrás desde nuestro punto de vista moderno, la suma de siete más sesenta y dos es igual a Jesús.

Comprobemos esto. Sumando 7 y 62 obtenemos 69. Luego multiplicamos 69 por 7 (el número de años en una "semana"). Déjame tomar mi lápiz y papel. Tenemos 3, luego me llevo el 6 y lo sumamos al 42. Ya está: 483 años. Así que si sumamos 483 años a nuestra fecha inicial de 444 a. C., cuando el rey Artajerjes encargó a Nehemías la reconstrucción de la ciudad, obtenemos 38 d. C.

"Espera, Amir. Para el año 38, Jesús ya se había ido de la tierra por más de media década. No me digas que tenemos que volver atrás y buscar otro decreto".

¡Relájate! No pasa nada. Tenemos el orden real correcto.

Todo se reduce al calendario. Si trazamos la fecha usando nuestro calendario gregoriano, que tiene 365 días por año, claro que vamos a sobrepasar el tiempo en que Jesús estuvo caminando por esta tierra. Pero los judíos no usaban el calendario gregoriano. Usaban el calendario lunar, que tiene solo 360 días por año. Puedes estar diciendo: "Bueno, Amir, pero eso es una diferencia de solo cinco días al año. Te has pasado seis años de la fecha prevista". Pero cuando lo multiplicas, compruebas que los días se convierten en años. Con el calendario gregoriano, la cuenta nos da 176 295 días. Y si lo convertimos en el calendario lunar, entonces nos da 173 880 días.

En este punto, tendremos que profundizar un poco en las matemáticas. Para ello, voy a traer a un amigo mío, sir Robert Anderson. Bueno, tal vez no exactamente un amigo, ya que ha estado muerto durante más de un siglo. Pero apuesto a que, si sir Robert viviera hoy, ambos disfrutaríamos de compartir un tazón de hummus.

Sir Robert Anderson fue el comisario adjunto del Departamento de Investigación Criminal de la Policía Metropolitana de Londres entre 1888 y 1901. Fue un prolífico escritor, oficial de inteligencia y teólogo. En 1894, Anderson escribió *El Príncipe que ha de venir*, en el que tan gentilmente elaboró nuestra ecuación matemática, e identificó el día en que se cumplieron las sesenta y nueve semanas como el 6 de abril del año 32 d. C. Fue este día "en que el Señor Jesús cabalgó a Jerusalén en cumplimiento de la profecía de Zacarías 9:9; cuando por primera y única vez en toda su peregrinación terrena fue aclamado como "Mesías, Príncipe, el Rey, el Hijo de David"[14].

Ahora, si eso no es digno de escalofríos, no sé qué es. Las palabras de Dios siempre se cumplen. A través de Gabriel, informó al mundo de cuándo llegaría el Rey Salvador cabalgando a Jerusalén. Casi medio milenio después, en el día preciso, ¡él hizo exactamente eso!

Se quitará la vida al Mesías

Gabriel no deja mucho tiempo para celebraciones. La buena noticia ha sido revelada. Ahora le toca revelar las malas noticias:

> Y después de las sesenta y dos semanas se quitará la vida al Mesías, mas no por sí; y el pueblo de un príncipe que ha de venir destruirá la ciudad y el santuario; y su fin será

con inundación, y hasta el fin de la guerra durarán las devastaciones. (Daniel 9:26)

Los judíos buscaban un gran Mesías guerrero. Esperaban un héroe como el que Juan describió más adelante en Apocalipsis 19. Este poderoso líder llegaría montado en un caballo blanco para derrotar a los opresores romanos. "De su boca sale una espada aguda, para herir con ella a las naciones, y él las regirá con vara de hierro; y él pisa el lagar del vino del furor y de la ira del Dios Todopoderoso" (Apocalipsis 19:15). Este era el hombre que querían. Bajo su autoridad, los judíos no solo podrían derrotar a Roma, sino que incluso podrían apoderarse del imperio.

Pero en lugar de Apocalipsis 19, recibieron Isaías 53. En lugar del poderoso guerrero, recibieron al siervo sufriente. No hubo un soldado en un corcel blanco. En cambio, vieron a un rabino montado en el pollino de un asno. Aun así, no se desanimaron, al menos no de inmediato. Tal vez era su forma de engañar a los romanos. Quizás tiraría de una cuerda, tomando desprevenidos a los opresores al quitarse la túnica para revelar la armadura y el armamento. Solo que, en lugar de tomar una espada, este rabino tomó las Escrituras. En vez de ir tras los gentiles, usó las palabras de Dios para rebanar y cortar a los fariseos, saduceos y maestros de la ley.

Luego, lo peor de todo, este maestro no afiliado, sin educación religiosa formalmente sancionada, y que de alguna manera se las había arreglado para escapar de la rural Nazaret, tuvo la audacia de hablar de ellos como si fuera alguien con autoridad. En una serie de siete brutales acusaciones, que podemos leer en Mateo 23:13-36, destrozó a los líderes religiosos, llamándoles hipócritas, guías ciegos y necios. Luego, poniéndose en la posición de Dios, dijo: "¡Jerusalén, Jerusalén, que matas a los profetas, y apedreas a los que te son enviados! ¡Cuántas veces quise juntar a tus hijos, como la gallina junta sus polluelos debajo de las alas, y no quisiste!" (Mateo 23:37).

No es de extrañar que la clase dirigente religiosa quisiera matar a Jesús. No tenían la perspicacia ni la capacidad para entender que, cuando él se ponía en la posición de Dios, simplemente estaba expresando la autoridad que le correspondía. A mediados de semana, no solo los líderes judíos se mostraban hostiles, sino que el pueblo se estaba desilusionando. Cuanto más escuchaban las enseñanzas de Jesús, menos parecía un guerrero. Según todas las apariencias, este fenómeno milagroso del norte de Israel resultaría ser pura palabrería y nada de acción.

Por fin, llegó el momento en que los líderes religiosos atacaron al supuesto Mesías. Las multitudes estaban más que listas para respaldar su jugada. Habían apostado todo por Jesús, y él los había defraudado. "Crucifíquenlo", gritaban los fariseos. "Crucifíquenlo", gritaban los saduceos. "Crucifíquenlo", gritaban los maestros de la ley. "Crucifíquenlo", asintió el pueblo. La palabra que Gabriel usó y que se tradujo como "quitar" significa "exterminar". Eso es lo que los judíos de aquel tiempo hicieron con su Mesías:

> Ciertamente llevó él nuestras enfermedades, y sufrió nuestros dolores; y nosotros le tuvimos por azotado, por herido de Dios y abatido. Mas él herido fue por nuestras rebeliones, molido por nuestros pecados; el castigo de nuestra paz fue sobre él, y por su llaga fuimos nosotros curados. Todos nosotros nos descarriamos como ovejas, cada cual se apartó por su camino; mas Jehová cargó en él el pecado de todos nosotros. (Isaías 53:4-6)

Jerusalén será destruida

El Mesías llegó. Luego el Mesías se fue. Gabriel continuó con una advertencia sobre lo que sucedería poco después del maltrato de Jerusalén al Elegido. Un "príncipe que ha de venir" traería a su ejército y destruiría tanto la ciudad de Jerusalén como el templo.

Menos de cuatro décadas después de que Jerusalén exterminara al Mesías, Dios exterminó Jerusalén. Tito, el hijo principesco del emperador romano Vespasiano, sitió Jerusalén. Cuatro meses después, su ejército abrió una brecha en las murallas, masacró al pueblo, arrasó gran parte de la ciudad y destruyó el segundo templo. Profecía dada, profecía cumplida.

La septuagésima semana de años

Algunas de mis palabras favoritas de las Escrituras parecen bastante comunes e inocuas. Pero cuando las vemos en su contexto, pueden ser trascendentales. Antes mencioné una de esas palabras: "pero". Por ejemplo: "Porque la paga del pecado es muerte, pero la dádiva de Dios es vida eterna en Cristo Jesús Señor nuestro" (Romanos 6:23 NBLA). Nuestro futuro es desesperanzador porque nuestro pecado nos ha valido la muerte. ¡Pero la dádiva de Dios! Todo cambia con esa pequeña conjunción. "Porque" nos da razones, "para que" nos conduce a un propósito y "por lo tanto" nos ofrece una aplicación.

Ahora llegamos a otra pequeña gran palabra. Gabriel dijo: "Después, el gobernante hará un pacto con mucha gente durante una semana" (Daniel 9:27 PDT). Hay mucho envuelto en el adverbio de tiempo "después". De hecho, hasta hoy, han pasado casi dos mil años de "después" comprendidos en esa pequeña palabra.

A menudo, es difícil precisar la cronología de la profecía bíblica. Sin duda, hay ocasiones en las que Dios lo deja claro, como cuando Gabriel le dijo a Daniel que el carnero sería Media y Persia, y el macho cabrío sería Grecia. Pero, a veces, mirar hacia delante, hacia el cumplimiento de la profecía, es como mirar una cordillera. El Dr. Rick, mi colaborador en este libro, vive cerca de Denver, al pie de las majestuosas Montañas Rocosas. Es un ávido fotógrafo y, a menudo, camina por las montañas para conseguir sus tomas. Ha habido muchas ocasiones en las que ha visto lo que parecen elevaciones o picos continuos. Pero al llegar a la cima del más cercano, se sorprende al descubrir que el segundo pico está en realidad a kilómetros de distancia.

Eso es lo que encontramos oculto en el "después" de Gabriel. Suponemos que la palabra se refiere a un periodo corto porque es el uso más común. Sin embargo, cuando miramos el contexto, rápidamente descubrimos que la siguiente cima está muy lejos. Esto es evidente cuando contenemos nuestro impulso de centrarnos en las palabras "una semana" y en su lugar consideramos la confirmación de la alianza. ¿Quién es "el gobernante" en las palabras de Gabriel, y cuál es el "pacto"? Esas palabras no encajan en absoluto en el contexto del año 70 d. C., ni en la destrucción de Jerusalén por Tito. De hecho, no hay ningún momento, ni siquiera durante el brutal reinado de Antíoco IV, en que encaje esta descripción. Por lo tanto, debemos aceptar que aún está por venir.

El gobernante confirma un pacto por siete años

¿Quién es el sujeto de este pasaje? Para entenderlo, veamos el texto completo del versículo:

> Y por otra semana confirmará el pacto con muchos; a la mitad de la semana hará cesar el sacrificio y la ofrenda. Después con la muchedumbre de las abominaciones vendrá el desolador, hasta que venga la consumación, y lo que está determinado se derrame sobre el desolador. (Versículo 27)

Recuerda: el contexto de las palabras de Gabriel es un mensaje para el pueblo judío. El hecho de que haya sacrificios nos dice dos cosas: primero, Jerusalén ha sido restablecida y está habitada por judíos. Segundo, como vimos antes, el templo ha sido reconstruido. Lo primero ha sido así durante algo más de setenta y cinco años, comenzando formalmente en 1948. Lo segundo aún no ha ocurrido. Debido a lo que ya hemos aprendido sobre las bestias y los templos, no es un gran salto reconocer que se está hablando del anticristo. Él hará un pacto con los judíos al comienzo de la tribulación que incluirá la reconstrucción del templo.

Cuando Daniel 9:27 habla de "pacto", llegamos a otra palabra sorprendente. La palabra que el profeta utiliza aquí es רִיּבְגֵה, *hegbir*, que significa "aumentar, realzar, amplificar". Si yo le pidiera a mi hijo que subiera el volumen de la televisión, utilizaría la palabra *hegbir*. Esto nos dice que no se trata de un pacto ordinario. No es solo una promesa de paz o un compromiso de normalización de las relaciones con otros países. Lo que el anticristo ofrecerá a Israel es algo mucho más grande. Estará tan revuelto que el pueblo judío no podrá evitar firmar en la línea de puntos. ¿Qué es lo que podría ser tan trascendental? Un templo.

Cuando la bestia allane el camino para el restablecimiento del templo, los judíos se unirán al resto del mundo para celebrarlo. Después de la increíble inestabilidad que seguirá a la misteriosa desaparición de todos los seguidores de Jesús en el rapto y un infructuoso ataque a Israel por parte de Rusia, Irán, Turquía y otros durante la guerra de Ezequiel 38, un hombre de paz que pueda traer estabilidad y unidad al mundo se ganará de inmediato la lealtad de la mayoría de las naciones.

El gobernante se erige como Dios en la última mitad de la semana

La paz y la armonía traídas por el anticristo solo durarán un tiempo: tres años y medio, para ser exactos. Gabriel advierte: "A la mitad de la semana hará cesar el sacrificio y la ofrenda" (versículo 27). El anticristo se cansará de jugar al juego kumbayá. Se promulgará su verdadera agenda. Satanás siempre ha querido la adoración de la humanidad. Ahora tiene su oportunidad al darle poder al anticristo para que el mundo lo adore a través de su representante. El anticristo estará de acuerdo con esto, creyendo que merece la adoración de la humanidad. La mayor parte del mundo se unirá a la adoración de este hombre, pero, como hemos visto antes, los judíos no pueden dejar de lado su monoteísmo. Como Antíoco IV antes que él, el anticristo desatará el terror sobre los judíos y profanará el templo convirtiéndolo en un lugar para adorarle. Los sacrificios y ofrendas a Dios cesarán, y la bestia colocará una imagen de sí mismo en el lugar santísimo para que lo adoren.

Como vimos en un capítulo anterior, el anticristo recibirá la ayuda del falso profeta, que insistirá en que todo el mundo adore a su amo. Este siervo de Satanás se asegurará de que se demuestre la lealtad al anticristo haciendo que todas las personas, "pequeños y grandes, ricos y pobres, libres y esclavos, se les pusiese una marca en la mano derecha, o en la frente; y que ninguno pudiese comprar ni vender, sino el que tuviese la marca o el nombre de la bestia, o el número de su nombre" (Apocalipsis 13:16-17). ¿Cuál es ese número? 666.

Jesús habló a sus discípulos de este tiempo violento, diciendo: "Por tanto, cuando veáis en el lugar santo la abominación desoladora de que habló el profeta Daniel (el que lee, entienda), entonces los que estén en Judea, huyan a los montes" (Mateo 24:15-16). Pablo dijo que la acción del anticristo será inesperada, tomando a la gente desprevenida. Escribió en advertencia: "Cuando digan: Paz y seguridad, entonces vendrá sobre ellos destrucción repentina, como los dolores a la mujer encinta, y no escaparán" (1 Tesalonicenses 5:3).

Alabado sea el Señor, porque aquellos que han entregado sus vidas a Jesús no estarán durante la locura de la tribulación. Recuerda, incluso mientras toda esta intriga política está teniendo lugar, los desastres naturales que Dios ha ordenado a través de sus juicios están acabando con cientos de millones de personas. Pero hay aún más que eso. En el reino espiritual, hay batallas que se libran. Y ahí es donde nos lleva la siguiente visión de Daniel.

Capítulo 10

LA GUERRA INVISIBLE

DANIEL 10

Un joven programador de computadoras trabaja en su cubículo. Su atención se ve atraída por alguien que entra en su espacio de trabajo. Es el hombre de FedEx que trae un sobre. El programador, Thomas Anderson, firma para recibir su paquete, lo abre y encuentra un teléfono. De inmediato, el aparato suena, sobresaltando a Anderson. Nervioso, contesta. Al otro lado, una voz que reconoce: "¿Morfeo?".

Este breve encuentro telefónico desencadena una serie de acontecimientos que acaban conduciendo al programador a la presencia del misterioso hombre de la llamada. Mientras hablan, Morfeo le ofrece a Anderson la posibilidad de elegir entre dos píldoras. Si el joven elige la píldora roja, todo lo que Morfeo llama la Matrix le será revelado. La píldora azul, sin embargo, borrará la memoria de Anderson, permitiéndole volver a su vida anterior, felizmente ignorante de la realidad. Anderson elige la píldora roja, que es el principio de su transformación en Neo, el héroe de ciencia ficción, y la forma en que Hollywood ha conseguido facturar más de tres mil millones de dólares en todo el mundo con las cuatro películas de la franquicia Matrix.

No pude evitar pensar en esta película mientras me acercaba a Daniel 10. En *Matrix*, las personas viven su vida con normalidad, ignorando felizmente que la realidad es mucho más de lo que parece. Creen que su vida cotidiana es solo un programa diseñado para mantenerlos distraídos mientras un sistema informático inteligente se alimenta de la humanidad como fuente de energía. En otras palabras, creen que conocen la realidad, pero hay mucho más en este mundo de lo que pueden captar sus cinco sentidos.

Esto no está lejos de la verdad. Aunque la Matrix no existe, hay todo un mundo a nuestro alrededor del que la mayoría de la gente es completamente inconsciente.

"Espera, Amir, ¿cómo puedes estar seguro de que no existe la Matrix? ¿Has tomado alguna vez la píldora roja?". No, no la he tomado, y basándome en tu pregunta, te recomendaría encarecidamente que cancelaras tu suscripción a Netflix porque no parece que te esté haciendo ningún favor. Y aunque no he tomado la píldora roja, sí he leído las letras rojas de las palabras de Jesús en mi Biblia. De hecho, también he leído todas las palabras en letras negras. Y lo que me dicen es que hay un mundo espiritual que nos rodea en el que las fuerzas angélicas y demoníacas están librando batallas. La Palabra de Dios también deja claro que lo que sucede en el reino espiritual a menudo puede tener grandes ramificaciones en nuestro mundo natural.

El enemigo y su ejército

¿Cómo se explica todo el caos del mundo? Si Dios creó todo perfecto, ¿por qué hay tanta ira, odio, decepción y miseria, y por qué todo parece empeorar continuamente? La gente puede culpar a una persona o a una cultura, a un gobierno o a un sistema jurídico. Pero hacerlo sería centrarse en el síntoma y no en la enfermedad. Hay una entidad en la creación que ha hecho todo lo posible para llevar a las naciones al pecado, destruir al pueblo de Israel y apartar a la humanidad de Dios. Es a quien Pablo llama "el dios de este siglo" (2 Corintios 4:4), y a quien Jesús se refiere como "mentiroso, y padre de mentira" (Juan 8:44).

Se le conoce con muchos nombres: Lucifer, Satanás, el diablo, el Enemigo y otros. Pero a pesar de ser "el dios de este siglo", no es ni omnisciente (no lo sabe todo), ni omnipresente (no está en todos lados a la vez), ni omnipotente (ni todopoderoso). Esas cualidades pertenecen únicamente al Dios de todos los tiempos, el único Dios verdadero. Pero eso no significa que debamos subestimar a Satanás. Es poderoso y astuto, y Judas comparó a los que se alzan arrogantemente contra Satanás y sus secuaces con "animales" irracionales (Judas 10). Sin embargo, nuestro enemigo es un ser creado. Como todo lo creado, es menos que su Creador. Es menos poderoso y menos sabio, y está sometido a aquel que lo formó y le dio la vida.

El diablo no está solo en su obra. Tiene un ejército de secuaces que, como él, han caído de su elevada posición como siervos del Todopoderoso. Y en su papel de lacayos del enemigo, están comprometidos a llevar a cabo sus impíos propósitos. Su objetivo es suprimir la verdad de Dios, intercambiar esa verdad por una mentira y negar todo lo que Dios dice que es mejor. Su blanco principal es la salvación que se encuentra en Jesús el Mesías. Buscan suprimir el conocimiento de la esperanza que Dios ofrece, para que el diablo pueda llevarse consigo a tantos como sea posible a la separación eterna del Señor. ¿Por qué haría eso? Porque sabe que Dios "quiere que todos los hombres sean salvos y vengan al conocimiento de la verdad" (1 Timoteo 2:4). A Dios le duele ver que su creación toma decisiones que tendrán consecuencias eternas negativas. Causar ese dolor es todo el poder que aún tiene el enemigo derrotado.

Es en esta intersección entre lo sobrenatural y lo natural donde tiene lugar la guerra espiritual. Satanás tiene a su horda espiritual influyendo constantemente en las decisiones y acciones del mundo natural, mientras que Dios permite que sus ángeles combatan esas acciones del lado del bien. Este es el campo de batalla al que Pablo se refirió cuando escribió:

> Vestíos de toda la armadura de Dios, para que podáis estar firmes contra las asechanzas del diablo. Porque no tenemos lucha contra sangre y carne, sino contra principados,

contra potestades, contra los gobernadores de las tinieblas
de este siglo, contra huestes espirituales de maldad en las
regiones celestes. Por tanto, tomad toda la armadura de
Dios, para que podáis resistir en el día malo, y habiendo
acabado todo, estar firmes. (Efesios 6:11-13)

Los lugares celestiales son aquellos dominios espirituales donde
continuamente las batallas entre las fuerzas del bien y del mal tienen lugar. Los efectos de esas escaramuzas influyen en los gobiernos,
las empresas, las plataformas de los medios sociales, los grupos religiosos, la prensa y en cada uno de nosotros. En su cuarta visión, que
comienza en el capítulo 10, Daniel se enfrenta al mundo más allá
del tacto, el gusto, el olfato, la vista y el oído. Luego, en los tres últimos capítulos de su libro, nos guía a través de lo que presenció en el
reino invisible de esta visión final.

El tiempo de la visión

Daniel comenzó situando su siguiente visión. Quería asegurarse de que sus lectores conocieran el momento del acontecimiento y
las extrañas circunstancias que condujeron a la revelación. Comenzó escribiendo: "En el año tercero de Ciro rey de Persia fue revelada
palabra a Daniel, llamado Beltsasar" (Daniel 10:1).

Era el año 536 a. C., y hacía menos de tres años que Ciro había
puesto fin al rey Belsasar y al debilitado Imperio babilónico. También, hacía apenas un par de años, el rey persa había emitido un
decreto por medio del cual anunciaba que Dios le había ordenado "construirle una casa en Jerusalén, que está en Judá" (2 Crónicas 36:23 NTV). Ese decreto incluía una invitación para que los
judíos en el exilio que quisieran regresar a Jerusalén se sintieran
libres de hacerlo.

Esto ocurrió en una época de transición y agitación para los
judíos. Habría un gran optimismo en el aire y, posiblemente, habría
también cierta división entre los que eligieron arriesgarlo todo volviendo a su diezmada capital y los que decidieron quedarse en la
tierra del exilio. Es probable que Daniel tuviera pocas opciones en

cuanto a qué hacer. Ya fuera por voluntad divina o por decreto real, el viejo profeta y sabio de la corte permaneció donde mejor podía servir a su Dios y a su rey.

El profeta es sacudido

Hemos llegado a un punto en el que me veo obligado a preguntarme qué estaban haciendo los traductores de las versiones en inglés King James y New King James. Soy un gran admirador de la NKJV, y la uso para todas mis enseñanzas, pero no estoy de acuerdo con sus decisiones en varios pasajes del libro de Daniel. La segunda parte del versículo 1 dice así:

> The message was true, but the appointed *time was long*; and he understood the message, and had understanding of the vision.

La traducción al español que más se parece a esta la encontramos en la Reina Valera Antigua (RVA):

"La palabra era verdadera, mas el tiempo fijado era largo: él empero comprendió la palabra, y tuvo inteligencia en la visión".

El problema en estas versiones es que la frase "el *tiempo fijado era largo*" no está en el texto hebreo. En su lugar, se encuentra la palabra hebrea אָבָצ (*tsava*), que significa "servicio militar o campaña militar". En consonancia, la RVR1960 traduce la frase así: "La palabra era verdadera, y el *conflicto grande*". La NVI lo expresa así: "Una revelación acerca de una *gran guerra*. El mensaje era verdadero". Ambas opciones comunican mucho mejor lo que el texto dice en realidad, tal como lo hacen también las traducciones al inglés ESV y NIV.

La revelación de un gran conflicto fue muy perturbadora. Sacudió al profeta hasta tal punto que entró en un período de duelo de tres semanas. "No comí manjar delicado, ni entró en mi boca carne ni vino, ni me ungí con ungüento, hasta que se cumplieron las tres semanas" (versículo 3). Debido a la fuente de la visión, Daniel no dudó de su veracidad. También comprendió que tenía que ver con muchas guerras. Lo que no sabía era su significado. ¿Quiénes eran los actores de este gran drama militar? ¿Cuándo tendría lugar? ¿Cómo encajan los judíos en esta visión?

Él se afligió. Oró. Esperó.

A su tiempo, Dios respondió.

La llegada del mensajero

Habían pasado tres semanas desde la visión. Tres semanas en las que Daniel esperaba que Dios apareciera. Pero después de veintiún días de expectación, el gran intérprete de los sueños de los demás no tenía *nothing* cuando se trataba de los suyos. Siguiendo la sabiduría de "Cuando nada funciona, sal a dar un paseo", Daniel se aseó y salió al exterior.

Debido a su edad y posición, no es sorprendente que tuviera un séquito a su alrededor. Quienes viven junto a un río saben que hay pocos lugares más hermosos para disfrutar de la creación de Dios que la orilla del agua. Así, mientras Daniel paseaba por las orillas del gran río Hidekel con sus ayudantes cerca, llegó el mensajero del Señor:

> Y el día veinticuatro del mes primero estaba yo a la orilla del gran río Hidekel. Y alcé mis ojos y miré, y he aquí un varón vestido de lino, y ceñidos sus lomos de oro de Ufaz. Su cuerpo era como de berilo, y su rostro parecía un relámpago, y sus ojos como antorchas de fuego, y sus brazos y sus pies como de color de bronce bruñido, y el sonido de sus palabras como el estruendo de una multitud. (Versículos 4-6)

Fíjate en el número de veces que Daniel utilizó la palabra "como". Lo siento por él. Estaba haciendo todo lo posible por describir lo indescriptible. Este es un sello distintivo de la literatura apocalíptica. En Daniel, "como" aparece veintiocho veces. En el Apocalipsis, Juan utilizó la palabra sesenta y tres veces. Pero el rey del "como" es el pobre Ezequiel, que necesitó noventa y dos usos de la palabra para describir las cuatro criaturas, las ruedas, los serafines y todos los demás elementos de sus visiones.

Daniel vio a este increíble personaje que venía hacia él, pero los hombres que estaban con él no vieron nada. Sin embargo, sintieron algo:

> Y sólo yo, Daniel, vi aquella visión, y no la vieron los hombres que estaban conmigo, sino que se apoderó de ellos un gran temor, y huyeron y se escondieron. Quedé, pues, yo solo, y vi esta gran visión, y no quedó fuerza en mí, antes mi fuerza se cambió en desfallecimiento, y no tuve vigor alguno. Pero oí el sonido de sus palabras; y al oír el sonido de sus palabras, caí sobre mi rostro en un profundo sueño, con mi rostro en tierra. (Versículos 7-9)

Imagínate que estás junto a un río con unos amigos y, de repente, alguien de tu grupo da un salto y se queda mirando al cielo. Al principio piensas que es una broma, pero luego ves el miedo en sus ojos. ¿Qué harías tú? Sabemos lo que hicieron los compañeros de Daniel. Huyeron.

Daniel se quedó, pero su cuerpo estaba incapacitado. No podría haber huido con sus amigos, aunque hubiera querido. Se puso de rodillas, y luego sobre las palmas de sus manos, antes de caer con la cara en el suelo. Entró en un extraño mundo somnoliento en el que su cuerpo dormía, pero su mente aún era capaz de registrar las palabras que se pronunciaban a su alrededor.

Un colapso similar le ocurrió a Juan en la isla de Patmos. Cuando se enfrentó al hombre que se le había aparecido, el discípulo "[cayó] como muerto a sus pies" (Apocalipsis 1:17). ¿Qué le despertó? Exactamente lo mismo que hizo poner de pie a Daniel. Fue un toque.

Juan sintió la mano del hombre sobre el que se había recostado en la última cena. Era su amigo, su maestro, su Salvador. Para Daniel, sin embargo, la voz que acompañó al toque que sintió no era la de Dios, sino la de un mensajero que le traía las palabras de Dios:

> Y he aquí una mano me tocó, e hizo que me pusiese sobre mis rodillas y sobre las palmas de mis manos. Y me dijo:

Daniel, varón muy amado, está atento a las palabras que te hablaré, y ponte en pie; porque a ti he sido enviado ahora. Mientras hablaba esto conmigo, me puse en pie temblando. (Daniel 10:10-11)

"Varón muy amado". Me vuelvo un poco sentimental cuando leo esas palabras. Aquí estaba este anciano que había vivido una larga vida de servidumbre. Se había esforzado por hacer lo correcto. Cuando se le presentó la oportunidad de adoptar una postura firme por Dios, lo hizo, aun a riesgo de su propia vida. Es posible que estuviera bastante seguro de su buena relación con el Señor, pero nunca se sabe con certeza.

Entonces vinieron esas palabras: "Daniel, varón muy amado". ¡Qué no daría yo por oír algún día "Amir, varón muy amado"! Espero que así sea, sobre todo en el tribunal de Cristo cuando los de la iglesia reciban su recompensa. Pero Satanás tiene una manera de infiltrarse en nuestros pensamientos para hacernos dudar de nuestro servicio al Señor y de su amor por nosotros.

Daniel oró, Dios respondió

"La oración eficaz del justo puede mucho" (Santiago 5:16). Así dijo Santiago, hermano de Jesús y líder de la iglesia de Jerusalén. Hay una maravillosa causa y efecto en la oración. Cuando Jerusalén estaba a punto de sufrir el ataque de Senaquerib, rey de Asiria, el rey de Judá, Ezequías, oró. Entonces Dios envió a Isaías para decirle a Ezequías: "Así ha dicho Jehová Dios de Israel: Acerca de lo que me rogaste sobre Senaquerib rey de Asiria, estas son las palabras que Jehová habló contra él" (Isaías 37:21-22). Luego, el profeta compartió la promesa de la liberación de la ciudad por parte de Dios.

La misma relación entre oración y respuesta puede verse con el sacerdote Zacarías. Él y su esposa Elisabet no podían tener hijos, por lo que oraron fervientemente. El Señor escuchó sus oraciones y envió a Gabriel con un mensaje, diciendo: "Zacarías, no temas; porque tu oración ha sido oída, y tu mujer Elisabet te dará a luz un hijo, y llamarás su nombre Juan" (Lucas 1:13). Las oraciones de esta pareja condujeron al nacimiento de Juan el Bautista, el precursor del Mesías.

Dependo de esa relación de causa y efecto con la oración. A diario, muchas personas oran por mí y por el ministerio de Israel. Todos los que formamos este equipo nos sentimos verdaderamente humildes ante tanto amor y fidelidad. Se logran grandes cosas no porque seamos grandes personas. Somos creyentes normales como tú, que puedes hacer grandes cosas gracias al poder de la oración.

Este nuevo y sobrecogedor mensajero le dijo a Daniel que, porque el profeta había orado, Dios le había enviado a su encuentro:

> Entonces me dijo: Daniel, no temas; porque desde el primer día que dispusiste tu corazón a entender y a humillarte en la presencia de tu Dios, fueron oídas tus palabras; y a causa de tus palabras yo he venido. (Daniel 10:12)

Daniel oró, y el mensajero fue enviado, pero tardó mucho en llegar.

La razón del retraso del mensajero

¿Recuerdas esa maravillosa palabrita "pero"? Muy a menudo se refiere a un cambio positivo en las circunstancias. Pero no siempre. En el mensaje angelical, el "pero" significaba un retraso:

> Pero el príncipe del reino de Persia se me opuso por veintiún días, pero Miguel, uno de los primeros príncipes, vino en mi ayuda, ya que yo había sido dejado allí con los reyes de Persia. Y he venido para darte a conocer lo que sucederá a tu pueblo al final de los días, porque la visión es para días aún lejanos. (Versículos 13-14 NBLA)

Pasaron veintiún días desde que Dios escuchó la necesidad hasta que llegó la respuesta. ¿Por qué el retraso? Muchos de nosotros nos encontramos haciéndole a Dios esa misma pregunta. ¿Cuántas veces has orado y esperado la respuesta de Dios? Y esperas. Y esperas. Los días se convierten en semanas, que a su vez se convierten en meses, que a su vez se convierten en años. Cuando eso sucede, es tentador concluir que tus oraciones han caído en oídos celestiales sordos. Pero cuando nos detenemos a considerarlo, sabemos que Dios no es así. Si hay una demora, debe de haber una razón.

A veces, Dios se demora porque no estamos preparados para recibir la respuesta. Tal vez, necesitamos madurar espiritual o emocionalmente. Él nos conoce mejor que nosotros mismos. Por lo tanto, podemos estar seguros de que su respuesta siempre llegará en el mejor momento para nosotros, incluso cuando no se sienta de esa manera.

Otras veces, hay actitudes, relaciones o comportamientos con los que tenemos que tratar antes de que Dios esté listo para decir sí. Cuando los egipcios oprimían a los israelitas, clamaron por un redentor. Moisés, creyendo que él era ese redentor y que había llegado el momento de dar un paso al frente, hirió a un egipcio que estaba oprimiendo a uno de sus compatriotas. "Pero él pensaba que sus hermanos comprendían que Dios les daría libertad por mano suya; mas ellos no lo habían entendido así" (Hechos 7:25). Pensaban que estaban listos. Moisés creía que estaban preparados. Pero Dios sabía que aún no lo estaban.

En ocasiones, el retraso se debe a que las circunstancias no son las adecuadas. Puede que Dios todavía esté poniendo todas las piezas en su sitio. Está respondiendo, pero es un trabajo en curso. Otras veces, Dios nos está poniendo a prueba. Como vimos con Sadrac, Mesac y Abed-nego, la fe crece mejor en medio del fuego. Y hay ocasiones en que la respuesta está en camino, pero aún no ha llegado. Piensa en cuando esperas que llegue un paquete. Recibiste un correo electrónico informándote de que se ha enviado, pero ahora debes soportar pacientemente el intervalo de tiempo que transcurre entre el envío y la entrega.

Pero hay una razón más para que se produzca una demora, y es una que no esperamos necesariamente. Esta es la razón por la que Daniel se encontró en la sala de espera de Dios. A veces, nuestra respuesta se interrumpe debido a una guerra espiritual.

La batalla espiritual para suprimir la profecía

Hay áreas doctrinales en las que me siento sobre una base sólida. La profecía bíblica es una de ellas. El evangelio y el plan de salvación son otros de los temas en los que me siento seguro, al igual que la inspiración y la inerrancia de las Escrituras. De hecho, en la mayoría de los temas, me siento muy cómodo en mi nivel de conocimiento y comprensión. La razón de mi seguridad es que soy un estudioso de la Biblia. Y, por lo general, el nivel de mi seguridad doctrinal es proporcional a la cantidad de la Palabra de Dios dedicada al tema. A mucha Escritura, mucha seguridad. A poca Escritura, mucha menos convicción.

Al acercarme a este pasaje sobre la guerra espiritual, te diré lo que creo. Sin embargo, debido a que este pasaje es el único lugar donde obtenemos este tipo de detalles sobre este aspecto específico del reino espiritual, cualquier dogmatismo ahora será reemplazado por "lo que parece correcto".

El tiempo de oración y ayuno de Daniel duró lo mismo que el retraso del mensajero. El retraso tenía que ver con "el príncipe del reino de Persia". ¿Quién o qué es este príncipe? Parece que hay ángeles designados a países específicos. En este capítulo, aprendemos que hay un príncipe de Persia (versículo 13), un príncipe de Grecia (versículo 20) y "Miguel vuestro príncipe" (versículo 21), que podemos suponer que es el príncipe de Israel. ¿No es interesante que Miguel, el jefe de todos los ángeles, haya sido asignado a Israel? Esta es una prueba más de que Dios no ha rechazado a los judíos. Siguen siendo su pueblo, y los pone bajo el cuidado de sus mejores protectores.

Este ángel mensajero, posiblemente Gabriel, había estado luchando contra el ángel de Persia. Una vez completada su misión con Daniel, volverá a unirse a esa batalla. Cuando eso suceda, ambos bandos se potenciarán: Persia con Grecia, y el mensajero con Miguel.

¿Cómo fue esa batalla? Ojalá lo supiéramos. Suena fascinante, y un poco aterradora. El escritor de ficción que hay en mí piensa en todos los escenarios emocionantes que podría crear dentro de sus parámetros. Pero esto no es ficción, y tenemos que mantener nuestra interpretación por el buen camino. Lo que sí podemos determinar es el propósito de la guerra. El príncipe de Persia no quería que Daniel oyera o conociera el plan de Dios para su pueblo. ¿No es interesante que cuanto más cambian las cosas, más permanecen iguales? Esta misma batalla está teniendo lugar incluso ahora mientras escribo esto, dos mil quinientos años después de la visión de Daniel.

Hoy existen espíritus demoníacos que no quieren que nadie conozca el plan de Dios para Israel, la iglesia o las naciones. En la mayoría de las iglesias, es raro que se predique un sermón profético. Muchos pastores que enseñan consistentemente sobre otras doctrinas bíblicas tratan la profecía bíblica como si fuera un helado de chocolate en una convención de *keto*.

Pero es comprensible, porque solo unos pocos seminarios imparten cursos sobre profecía. Y en lo que se refiere a herramientas bíblicas, las ayudas para comprender las profecías y su cumplimiento son escasas. En el programa más completo de *software* bíblico disponible, hay que comprar la versión *premium* más costosa antes de encontrar un libro sobre profecía. Ocho mil libros están incluidos en esa última actualización, y solo dos de ellos son de naturaleza profética.

Tampoco encontrarás mucha información en la mayor parte de las Biblias de estudio, porque la gran mayoría de los eruditos bíblicos que contribuyen a estas herramientas no interpretan la profecía desde una perspectiva literal. La excelente Biblia de estudio de Jeremías, la Biblia de estudio de Ryrie y la Biblia de estudio de Tony Evans son bienvenidas excepciones a la pobre interpretación alegórica y simbólica que se encuentra en las demás.

Gracias a las fervientes oraciones de Daniel y a la decidida lucha del ángel, el mensajero se unió por fin a su enviado. Le dijo al profeta que su objetivo era "[hacerle] saber lo que ha de venir a [su] pueblo en los postreros días; porque la visión es para esos días" (versículo 14). Por tanto, lo que Daniel va a oír no tendrá lugar pronto. No tiene nada que ver con los judíos que han regresado a Israel, ni tratará sobre la vida de Daniel. Es para "los postreros días", una frase que se repite quince veces en la Biblia. Por lo general, se refiere al final de los tiempos. Isaías dijo que se produciría un gran desplazamiento geológico de los montes de Jerusalén "en lo postrero de los tiempos"

(Isaías 2:2). Por medio de Ezequiel, Dios profetizó a Gog que "Sucederá en los postreros días que te traeré contra Mi tierra" (Ezequiel 38:16 NBLA). Oseas habló del día del retorno definitivo de Israel al Señor "en el fin de los días" (Oseas 3:5). Todos estos son acontecimientos que aún no han ocurrido.

El viejo profeta se siente abrumado

No sabemos la reacción que el mensajero esperaba de Daniel, pero probablemente no fue la que recibió.

> Mientras me decía estas palabras, estaba yo con los ojos puestos en tierra, y enmudecido. Pero he aquí, uno con semejanza de hijo de hombre tocó mis labios. Entonces abrí mi boca y hablé, y dije al que estaba delante de mí: Señor mío, con la visión me han sobrevenido dolores, y no me queda fuerza. ¿Cómo, pues, podrá el siervo de mi señor hablar con mi señor? Porque al instante me faltó la fuerza, y no me quedó aliento. (Daniel 10:15-17)

El mensajero había intentado animar a Daniel con sus palabras, diciéndole que no tuviera temor y haciéndole saber que Dios mismo había enviado de inmediato una respuesta a su oración. Pero el anciano no lo aceptó. Abrumado por la visión que había tenido y por las palabras del mensajero, Daniel volvió la cara al suelo y cerró la boca. Tengo una amiga cuya *schnauzer* miniatura se arrellana en un rincón y se pone de cara a la pared cada vez que va al veterinario. Es como si pensara: *Si yo no puedo verlos, ellos tampoco pueden verme a mí. Y si no pueden verme, quizá todo esto desaparezca.*

No funciona para el perro, y no funcionó para Daniel. El compasivo mensajero comprendió que el anciano estaba abrumado, e intervino para ayudar:

> Y aquel que tenía semejanza de hombre me tocó otra vez, y me fortaleció, y me dijo: Muy amado, no temas; la paz sea contigo; esfuérzate y aliéntate. Y mientras él me habla-

ba, recobré las fuerzas, y dije: Hable mi señor, porque me
has fortalecido. (Versículos 18-19)

Estoy tan agradecido de que Dios conozca mis debilidades. No
le molestan mis limitaciones. Como Creador, él me formó y sabe
mejor que yo lo que puedo lograr fácilmente y lo que me va a cos-
tar. Por eso él llega a mi vida y me fortalece. A veces, es a través de
la oración y, otras veces, es a través de su Palabra. A menudo, es por
medio de un amigo o un pastor. Otros recursos que el Señor usa son
el tremendo número de cartas, correos electrónicos y mensajes que
recibo cada día de fieles seguidores de Behold Israel. No sabes cuántas veces me ha escrito las palabras adecuadas una persona a la que
nunca he conocido y que vive en un lugar en el que nunca he estado. El resultado es como presionar un interruptor de la luz, y paso
de estar cansado y desanimado a estar lleno de energía y alegría. Esa
es la vida de "unos a otros" que Jesús y los escritores del Nuevo Testamento enfatizaron. Dios nos puso en comunión unos con otros
para que podamos animarnos unos a otros, apoyarnos unos a otros,
fortalecernos unos a otros y, sobre todo, amarnos unos a otros.

Una vez que Daniel había recobrado sus fuerzas y, presumible-
mente, estaba de nuevo en pie, el mensajero habló:

> ¿Sabes por qué he venido a ti? Pues ahora tengo que vol-
> ver para pelear contra el príncipe de Persia; y al terminar
> con él, el príncipe de Grecia vendrá. Pero yo te declararé
> lo que está escrito en el libro de la verdad; y ninguno me
> ayuda contra ellos, sino Miguel vuestro príncipe. (Versí-
> culos 20-21)

Me resulta interesante que el mensajero comenzara con una pregunta que nunca contestó. En lugar de eso, pasó directamente a lo
que seguía en su agenda. Pero como lo nuestro es el contexto, no
vamos a tratar ese tema en este capítulo. Aunque estos versículos
concluyen el capítulo 10, son en realidad la apertura del capítulo 11.
Así que los dejaremos para entonces.

EL LARGO VIAJE
HASTA EL ANTICRISTO

DANIEL 11

Todos tenemos nuestras preferencias en la vida. A algunos les gusta el clima cálido y a otros el frío. Hay quienes prefieren poca o ninguna carne en sus dietas y otros que no sienten que sea una verdadera comida a menos que haya algún tipo de animal servido en su plato. Y hay quienes aman la historia y quienes prefieren subir descalzos al Everest antes que leer un relato antiguo sobre reyes ya muertos y batallas pasadas.

Si tú perteneces a esta última categoría, permíteme advertirte. Este es el capítulo más histórico de toda la Biblia. Sin embargo, te animo a que lo leas. El doble cumplimiento de las profecías que contiene hace que merezca la pena. Sin embargo, si hojeas un poco aquí y allá, no me ofenderé. Puede que Daniel 11 haya sido la fuente de más siestas durante las clases de seminario que cualquier otro capítulo de las Escrituras.

Entonces, ¿por qué lo estudiamos? Porque todo lo que Dios ha incluido en la Biblia contiene información que él ha considerado importante que conozcamos. En este capítulo, el Señor habla a través de su mensajero para darnos información significativa sobre nuestro pasado y el futuro del mundo. Solo por eso ya es de gran interés.

En la otra cara de la moneda de la historia, para aquellos de ustedes que son como yo y les encanta ahondar en el pasado, este es un capítulo fascinante que se asoma a una ventana de años pasados que rara vez se abre. Pero recuerden que nuestro pasado seguía siendo el futuro de Daniel, lo que hace que esta parte de su libro sea mucho más asombrosa. Imagínate que te describo la siguiente serie de primeros ministros israelíes hasta el año 2250. Esto se asemeja a la hazaña sobrenatural que realiza el mensajero del capítulo 11.

"¡Espera, Amir, ahora te estás contradiciendo! Te he oído decir que estamos en la última generación antes del rapto, pero ahora estás hablando de primeros ministros para los próximos doscientos años o más". Relájate, mi querido amigo. Sí, creo que el rapto es inminente. Sí, creo que estamos en la última generación. Estoy dando una ilustración hipotética diseñada para resaltar la naturaleza milagrosa de este capítulo. En las palabras del mensajero, encontraremos una cronología de cómo Dios ha gobernado los asuntos de los países gentiles con el propósito de llevar a cabo sus planes para la nación de Israel. Luego, a modo de bono, también obtendremos una visión de cómo él planea continuar su obra en el presente y en nuestro futuro.

Pero primero, tenemos que echar un breve vistazo a la historia del mundo en lo que respecta a Israel.

El Imperio asirio

Durante el período del reino unido de Israel bajo el gobierno de los reyes Saúl, David y Salomón, no leemos acerca de ninguna de las otras potencias mundiales aparte de Egipto. Estaban presentes, pero también eran irrelevantes para la obra de Dios con Israel. Pero una vez que el reino se dividió en la nación septentrional de Israel y la nación meridional de Judá, empezamos a conocer los importantes imperios que se desarrollan en la zona.

Situados al noreste de Israel y Judá estaban los asirios. Era un pueblo despiadado y violento. No es de extrañar que Jonás huyera en dirección contraria cuando Dios le dijo que fuera a predicar el arrepentimiento en la capital asiria de Nínive. En la mente del profeta, lo mejor que le podía pasar a Israel era que los ninivitas recibieran una fuerte dosis del juicio de Dios. Cuando este pueblo despiadado respondió al mensaje del profeta con arrepentimiento, el inesperado éxito de su misión hizo que Jonás tuviera una caída depresiva.

Al principio, los asirios eran amistosos con los israelitas del norte. Sin embargo, pronto empezaron a enemistarse con ellos. El rey Tiglat-pileser invadió el reino septentrional de Israel y se llevó al exilio a gran parte de su pueblo. Luego, en el 722 a. C., después de un asedio de tres años, el hijo de Tiglat-pileser, Salmanasar, tomó la capital de Samaria y deportó al resto de los israelitas del reino del norte. Todo esto formaba parte del juicio de Dios contra los impíos rebeldes adoradores de ídolos. Él les había advertido a través de los profetas que lo haría, y así fue.

Transcurrió alrededor de una década antes de que el rey Senaquerib de Asiria, probablemente el nieto de Tiglat-pileser, decidiera atacar el reino meridional de Judá. No acabó bien. Ezequías oró, Dios actuó, y el rey asirio perdió ciento setenta y cinco mil de sus soldados en una noche. Eso dejaría un hueco considerable en cualquier ejército. Se apresuró a volver a casa, donde pronto fue asesinado por dos de sus hijos. No podría haberle sucedido a un tipo más agradable.

Entonces la gloria del Imperio asirio comenzó a desvanecerse. Como resultado, un nuevo reino pasó a la ascendencia.

El Imperio babilónico

Ya hemos abordado el surgimiento del Imperio babilónico en un capítulo anterior. En el año 612 a. C., el rey Nabopolasar pisoteó Nínive, poniendo fin al imperio. Luego, en el 605 a. C., el príncipe heredero Nabucodonosor acabó con los molestos restos de los asirios en la batalla de Carquemis. Ese mismo año, Nabucodonosor ascendió al trono de su difunto padre, convirtiéndose en el agresor más grande y malo de la cuadra.

Para Daniel y sus compañeros, Babilonia fue el imperio de su generación. Pudo observar desde dentro el ascenso y el declive del reino que construyó Nabucodonosor. Después de que ese gran rey saliera de escena, el poder del linaje comenzó a disminuir. Antes de lo que nadie podría haber esperado, desapareció.

El mensajero libra su mensaje

Para avanzar, necesitamos comenzar con esos versículos finales de Daniel 10 que pospusimos hasta este capítulo. Se combinan con el primer versículo del capítulo 11 para formar un solo pensamiento:

> Él me dijo: ¿Sabes por qué he venido a ti? Pues ahora tengo que volver para pelear contra el príncipe de Persia; y al terminar con él, el príncipe de Grecia vendrá. Pero yo te declararé lo que está escrito en el libro de la verdad; y ninguno me ayuda contra ellos, sino Miguel vuestro príncipe. Y yo mismo, en el año primero de Darío el medo, estuve para animarlo y fortalecerlo. (Daniel 10:20–11:1)

Como ya hemos dicho, el mensajero planteó una pregunta y luego se negó a responderla.

"¿Sabes por qué estoy aquí?".

"No. Dime".

"Así que, por esto me voy…".

El mensajero dijo que tenía que irse debido a una batalla en la que los príncipes espirituales de Persia y Grecia estaban luchando contra Miguel y contra él mismo. Luego pasó de seres espirituales a uno de carne y hueso, diciendo que después de que Darío venciera a Belsasar y aplastara a los babilonios en el primer año de su reinado, el mensajero lo fortaleció. La pregunta es: ¿a quién?

Hay dos opciones. En primer lugar, podría ser que el mensajero apoyara a Darío. Desde un punto de vista gramatical, esta sería la mejor opción. Tal vez esté diciendo que, como parte del castigo de Dios contra el Imperio babilónico, fue este ángel quien ayudó a que Belsasar y su ejército estuvieran borrachos y desprevenidos para la invasión de Darío. O tal vez para cumplir el plan de Dios —establecido en el sueño de la estatua de Nabucodonosor y la visión del carnero y el macho cabrío de Daniel—, el Señor envió a este ángel para proteger a Darío de cualquier daño mientras establecía su liderazgo.

La otra opción es que este ángel hubiera fortalecido al arcángel Miguel. En esta interpretación se visualiza a Miguel y a este ángel haciendo equipo para proteger a Israel de la hostilidad. Después de todo, en una época de transición del Imperio babilónico al persa, habría numerosas oportunidades para que los enemigos de Israel tramaran venganzas o actuaran por rencores personales. El odio genocida de Amán contra los judíos solo décadas más tarde, como se narra en el libro de Ester, es un ejemplo del daño potencial que un hombre poderoso puede causar cuando tiene una venganza personal contra el pueblo de Dios.

Por desgracia, no sabemos con certeza a quién hace referencia. Cualquiera de las dos posibilidades encaja, y ambas opciones demuestran la misma verdad. Dios ve a su pueblo y cuida de él. Esta protección tiene lugar tanto en el ámbito físico como en el espiritual.

Nace el Imperio persa aqueménida

Los medos fueron originalmente aliados de Nabopolasar y Babilonia durante la derrota de los asirios. Pero cuando esa alianza terminó, los medos empezaron a buscar amistades en el sur. Debajo de ellos estaban los persas, que vivían en lo que hoy es Irán. Se formó una estrecha alianza entre medos y persas, y su imperio conjunto creció. Pero los medos no estaban tan avanzados culturalmente como los persas y, con el tiempo, Medo-Persia se convirtió en Persia. El nombre aqueménida, difícil de deletrear, es simplemente un indicador dinástico del Imperio persa basado en un antepasado de Ciro el Grande, que se llamaba Aquemenes. Este es el imperio combinado que marchó hacia Babilonia aquella fatídica tarde cuando la mano escribió en la pared.

Cuando el mensajero comenzó su explicación de la visión de Daniel, dijo: "Y ahora yo te mostraré la verdad. He aquí que aún habrá tres reyes en Persia, y el cuarto se hará de grandes riquezas más que todos ellos; y al hacerse fuerte con sus riquezas, levantará a todos contra el reino de Grecia" (versículo 2). Estos cuatro reyes son fácilmente identificables como Cambises (529-522 a. C.), Pseudo

Esmerdis (522-521 a. C.) y Darío I Histaspes (521-486 a. C.), seguidos por el opulento Jerjes I (486-465 a. C.), también conocido como Asuero.

Lo más probable es que, al leer esta lista, no hayas dicho: "¡Ah, sí, Pseudo-Esmerdis! Uno de mis reyes persas favoritos". Sin embargo, es posible que el nombre de Jerjes te haya resultado familiar. Este monarca tenía una esposa, Vasti, que le avergonzaba públicamente, así que fue en busca de una nueva reina. Tras una larga búsqueda, se decidió por una huérfana judía llamada Ester.

El mensajero le había dicho a Daniel que este cuarto rey levantaría al pueblo contra Grecia. Jerjes era un guerrero y un conquistador. Grecia se había vuelto rica, y el rey persa quería algunas de sus riquezas para sí. Así que invadió y pudo tomar el control de Atenas. Sin embargo, no pudo mantenerla por mucho tiempo y se vio obligado a retirarse. Más tarde, intentó invadir Grecia por segunda vez, pero esta vez le repelieron.

Los griegos llevaban las cicatrices de las invasiones persas y, cuando empezaron a crecer en poder, decidieron que era hora de saldar viejas cuentas. Viajaron hacia el este, atacaron Persia y aplastaron a su enemigo. Ya hemos oído hablar de esta batalla, tanto en el sueño como en la interpretación. El arrogante carnero de Daniel 8 fue pisoteado por el veloz y poderoso macho cabrío griego, Alejandro Magno. Aquí, el ángel describió el escenario venidero cuando dijo:

> Se levantará luego un rey valiente, el cual dominará con gran poder y hará su voluntad. Pero cuando se haya levantado, su reino será quebrantado y repartido hacia los cuatro vientos del cielo; no a sus descendientes, ni según el dominio con que él dominó; porque su reino será arrancado, y será para otros fuera de ellos. (Versículos 3-4)

Este es otro de esos sorprendentes puntos de nexo que nos permite ver el encuentro perfecto entre el futuro profético de Daniel 8, el futuro profético de Daniel 11 y la historia registrada del mundo. A veces nos acostumbramos tanto a la perfecta exactitud de la Biblia que olvidamos lo extraordinaria que es. ¿Qué otro libro escrito sobre el futuro tiene un cien por ciento de exactitud? ¿O tal vez un cincuenta por ciento? ¿Escucho un veinticinco por ciento? Empiezo a sentirme como Abraham negociando con Dios la salvación de Sodoma. No hay nada que se haya escrito que se le acerque.

Alejandro fue un poderoso conquistador, pero murió joven. Si recuerdas, no tenía ningún plan de sucesión, por lo que su reino se dividió en cuatro partes entre cuatro de sus generales. Casandro gobernó Macedonia y Grecia. Lisímaco recibió Tracia. Ptolomeo I, el guardaespaldas de Alejandro, tomó Egipto. Y Seleuco gobernó sobre Siria.

Debido a que todo esto es en última instancia acerca de Israel, puedes decir adiós a Casandro y Lisímaco. Como están en el oeste, son, por lo tanto, irrelevantes para el mensaje del ángel. El centro de atención ahora es el reino del norte, los seléucidas de Siria, y el reino del sur, los ptolomeos de Egipto. Si eres capaz de imaginar en tu mente Siria y Egipto en un mapa, sabrás lo que se encuentra directamente entre los dos: la nación de Israel.

Los reyes del norte contra los reyes del sur

Hemos llegado a una sección de las Escrituras que es en verdad extraordinaria. Estamos a punto de leer un detallado libro de historia que fue escrito antes de que cualquiera de los acontecimientos realmente tuviera lugar. De hecho, es tan preciso que los teólogos liberales se rasgan las vestiduras tratando de demostrar que esta parte de Daniel fue escrita siglos después que el resto. Pero no fue así. ¿Cómo puede ser? Nuestro Dios, que existe fuera del tiempo, ya había visto ocurrir estos acontecimientos. Así que cuando le dio el mensaje al ángel para que se lo transmitiera a Daniel, solo estaba transmitiendo lo que había presenciado antes de que sucediera. Es realmente hermoso y asombroso.

Repasemos el mensaje del ángel sobre la historia futura:

> Y se hará fuerte el rey del sur; mas uno de sus príncipes
> será más fuerte que él, y se hará poderoso; su dominio
> será grande. (Versículo 5)

Aquí vemos la formación de los Imperios seléucida y ptolemaico. Ptolomeo I Soter fue uno de los poderosos generales de Alejandro. Este "rey del sur" fue capaz de establecerse a sí mismo y a su imperio con rapidez. No fue así para Seleuco I Nicator, quien tuvo que luchar arduamente por su territorio. En un momento dado, otro de los generales de Alejandro, Antígono, decidió que él debía quedarse con Babilonia en lugar de Seleuco. Atacó la base de operaciones de Seleuco y estuvo a punto de tomarla. Pero antes de que consiguiera la victoria, Ptolomeo I cabalgó desde el sur y ayudó a expulsar a Antígono. Poco después, Seleuco I estaba sólidamente establecido en su recién construida capital de Seleucia, donde comenzó a crecer en su gran dominio, tal como el mensajero explicó en el versículo 5.

Pasaron unas seis décadas y varios reinados. Una batalla por aquí, un asesinato por allá. Se ganaba un poco de territorio; se perdía otro poco. La única constante era la fricción entre Egipto y Siria debido a su proximidad. Después de años de tijeretazos de ida y vuelta, los dos imperios tuvieron un breve momento de lucidez. Se dieron cuenta de que tenían dos opciones: podían continuar con sus interminables e infructuosas batallas o formalizar una alianza. Decidieron intentar lo segundo.

> Al cabo de años harán alianza, y la hija del rey del sur vendrá al rey del norte para hacer la paz. Pero ella no podrá retener la fuerza de su brazo, ni permanecerá él, ni su brazo; porque será entregada ella y los que la habían traído, asimismo su hijo, y los que estaban de parte de ella en aquel tiempo. (Versículo 6)

Bienvenidos al episodio de esta semana de *Mientras el Mediterráneo oriental gira*. Ptolomeo II Filadelfo de Egipto y Antíoco II Teo de Siria se odiaban, lo que los hacía perfectamente compatibles para convertirse en parientes políticos. Para evitar destruir los imperios del otro, y el suyo propio en el proceso, decidieron "hacer la paz". Los tratados entre imperios solían sellarse con el matrimonio, así que se planeó una gran ceremonia. La hija de Ptolomeo, Berenice, fue bendecida con la gran alegría de casarse con Antíoco. El único problema era que Antíoco ya tenía una reina, Laódice.

A Laódice le explicaron que a veces hay que sacrificarse por el equipo. Pero la reina no era de las que se sacrificaban. Laódice conocía a gente que podía, guiño, guiño, resolver las cosas. Lo más probable es que, si Berenice hubiera leído Daniel antes de su boda, se hubiera convertido en una novia fugitiva. Pronto, Berenice, la "hija del rey", yacía muerta en el suelo. No hace falta decir que eso le impidió conservar "la fuerza de su brazo". No mucho después, Antíoco fue misteriosamente envenenado. Ahora en control del reino, la madre del año, Laódice, puso a su hijo, Seleuco II Calínico, en el trono.

¿Fue este el final de todo el sórdido incidente? ¡Ni siquiera cerca!

> Pero un renuevo de sus raíces se levantará sobre su trono, y vendrá con ejército contra el rey del norte, y entrará en la fortaleza, y hará en ellos a su arbitrio, y predominará. Y aun a los dioses de ellos, sus imágenes fundidas y sus objetos preciosos de plata y de oro, llevará cautivos a Egipto; y por años se mantendrá él contra el rey del norte. (Versículos 7-8)

Recuerda, el "sus" se refiere a Berenice, no a Laódice. El "renuevo" de la reina muerta era su hermano Ptolomeo III Euergetes. Él no estaba muy contento con el mal que Laódice había hecho a su hermana, y se dispuso a vengarla. El rey egipcio invadió Siria, mató a Laódice y tomó para sí sus objetos de "plata y de oro" y otros botines de guerra. Seleuco II intentó una campaña hacia el sur para recuperar todo su botín, pero fracasó. Una década y media más tarde, mientras se preparaban para una campaña en otra parte de Asia Menor, el rey del norte cayó de su caballo y murió, permitiendo a Ptolomeo III, el rey del sur, vivir algunos años sin guerra "contra el rey del norte". La Biblia siempre es cien por cien exacta, hasta en los detalles históricos.

> Así entrará en el reino el rey del sur, y volverá a su tierra.
> Mas los hijos de aquel se airarán, y reunirán multitud de
> grandes ejércitos; y vendrá apresuradamente e inundará,
> y pasará adelante; luego volverá y llevará la guerra hasta
> su fortaleza. (Versículos 9-10)

Como acabamos de ver, Seleuco II, el rey del norte, lanzó una invasión contra el sur, pero fue expulsado. Tras su muerte, su hijo Seleuco III Soter tomó el relevo. Pero este joven de dieciocho años era un poco enfermizo y no estaba a la altura del líder militar rudo y robusto que esperaban los generales del ejército. Así que lo mataron al cabo de un par de años y lo sustituyeron por su hermano, Antíoco III, otro hijo de Seleuco II. En este nuevo rey, los militares encontraron al general varonil que buscaban. Tenía el don de "[airarse]" con sus grandes ejércitos, y luego "[inundaba]" y "[pasaba] adelante" las ciudades que encontraba.

Judea entra en juego

Durante los años siguientes, hubo muchas idas y vueltas entre Egipto y Siria. El sur tenía un nuevo líder, Ptolomeo IV, instalado tiempo después de que Antíoco III llegara al poder. Antíoco III decidió enfrentarse a él, y fue entonces cuando otro grupo se unió a los seléucidas contra los egipcios. A Daniel se le dijo que "hombres turbulentos de tu pueblo se levantarán para cumplir la visión, pero ellos caerán" (versículo 14). Algunos judíos proseléucidas unieron sus fuerzas con el rey del norte. La última parte de las palabras del mensajero indica que no les fue muy bien. Antíoco retrocedió antes de que pudiera hacer demasiado daño al Imperio egipcio.

En su camino de regreso, Antíoco III recordó la lealtad de los judíos. Fue entonces cuando el rey se afirmó "en la tierra gloriosa, la cual será consumida en su poder" (versículo 16). Judea se contentaba ahora con formar parte del Imperio seléucida.

Antíoco III era fuerte, pero un poco aburrido. Egipto era una molestia, pero la recompensa de otra invasión no valía la pena el costo. Necesitaba un nuevo reto. Después de todo, los conquistadores necesitan conquistar. Fue entonces cuando otra nación despertó el interés del rey. Pero no podía ir tras ellos mientras Egipto pudiera convertirse en una amenaza al sur. Así que pensó que era hora de otro tratado basado en la felicidad conyugal.

> Afirmará luego su rostro para venir con el poder de todo
> su reino; y hará con aquel convenios, y le dará una hija
> de mujeres para destruirle; pero no permanecerá, ni ten-
> drá éxito. (Versículo 17)

Antíoco entregó a su hija, Cleopatra I, para que se casara con Ptolomeo V en 197 a. C. Ahora, para aquellos de ustedes cuyas mentes inmediatamente pensaron en Elizabeth Taylor siendo arrastrada a Roma por cientos de esclavos en una enorme barcaza terrestre esfinge, siento decepcionarlos. Están pensando en Cleopatra VII, que no apareció hasta unos ciento cincuenta después. Esta Cleopatra ni siquiera era egipcia. Ella era la esposa de un tratado sirio, y una vez más, el matrimonio no funcionó. La paz a través del matrimonio fracasó, pero para entonces, Antíoco III se había trasladado a su nuevo objetivo: Grecia.

> Volverá después su rostro a las costas, y tomará muchas;
> mas un príncipe hará cesar su afrenta, y aun hará volver
> sobre él su oprobio. Luego volverá su rostro a las fortale-
> zas de su tierra; mas tropezará y caerá, y no será hallado.
> (Versículos 18-19)

Todo empezó muy bien. Los seléucidas avanzaron y conquistaron las islas de la costa de Asia Menor. Antíoco III se dirigió a Atenas, pero entonces intervino Roma. Si bien todavía no era el gran y malvado Imperio romano, era lo suficientemente formidable como para influir en la lucha. Antíoco III fue derrotado. Después de regresar a casa, estaba tratando de apaciguar su orgullo herido mediante la captura de algunos tributos en Persia cuando fue asesinado. Como dijo el mensajero: "Tropezará y caerá, y no será hallado".

El hijo de Antíoco III, Seleuco IV Filopator, ocupó su lugar. Se le conoce por poco, salvo por imponer "tributos por la gloria del reino" (versículo 20). Sometido a una carga financiera por parte de Roma tras la derrota de su padre, buscó una fuente de ingresos para volver a llenar sus arcas. Los judíos eran esa fuente, y los grandes impuestos que impuso eran opresivos. Sin embargo, su reinado duró poco, y fue asesinado por su canciller después de solo nueve años.

Antíoco IV: prefiguración del anticristo

Imagina que al comenzar esta sección suenan los trombones y la percusión de "La marcha imperial" de *La guerra de las galaxias*. Las trompetas empezarían sus notas puntuadas, y verías a Antíoco IV Epífanes entrando a grandes zancadas, vestido con un casco y una máscara negros. Cubierto con una capa negra, su respiración sonaría ruidosamente sobre la música: inhala, exhala, inhala, exhala.

El hecho de que Darth Vader existiera en una "galaxia muy, muy lejana" hace muy improbable que él y nuestro nuevo antihéroe, Antíoco IV, tuvieran alguna vez la oportunidad de conocerse. Sin embargo, ambos encajarían bien en la descripción que Gabriel le dio a Daniel sobre el levantamiento de "un hombre despreciable" (versículo 21). En realidad, Darth podría mirar a este nuevo rey seléucida y decir: "Oye, puede que sea despreciable, pero vamos…".

No hay nada más despreciable que Antíoco IV, a quien ya conocimos en el capítulo 8. La cabra mata-carneros había perdido su cuerno. En su lugar crecieron cuatro cuernos más, y de uno de esos cuatro salió un cuerno pequeño, detestable y egoísta que resultó ser el precursor del anticristo. De la misma manera que este libro, *Descubriendo a Daniel*, viene con un cuaderno de ejercicios que ofrece más detalles de los que podemos relatar aquí, el capítulo 11 ofrece ahora hechos adicionales que el profeta no incluyó en Daniel 8.

Antíoco IV no estaba en la línea de sucesión del trono, pero lo usurpó de su joven sobrino, apoderándose del "reino con halagos" (versículo 21). Pocos años después de tomar el poder, los egipcios declararon la guerra a los seléucidas; y Antíoco estaba a la altura del desafío. Dio vuelta al ataque y arrasó Egipto, haciendo que los ejércitos ptolemaicos fueran "[barridos] delante de él como con inundación de aguas" (versículo 22). Sin embargo, se detuvo cerca de Alejandría, posiblemente debido a las amenazas del ejército romano o al respeto que le profesaban. Dándose la vuelta con su ejército, marchó de regreso a casa. En su camino estaba Judea.

Antíoco IV no era muy amigo de los judíos. Todo el asunto de los tributos sobre el templo que impuso su hermano Seleuco IV no había ido bien. Había odio por parte de los judíos por las cuotas opresivas, y había resentimiento por parte de muchos en la corte seléucida por cuán difícil sentían los de Judea que todo les resultaba.

El nivel de odio de los judíos hacia Antíoco IV creció aún más cuando empezó a entrometerse en los asuntos religiosos. Onías III era el sumo sacerdote del templo, pero el rey lo destituyó. Este "príncipe del pacto" (versículo 22) fue depuesto en favor de su hermano Jasón. Se cuenta que Antíoco IV subastó el cargo de sumo sacerdote al hombre que prometiera más tributos. Jasón pujó más que su hermano, por lo que fue ascendido en el año 175 a. C. Eso funcionó bien para el nuevo sumo sacerdote hasta que un hombre llamado Menelao superó su oferta cuatro años más tarde. No era exactamente el sistema que Moisés había presentado a los israelitas todos esos siglos antes.

Durante los años siguientes, hubo continuas batallas entre Antíoco IV y el Imperio ptolemaico en Egipto. Algunas resultaron victoriosas, lo que permitió al rey seléucida regresar "a su tierra con gran riqueza" (versículo 28). Sin embargo, en el año 168 a. C., el malvado rey fue contra los egipcios una vez más.

> Al tiempo señalado volverá al sur; mas no será la postrera venida como la primera. Porque vendrán contra él naves de Quitim, y él se contristará, y volverá, y se enojará contra el pacto santo, y hará según su voluntad; volverá, pues, y se entenderá con los que abandonen el santo pacto. (Versículos 29-30)

Antíoco IV se dirigió hacia el sur, a Egipto. Lo que no sabía era que navegando desde Chipre venía un contingente de Roma. El rey llegó hasta Alejandría, cuando fue recibido por un cónsul romano llamado Cayo Popilio Lenas. El hombre exigió que Antíoco diera la vuelta. El gobernante seléucida, en un intento de salvar las apariencias, pidió tiempo para considerar la orden de Roma. Pero Lenas utilizó su bastón para dibujar un círculo en la tierra alrededor de Antíoco y le dijo: "Antes de salir de este círculo, debes darme una respuesta para el Senado romano". Antíoco no tuvo más remedio que ceder. El rey seléucida se retiró.

Se desata el terror contra los judíos

Por desgracia para los judíos, una vez más se encontraban en la ruta de regreso de Antíoco. Humillado, descargó su furia contra Jerusalén, desahogando su ira "contra el pacto santo".

> Porque vendrán contra él naves de Quitim, y él se contristará, y volverá, y se enojará contra el pacto santo, y hará según su voluntad; volverá, pues, y se entenderá con los que abandonen el santo pacto. Y se levantarán de su parte tropas que profanarán el santuario y la fortaleza, y quitarán el continuo sacrificio, y pondrán la abominación desoladora. Con lisonjas seducirá a los violadores del pacto; mas el pueblo que conoce a su Dios se esforzará y actuará. Y los sabios del pueblo instruirán a muchos; y por algunos días caerán a espada y a fuego, en cautividad y despojo. Y en su caída serán ayudados de pequeño socorro; y muchos se juntarán a ellos con lisonjas. También algunos de los sabios caerán para ser depurados y limpiados y emblanquecidos, hasta el tiempo determinado; porque aun para esto hay plazo. (Versículos 30-35)

Reuniendo sus tropas, Antíoco IV se unió a muchos de los judíos helenizados que estaban en la ciudad. Eran judíos que habían abandonado la Torá y los caminos de Dios. Se habían secularizado y estaban más preocupados por unirse a los pecados del resto del mundo que por permanecer santos y separados.

Si fueras a Tel Aviv hoy, encontrarías una población de judíos helenizados modernos. Inmorales, espiritualmente apáticos y corruptos, me recuerdan a las masas perdidas que Pablo describe:

> Estando atestados de toda injusticia, fornicación, perversidad, avaricia, maldad; llenos de envidia, homicidios, contiendas, engaños y malignidades; murmuradores, detractores, aborrecedores de Dios, injuriosos, soberbios, altivos, inventores de males, desobedientes a los padres, necios, desleales, sin afecto natural, implacables, sin misericordia; quienes habiendo entendido el juicio de Dios, que los que practican tales cosas son dignos de muerte, no solo las hacen, sino que también se complacen con los que las practican. (Romanos 1:29-32)

De la misma manera en que encuentras en estos judíos liberales un odio activo por las tradiciones religiosas y culturales de Israel, Antíoco IV encontró una alianza preparada por aquellos que querían derribar los viejos sistemas tanto como él. Y al igual que Antíoco IV es el precursor del anticristo venidero, la izquierda progresista de Israel aceptará y apoyará de buen grado al próximo gobernante de un solo mundo.

El terror traído sobre Jerusalén fue espantoso. Así es como el historiador judío Josefo lo describió:

> Para Antíoco, la inesperada conquista de la ciudad, el saqueo, y la matanza al por mayor no fueron suficientes. Su tendencia psicopática se vio exacerbada por el resentimiento por lo que le había costado el asedio, y trató de obligar a los judíos a violar sus códigos de prácticas tradicionales dejando a sus hijos pequeños sin circuncidar y sacrificando cerdos en el altar. Estas órdenes fueron universalmente ignoradas, y Antíoco mandó masacrar a los recusantes más prominentes[15].

Es de esta terrible época que obtenemos una pieza fundamental de información. Jesús dijo a sus discípulos en el monte de los Olivos: "Por tanto, cuando veáis en el lugar santo la abominación desoladora de que habló el profeta Daniel (el que lee, entienda), entonces los que estén en Judea, huyan a los montes" (Mateo 24:15-16).

Esta "abominación desoladora" se produjo cuando Antíoco puso fin a los sacrificios mosaicos y los sustituyó por el sacrificio de un cerdo en el altar. Luego erigió una estatua de Zeus en el templo, dedicando el edificio al dios griego. Cuando Daniel oyó hablar de la "abominación desoladora", se trataba de una profecía sobre el futuro. Pero para Jesús, se trataba del pasado y posiblemente dos veces en el futuro. Habían transcurrido doscientos años desde que esto había sido cumplido por Antíoco IV en el monte del templo, justo debajo de donde Jesús enseñaba a sus discípulos, en el Monte de los Olivos. Pero sus palabras fueron "cuando veáis", dejando clara una vez más la posibilidad de un doble cumplimiento de esta profecía bíblica. En el año 70 d. C., el general romano Tito quemaría el templo hasta los cimientos. Hay versiones contradictorias sobre si la conflagración fue involuntaria o formaba parte de una auténtica profanación llevada a cabo por el general. Lo que es incuestionable, basado en la descripción de Jesús, es que una desolación final ocurrirá en el futuro, la cual será perpetrada por el anticristo.

A causa de lo que hizo Antíoco, con sus actos violentos y repugnantes en el templo, un hombre llamado Judas Macabeo encabezó un levantamiento contra el Imperio seléucida. Se "esforzó" y "actuó". Miles de personas murieron en el proceso, pero el templo fue recapturado y purificado.

Ahora se produce un cambio. Hasta el versículo 36, el mensajero habla principalmente de Antíoco IV; pero desde esta sección siguiente hasta el final del capítulo se enfoca sobre todo en el anticristo. Utilizo a propósito las palabras *principalmente* y *sobre todo* porque a lo largo de todo el capítulo, a menudo se pueden ver sombras, si no contornos completos, de ambos.

El anticristo venidero: un horror inimaginable

El 7 de octubre de 2023, unos tres mil terroristas de Hamás y civiles palestinos invadieron Israel desde Gaza. Las atrocidades que cometieron conmocionaron al mundo. Mataron a los judíos en sus casas, en las calles, en un concierto de música. Atacaron pueblos y kibutz. Terroristas de Hamás y civiles palestinos irrumpieron en casas y torturaron y masacraron a familias enteras. Los padres fueron maltratados y asesinados delante de sus hijos, y los niños fueron maltratados y asesinados delante de sus padres. Se encontraron dos montículos en un mismo lugar. Tras examinarlos, cada uno contenía los cadáveres de diez niños que habían sido acorralados y quemados vivos. Cientos de personas fueron secuestradas y llevadas a Gaza como rehenes. Allí, las mujeres en particular sufrieron los horrores más brutales, peores de lo que te puedas imaginar.

Antes, cuando leía sobre el mal que se perpetraría contra los judíos una vez que el anticristo rompiera la fe con ellos, pensaba en el Holocausto. Pero mientras que lo hecho por Hitler y los nazis al pueblo judío de Europa fue abrumador en número y brutalidad, lo que tuvo lugar el 7 de octubre llevó la barbarie a un nivel completamente nuevo. Ahora tengo un nuevo parámetro en mi mente cuando pienso en el infierno que se desatará sobre los judíos. Entiendo el llamamiento de Jesús en Mateo 24:15-18 para que huyan sin ni siquiera volver a recoger las cosas de sus casas. Siento la profundidad del "ay" dirigido a las mujeres embarazadas y a las que crían a sus hijos (Mateo 24:19). Hamás presentó al mundo un nuevo nivel de depravación.

Cuando venga el anticristo, la llevará aún más allá.

No puedo imaginarme...

Nuestro mundo de hoy está en caída libre. No solo tenemos guerras y rumores de guerras, sino que tenemos caos en todas las naciones del mundo. Hay una carencia de líderes fuertes y justos que nos guíen hacia la paz, la estabilidad y la unidad. La mentalidad de la mayor parte del mundo se dirige al globalismo. Es "¿por qué no podemos llevarnos bien?" a escala mundial.

Las naciones solían mirar a Estados Unidos en busca de estabilidad, pero ahora el signo de exclamación de la fuerza de Estados Unidos ha sido sustituido por un signo de interrogación. El abandono de Afganistán y la lenta respuesta a la petición de ayuda de Ucrania han puesto nerviosos a los aliados occidentales, que se preguntan si una alianza con Estados Unidos significa que tendrán que permanecer solos cuando las cosas se pongan difíciles o la política se vuelva inconveniente. Es cierto que acudieron en gran ayuda de Israel tras el ataque del 7 de octubre. Pero Ezequiel 38 deja claro que llegará un día en que Israel ya no podrá contar con Estados Unidos. ¿Hay alguien que tenga el carácter y el carisma necesarios para devolver la esperanza a la gente? Yo creo que sí. Creo que está vivo, y nuestra generación verá su ascenso. Pero aunque sea mi generación la que lo vea, no pienso ser uno de ellos. Tú tampoco deberías.

> Y el rey hará su voluntad, y se ensoberbecerá, y se engrandecerá sobre todo dios; y contra el Dios de los dioses hablará maravillas, y prosperará, hasta que sea consumada la ira; porque lo determinado se cumplirá. Del Dios de sus padres no hará caso, ni del amor de las mujeres; ni respetará a dios alguno, porque sobre todo se engrandecerá. Mas honrará en su lugar al dios de las fortalezas, dios que sus padres no conocieron; lo honrará con oro y plata, con piedras preciosas y con cosas de gran precio. Con un dios ajeno se hará de las fortalezas más inexpugnables, y colmará de honores a los que le reconozcan, y por precio repartirá la tierra. (Daniel 11:36-39)

Este inicuo llegará al poder hablando palabras de consuelo y paz. Pero llegará un momento en que saldrá a la luz su verdadera cara. Como predijo el mensajero de Daniel, se exaltará a sí mismo y hablará contra Dios. Exigirá lealtad y sofocará sin piedad cualquier rebelión contra su gobierno. Pero el desafío será mínimo porque el mundo será engañado, al menos por un tiempo. Como escribió Pablo:

Inicuo cuyo advenimiento es por obra de Satanás, con gran poder y señales y prodigios mentirosos, y con todo engaño de iniquidad para los que se pierden, por cuanto no recibieron el amor de la verdad para ser salvos. Por esto Dios les envía un poder engañoso, para que crean la mentira, a fin de que sean condenados todos los que no creyeron a la verdad, sino que se complacieron en la injusticia. (2 Tesalonicenses 2:9-12)

Hay grupos que se opondrán a él. Uno será el de aquellos que se den cuenta del error de sus caminos y se entreguen a Cristo. Cuando sean encontrados, serán ejecutados, y se unirán al resto de los mártires de la tribulación en la seguridad del trono de Dios. Un segundo grupo será el de los judíos que huirán a las montañas para escapar de la ira de este moderno Antíoco IV. Pero hay otros —naciones— que no van a creer plenamente en este líder, y de eso se trata en parte el resto de este capítulo.

La batalla final de la tribulación y un posible escenario

Hasta este punto, la historia en este pasaje profético ha sido fácil de rastrear en su mayor parte mediante la comparación de las palabras de Daniel con los acontecimientos históricos entre los Ptolomeos y los Seléucidas. El versículo 36 nos trasladó al futuro anticristo, llevándonos a detalles que no son tan fáciles de precisar. Ahora que llegamos al versículo 40, es imposible encontrar estos acontecimientos en ningún registro histórico porque todavía no han ocurrido.

Cuando este nuevo rey del norte establezca su trono, habrá quienes no estén dispuestos a renunciar a su propio poder. Se librarán batallas, pero debido a que tiene el poder del príncipe de este mundo, el anticristo vencerá.

Pero al cabo del tiempo el rey del sur contenderá con él;
y el rey del norte se levantará contra él como una tempestad, con carros y gente de a caballo, y muchas naves;

y entrará por las tierras, e inundará, y pasará. Entrará a la tierra gloriosa, y muchas provincias caerán; mas estas escaparán de su mano: Edom y Moab, y la mayoría de los hijos de Amón. Extenderá su mano contra las tierras, y no escapará el país de Egipto. Y se apoderará de los tesoros de oro y plata, y de todas las cosas preciosas de Egipto; y los de Libia y de Etiopía le seguirán. Pero noticias del oriente y del norte lo atemorizarán, y saldrá con gran ira para destruir y matar a muchos. Y plantará las tiendas de su palacio entre los mares y el monte glorioso y santo; mas llegará a su fin, y no tendrá quien le ayude. (Daniel 11:40-45)

¿Qué está pasando aquí? Creo que lo que estamos viendo en este pasaje es parte de un complot increíblemente siniestro entre Satanás, el anticristo y el falso profeta para tratar de detener la segunda venida de Cristo. Ahora, permítanme aclarar que estamos de lleno en el terreno de la especulación. Siempre les he prometido que les diría la diferencia entre lo que está claro como el agua en las Escrituras y lo que deduzco de mis años de estudio bíblico. Hay mucho margen de maniobra doctrinal en el pasaje anterior y en mi escenario particular porque la Biblia no dice mucho en ninguno de los dos sentidos. Así que toma esto no como lo que es, sino como lo que puede ser. Bien, habiendo calificado esto, continuemos.

El anticristo gobernará desde Jerusalén. Los judíos habrán huido para entonces, y se habrá establecido la adoración del anticristo en el templo. No todas las naciones estarán de acuerdo con esto, pero ¿qué le va a importar? Debido a su respaldo satánico, nadie en la tierra será lo suficientemente poderoso como para meterse con él. Pero esas palabras "en la tierra" son una gran advertencia. El anticristo y el falso profeta sirven a Satanás, y Satanás conoce las palabras de la Escritura probablemente mejor que cualquier teólogo de cualquier seminario en la tierra. Él sabe que la tribulación llegará a su fin. También reconoce que cuando eso suceda, Jesús volverá, los dos secuaces serán arrojados al lago de fuego, y él tendrá un receso de mil años de hacer cosas desagradables, mientras está encerrado en el abismo. La única posibilidad de evitar el colapso de su imperio del mal es impedir que Jesús tome el poder en Jerusalén. Satanás sabe que no puede detener la segunda venida. Pero ¿y si es capaz de acabar con Jesús en cuanto llegue?

Es una gran tarea. Satanás logró matar a Jesús una vez, pero ese plan le salió mal. Tal vez si lo intentara por segunda vez, lo lograría. Pero para ello necesitaría un ejército enorme. El problema será que las naciones habrán empezado a cansarse de su hombre en Jerusalén. Pero ¿y si pudiera convertir su cansancio por el anticristo en una ventaja? Imagina que Satanás idea un plan y se lo cuenta al anticristo y al falso profeta. El anticristo se molesta un poco al principio. ¿De verdad hay personas ahí fuera que no simpatizan con él? Y, si las hay, ¿no puede simplemente hacer que el falso profeta vaya y las mate? Al final, logra ver al panorama completo y sube a bordo.

El plan se pone en marcha:

> El sexto ángel derramó su copa sobre el gran río Éufrates; y el agua de este se secó, para que estuviese preparado el camino a los reyes del oriente. Y vi salir de la boca del dragón, y de la boca de la bestia, y de la boca del falso profeta, tres espíritus inmundos a manera de ranas; pues son espíritus de demonios, que hacen señales, y van a los reyes de la tierra en todo el mundo, para reunirlos a la batalla de aquel gran día del Dios Todopoderoso… Y los reunió en el lugar que en hebreo se llama Armagedón. (Apocalipsis 16:12-14, 16)

Los ejércitos se reúnen en Armagedón. Pero ¿contra quién se reúnen para luchar? Solo hay un rey en Jerusalén en ese tiempo, y es el anticristo. Así que los ejércitos marchan sobre Jerusalén, tal como pretendía el triunvirato del mal. ¿Por qué el anticristo se habría unido al envío de los espíritus inmundos a manera de ranas para incitar a la gente a venir y atacarlo? Una vez más, él ve el panorama completo. No le importa cuántos jerosolimitas sean asesinados. Él solo necesita un ejército listo cerca. Zacarías profetizó sobre la violencia y la destrucción que ocurrirá cuando el ejército ataque la ciudad santa:

> He aquí, el día de Jehová viene, y en medio de ti serán repartidos tus despojos. Porque yo reuniré a todas las naciones para combatir contra Jerusalén; y la ciudad será tomada, y serán saqueadas las casas, y violadas las mujeres; y la mitad de la ciudad irá en cautiverio, mas el resto del pueblo no será cortado de la ciudad. (Zacarías 14:1-2)

Cuando los ejércitos combinados de las naciones estén celebrando su fácil victoria, se producirá un evento que los tomará totalmente desprevenidos. Pero es lo que el triple eje del mal de Satanás había planeado. Satanás entiende las Escrituras, por lo que sabe que, en la fiesta de los tabernáculos, siete años después del advenimiento de la tribulación, Jesús el Mesías regresará. Esta vez, él vendrá como el León de Judá del Apocalipsis en lugar del siervo sufriente de Isaías. Las naciones, habiendo sido engañadas para venir a Jerusalén, se verán forzadas a alinear sus ejércitos con los ejércitos de Satanás y el anticristo para luchar contra Jesús y la hueste que ha regresado con él.

Era un mal plan desde el principio. A Satanás se le ocurrió por desesperación, pero estaba condenado al fracaso. Nadie puede levantarse en contra del Creador Todopoderoso y vencer.

> Y vi a la bestia, a los reyes de la tierra y a sus ejércitos, reunidos para guerrear contra el que montaba el caballo, y contra su ejército. Y la bestia fue apresada, y con ella el falso profeta que había hecho delante de ella las señales con las cuales había engañado a los que recibieron la marca de la bestia, y habían adorado su imagen. Estos dos fueron lanzados vivos dentro de un lago de fuego que arde con azufre. Y los demás fueron muertos con la espada que salía de la boca del que montaba el caballo, y todas las aves se saciaron de las carnes de ellos.

Vi a un ángel que descendía del cielo, con la llave del abismo, y una gran cadena en la mano. Y prendió al dragón, la serpiente antigua, que es el diablo y Satanás, y lo ató por mil años; y lo arrojó al abismo. (Apocalipsis 19:19-20; 20:1-3)

Como se profetizó, así sucedió ¿Es mi escenario el correcto? Tal vez sí. Tal vez no. Lo que sí sabemos con certeza es que el anticristo se levantará. La gente acudirá a él, incluidos los judíos. A la mitad de su mandato de siete años, mostrará su verdadera cara. Los judíos huirán y se esconderán, pero la mayor parte del mundo lo celebrará. Sin embargo, con el tiempo, las naciones se volverán contra él. Al final de la tribulación, los ejércitos se reunirán para marchar sobre Jerusalén. Atacarán, Jesús regresará, las naciones serán derrotadas, el anticristo y el falso profeta serán lanzados al lago de fuego y el diablo será arrojado al abismo por mil años. Eso es lo que puedes dar por seguro porque es lo que la Biblia claramente profetiza.

Parece como si pudiéramos envolverlo todo aquí mismo en un bonito y prolijo paquete. Pero el mensajero no ha terminado de hablar. Eso significa que Daniel no ha terminado de escribir. Y si Daniel no ha terminado de escribir, entonces nosotros no hemos terminado de leer. Todavía nos falta conocer a un par de personas y abordar unos cuantos números más.

Capítulo 12

UN MENSAJE FINAL
DE ESPERANZA

DANIEL 12

Cuando guiaba excursiones por Israel, siempre me gustaba dejar a los visitantes con un broche de oro. A menudo, los viajes por Israel empiezan por Jerusalén, luego se dirigen hacia el sur, al mar Muerto; hacia el norte, a Galilea; y, por último, hacia el oeste, a Cesarea. Sin embargo, yo prefería invertir el orden para pasar los últimos días en Jerusalén. Cuando los peregrinos terminaban su estancia en Tierra Santa, yo los llevaba a la tumba del huerto, que creo que es el auténtico lugar de la resurrección de Cristo. Sin duda, un momento espiritualmente conmovedor. Cantábamos himnos y tomábamos la comunión. Después, dejaba que la gente pasara un momento en silencio, disfrutando de la presencia del Señor en aquel lugar tan poderoso. Para muchos, esa fue la más impactante experiencia antes de regresar al aeropuerto Ben Gurión para tomar el vuelo a sus hogares.

Estamos entrando en el tramo final de nuestra gira por Daniel. Hemos escuchado grandes historias de fe, hemos visto el poder protector de Dios, hemos presenciado visiones espectaculares y hemos sido invitados a compartir la sabiduría de las interpretaciones celestiales de los sueños más descabellados. Hemos celebrado la fidelidad de Dios, nos hemos maravillado de su conocimiento, sobrecogido ante su poder y hemos sentido una enorme gratitud por la naturaleza salvadora de su gracia. Pero aún no hemos terminado. Dios todavía no ha dado por concluido este libro profético. Y, si lo ha dejado para el final, sin duda es un mensaje que quiere que recordemos.

Daniel 12 comienza con una advertencia:

> En aquel tiempo se levantará Miguel, el gran príncipe
> que está de parte de los hijos de tu pueblo; y será tiempo
> de angustia, cual nunca fue desde que hubo gente hasta
> entonces. (Versículo 1)

Miguel, el protector de Israel, se pondrá en pie. No se levantará para estirar las piernas o para ver mejor el paisaje. Se levantará porque el enemigo estará atacando, y le espera una batalla de las edades. Conoce a su enemigo. Sabemos de, al menos, una vez en el pasado, cuando Miguel contendió "con el diablo, disputando con él por el cuerpo de Moisés" (Judas 9). Este es uno de esos pequeños detalles del mundo espiritual sobre los que me gustaría que el Espíritu Santo se hubiera explayado. Juan también habla de un tiempo en el que Miguel luchará "contra el dragón" (Apocalipsis 12:7), lo que conducirá a que Satanás sea arrojado a la tierra.

El escenario en el que se encuentra el arcángel esta vez es uno en el que el pueblo elegido de Dios se enfrentará a un castigo y una angustia increíbles. La gran tribulación se acerca, y su propósito es sacudir a los judíos hasta tal punto que estén dispuestos a arrepentirse y volver a Dios:

> ¡Ah, cuán grande es aquel día!, tanto, que no hay otro
> semejante a él; tiempo de angustia para Jacob; pero de
> ella será librado. (Jeremías 30:7)

Miguel necesitará discernimiento y un camino abierto de comunicación con el Señor para poder saber hasta dónde se trata de la disciplina del Padre hacia sus hijos y hasta dónde se trata simplemente de un ataque despiadado de un enemigo que lo único que quiere es aniquilar a los judíos.

La tribulación: la gran angustia de Israel

Como abordamos en el capítulo anterior, en muchos momentos de su historia, el pueblo de Israel ha experimentado ser víctima de aquellos que lo han odiado simplemente en razón de su judaísmo. Pero todas esas experiencias, incluso la del 7 de octubre de 2023, palidecerán en comparación con lo que les espera durante la tribulación. La persecución de Israel será a un nivel "cual nunca fue desde que hubo gente hasta entonces". A lo largo de la historia de los judíos podemos encontrar destrucciones por parte de Asiria y Babilonia, Antíoco IV y los emperadores romanos, el Holocausto y las devastaciones de Europa del Este y, una vez más, las desgarradoras atrocidades perpetradas por Hamás. Mientras que toda la población mundial sufrirá bajo los juicios de los sellos, las trompetas y las copas, los judíos de todo el mundo tendrán además a todas las fuerzas del mal tras ellos. De eso trata este capítulo.

El centro de la atención mundial no será Moscú, Teherán, Pekín, Estambul o Washington D. C. La atención mundial se centrará en Jerusalén. Todas las principales cadenas, todas las fuentes de noticias de las redes sociales, todos los blogueros, youtuberos y *telegrammers* se reunirán en esa ciudad. Irán allí en busca de respuestas. ¿Qué pasó con los millones de "religiosos" que desaparecieron de repente? ¿Fueron secuestrados por extraterrestres, o llevados a la clandestinidad en alguna acción gubernamental global? Por alguna razón, muchos creerán que hallarán las respuestas en la capital de Israel.

Sea lo que sea lo que les atrae a Jerusalén, no pueden estar en mejor lugar para informar de los sucesos. Es decir, si sobreviven:

> [A la bestia] también se le dio boca que hablaba grandes cosas y blasfemias; y se le dio autoridad para actuar cuarenta y dos meses. Y abrió su boca en blasfemias contra Dios, para blasfemar de su nombre, de su tabernáculo, y de los que moran en el cielo. Y se le permitió hacer guerra

contra los santos, y vencerlos. También se le dio autoridad sobre toda tribu, pueblo, lengua y nación. Y la adoraron todos los moradores de la tierra cuyos nombres no estaban escritos en el libro de la vida del Cordero que fue inmolado desde el principio del mundo. (Apocalipsis 13:5-8)

En medio de la tribulación, un mundo ya turbulento tendrá su medidor de violencia elevado al máximo. Aquellos que se opongan al anticristo se enfrentarán a una sierra de castigo. El profeta postexílico Zacarías describió los horrores que se dirigirán específicamente a los judíos, cuando escribió:

Y acontecerá en toda la tierra, dice Jehová, que las dos terceras partes serán cortadas en ella, y se perderán; mas la tercera quedará en ella. Y meteré en el fuego a la tercera parte, y los fundiré como se funde la plata, y los probaré como se prueba el oro. Él invocará mi nombre, y yo le oiré, y diré: Pueblo mío; y él dirá: Jehová es mi Dios. (Zacarías 13:8-9)

¿Listo para algunas ecuaciones trágicas? Si estamos considerando solo los 7.2 millones de judíos que viven actualmente en Israel[16], eso significa que 4.8 millones morirán durante el tiempo de la angustia de Jacob. Si lo ampliamos a los 15.7 millones que viven en todo el mundo[17], nos encontramos con 10.5 millones de judíos que no sobrevivirán a los siete años. La sangre fluirá en las calles. Hay veces en que hago el trayecto de mi casa a Jerusalén, y trato de imaginarme cómo será en esos días. Y pensar que no están tan lejos. Hay personas que veo por la calle durante mi trayecto, que sufrirán los terrores de esta profecía bíblica. Los pensamientos pueden volverse tan abrumadores que me veo obligado a encender la radio para tratar de distraerme.

La única esperanza a la que podemos aferrarnos para ese momento es que habrá 5.2 millones de judíos que sobrevivirán a ese tiempo.

Son ellos los que invocarán el nombre de Dios, lo recibirán como Señor y Salvador y oirán la voz del Todopoderoso decir: "Este es mi pueblo". Estos son aquellos de quienes el mensajero dijo: "Pero en aquel tiempo será libertado tu pueblo, todos los que se hallen escritos en el libro" (versículo 1b).

Un salto de mil años

Hay un salto de tiempo entre los versículos 1 y 2 de Daniel 12. Saliendo de la tribulación, el mensajero se adelantó mil años a la conclusión del milenio. Le dijo al profeta: "Y muchos de los que duermen en el polvo de la tierra serán despertados, unos para vida eterna, y otros para vergüenza y confusión perpetua" (versículo 2). Que la gente regrese a la vida nos indica que se trata de una resurrección. El hecho de que haya almas salvas y no salvas identifica la resurrección específica. Solo hay una resurrección en la que los no salvos recibirán sus cuerpos incorruptibles, y será justo antes del juicio final ante el gran trono blanco.

Durante años, he sido acusado por grupos de turistas de ir demasiado rápido. Así que antes de que oiga a alguno de ustedes suplicando: "¡Más despacio, Amir!", permítanme pisar el freno aquí. El mensajero de Daniel habla de una resurrección general: la resurrección de todos los muertos, salvos y no salvos. Solo hay una de esas. Todas las resurrecciones anteriores son solo para creyentes. Pablo estableció la línea de tiempo:

> Mas ahora Cristo ha resucitado de los muertos; primicias de los que durmieron es hecho. Porque por cuanto la muerte entró por un hombre, también por un hombre la resurrección de los muertos. Porque así como en Adán todos mueren, también en Cristo todos serán vivificados. Pero cada uno en su debido orden: Cristo, las primicias; luego los que son de Cristo, en su venida. Luego el fin, cuando entregue el reino al Dios y Padre, cuando haya suprimido todo dominio, toda autoridad y potencia. (1 Corintios 15:20-24)

Cuando Jesús resucitó de la tumba del huerto, inauguró la primera resurrección en la que a los creyentes se les dan cuerpos nuevos como el suyo —los modelos actualizados que son incorruptibles y sin manchas por el pecado de Adán. Estos cuerpos, modelados por Jesús, comenzarán su distribución más amplia por primera vez en el rapto, tiempo en que "los muertos en Cristo resucitarán primero. Luego nosotros los que vivimos, los que hayamos quedado, seremos arrebatados juntamente con ellos en las nubes para recibir al Señor en el aire, y así estaremos siempre con el Señor" (1 Tesalonicenses 4:16-17). Después de eso, habrá una serie de resurrecciones que involucrarán a los dos testigos durante la tribulación, a los santos del Antiguo Testamento (inclusive a Daniel) y a los santos de la tribulación en la segunda venida de Jesús. Todos esos son elementos de la primera resurrección.

La resurrección a la que se refiere el mensajero es aquella de la que habló Jesús cuando dijo: "Vendrá hora cuando todos los que están en los sepulcros oirán su voz; y los que hicieron lo bueno, saldrán a resurrección de vida; mas los que hicieron lo malo, a resurrección de condenación" (Juan 5:28-29). En este grupo están incluidos los creyentes del tiempo del milenio y los incrédulos de todos los tiempos. Este es el acontecimiento del que escribió Juan:

> Y vi a los muertos, grandes y pequeños, de pie ante Dios; y los libros fueron abiertos, y otro libro fue abierto, el cual es el libro de la vida; y fueron juzgados los muertos por las cosas que estaban escritas en los libros, según sus obras. Y el mar entregó los muertos que había en él; y la muerte y el Hades entregaron los muertos que había en ellos; y fueron juzgados cada uno según sus obras. Y la muerte y el Hades fueron lanzados al lago de fuego. Esta es la muerte segunda. Y el que no se halló inscrito en el libro de la vida fue lanzado al lago de fuego. (Apocalipsis 20:12-15)

Hay algunos cuyos nombres se encontrarán en el libro de la vida. Pero debido a que este es el tiempo en que serán juzgados aquellos que rechazaron a Dios a lo largo de la historia, la gran mayoría no recibirá la misericordia que se concederá a aquellos cuyos nombres están en la lista. Esta es una verdad que mucha gente simplemente no entiende. La resurrección no es solo para los creyentes. Todos están destinados a resucitar en un cuerpo que perdurará por la eternidad. La única pregunta es si experimentarán para siempre la alegría de la presencia de Dios en el cielo o los tormentos de la condenación eterna en el infierno. Me estremezco cuando pienso en ello.

La decisión más importante de tu vida

¿Ha habido alguna vez un sueño del que no te hayas despertado? Que estés leyendo esta frase me dice que la respuesta a esa pregunta es no. La propia naturaleza del sueño incluye un punto final. Cuando abres los ojos por primera vez y tu cerebro vuelve a ser consciente, es probable que tus primeros pensamientos difieran en función de lo que te espere ese día. Tal vez estés de vacaciones y sepas que el día que tienes por delante te traerá momentos maravillosos de recuerdos con tu familia. Mientras estás allí recostado, puede que sientas alegría, emoción o expectación.

Pero tal vez te invada el miedo al enfrentarte a un día difícil en un trabajo que no te gusta y en el que trabajas para un jefe tiránico. O quizás acabas de perder a un cónyuge o a un hijo, y esos primeros momentos de conciencia te traen un torrente de tristeza, desesperanza y el temor a la soledad. Puede que haya mañanas en las que te quedes en la cama deseando volver a dormir, pero sabes que tienes que levantarte. A menudo, estas mañanas difíciles son el resultado de situaciones que escapan a nuestro control. La vida nos ha alcanzado, y solo tenemos que seguir adelante.

La Biblia compara muchas veces la muerte con el sueño, como hace el mensajero en este pasaje. Y, antes de entrar en materia, permítanme decir que en el párrafo siguiente no estoy defendiendo de ningún modo una doctrina del sueño del alma en la que estemos en esencia "inconscientes" desde el momento de la muerte hasta nuestra resurrección. El relato de Jesús sobre el hombre rico y Lázaro, narrado en Lucas 16:19-31, es prueba suficiente de que tenemos plena conciencia después de nuestra muerte.

Lo que las Escrituras nos enseñan es que se acerca un tiempo en el que experimentaremos nuestro gran despertar final. Es entonces cuando abriremos los ojos para experimentar nuestra eternidad. En lo que difiere este retorno a la conciencia es que aquello a lo que despertaremos será totalmente nuestra elección. En realidad, permítanme expresarlo mejor: lo que encontremos en la resurrección dependerá por completo de lo que elijamos ahora. Si elegimos recibir el don gratuito de la salvación que Jesús nos ofrece por gracia a través de la fe, entonces nuestra resurrección será como despertar a la mejor mañana del mejor día de todos los tiempos. Pero si elegimos ignorar a Jesús o rechazarlo, nuestra resurrección significará despertarnos con culpa, arrepentimiento y el conocimiento de que estamos a punto de recibir el justo castigo por nuestra rebelión contra nuestro Creador.

Solo en esta vida podemos tomar esa decisión eterna. El escritor de Hebreos nos dice que "está establecido para los hombres que mueran una sola vez, y después de esto el juicio" (Hebreos 9:27). Eso significa que en el momento en que nuestra vida temporal en esta tierra termina, nuestra vida espiritual en la eternidad ha sido determinada.

Puesto que decidir seguir o rechazar a Jesús es la decisión más importante que una persona tomará en su vida, el Señor siempre ha guardado a sus testigos en el mundo. La verdad de su evangelio ha existido continuamente, y la realidad de su existencia y deidad siempre han sido "claramente visibles desde la creación del mundo, siendo entendidas por medio de las cosas hechas, de modo que [las personas] no tienen excusa" (Romanos 1:20).

Dios incluso extenderá su testimonio a través de la tribulación. En la locura del mundo del anticristo, enviará "ciento cuarenta y cuatro mil sellados de todas las tribus de los hijos de Israel" (Apocalipsis 7:4) para difundir el evangelio. Estos son los que el mensajero de Daniel dijo que "resplandecerán como el resplandor del firmamento; y los que enseñan la justicia a la multitud, como las estrellas a perpetua eternidad" (Daniel 12:3).

Guárdalo hasta más tarde

La interpretación del mensajero de la visión de Daniel estaba llegando a su fin. Al concluir, el ángel dijo algo bastante sorprendente. "Pero tú, Daniel, cierra las palabras y sella el libro hasta el tiempo del fin. Muchos correrán de aquí para allá, y la ciencia se aumentará" (versículo 4). ¿Qué quiso decir con eso? ¿Envió Dios al mensajero con una interpretación de la visión que era únicamente para consumo personal del profeta? ¿Y pecó Daniel contra Dios al ponerla a disposición de las masas?

Las respuestas a las dos últimas preguntas son no y no. La intención de Dios desde el principio fue que la verdad de esta visión llegara al mundo. La amonestación a Daniel fue que protegiera y preservara el contenido del mensaje del ángel hasta que llegara el momento en que pudiera ser entendido claramente. No era una orden para ocultar la verdad; era un reconocimiento de que la verdad no se comprenderá plenamente hasta que Dios revele más partes del rompecabezas.

Supongamos que encargas un rompecabezas por Internet. Cuando llega, está en una simple caja marrón. Te parece extraño, pero aun así, te emocionas cuando quitas el envoltorio de plástico y levantas la tapa de la caja. Las piezas del rompecabezas se desparraman y enseguida empiezas a ordenarlas. Sin embargo, pronto descubres que lo único que te han enviado son los bordes. De inmediato, llamas a la empresa para quejarte. El representante se disculpa. Han tenido problemas de fabricación. En tres semanas te enviarán el resto de las piezas. Mientras esperas, ¿qué harás con las piezas que ya te han enviado? ¿Las dejarás esparcidas por la mesa de la cocina? No, las volverás a meter en la caja y las taparás para que permanezcan protegidas mientras esperas a recibir el resto del rompecabezas.

Esta es la advertencia del ángel a Daniel. Sella esta visión en la caja del rompecabezas. En el futuro, vendrán más piezas. En ese momento, podrás volver a sacar los bordes y ver cómo encajan en el cuadro completo. ¿Cuándo será ese momento? Bueno, esperemos que a estas alturas ya hayas captado el vínculo inquebrantable entre Daniel y Apocalipsis. Mientras que el mensajero de Daniel dijo:

"Sella el libro", el ángel de Juan dijo: "No selles las palabras de la profecía de este libro, porque el tiempo está cerca" (Apocalipsis 22:10). Con la perspectiva añadida a la revelación de Juan, por fin podemos entender a Daniel. Y con la visión de Daniel, podemos sentar las bases de la experiencia apocalíptica de Juan.

Hay un último aspecto que nos queda por abordar sobre el mensaje dado a Daniel. El ángel declaró que "muchos correrán de aquí para allá, y la ciencia se aumentará" (versículo 4). Las palabras traducidas como "correrán de aquí para allá" son las hebreas וְיְשֹׁטְשׁוּ רַבִּים (yeshotetu rabbim) y describen el deambular sin un propósito. Esta imagen de gente corriendo sin rumbo se ve en otras partes de la Biblia. En el libro de Amós, encontramos una predicción de esto mismo:

> He aquí vienen días, dice Jehová el Señor, en los cuales enviaré hambre a la tierra, no hambre de pan, ni sed de agua, sino de oír la palabra de Jehová. E irán errantes de mar a mar; desde el norte hasta el oriente discurrirán buscando palabra de Jehová, y no la hallarán. (Amós 8:11-12)

El profeta Jeremías pronunció palabras similares, cuando dijo: "Recorred las calles de Jerusalén, y mirad ahora, e informaos" (Jeremías 5:1). ¿Qué es lo que andan buscando? La Palabra del Señor. Ha habido muchas épocas en la historia en las que hubo hambruna de la Palabra de Dios. Puede que la gente la deseara, pero no la encontraba. Incluso hoy en día hay muchos grupos de personas que no tienen la Biblia en su idioma.

Pero para la mayor parte del mundo, la Biblia está fácilmente disponible. Tenemos el canon completo de las Escrituras al que podemos acceder impreso o en nuestros ordenadores o desde nuestros teléfonos inteligentes. Incluso podemos escucharla en la radio del coche de camino al trabajo. El problema es que muy pocas personas la estudian. Nuestro mundo tiene hoy más información disponible que ningún otro momento de la historia. Sin embargo, la gente está más perdida y confundida que nunca. El mayor reto de nuestra cultura actual es vivir en un mundo repleto de tecnología e información y, en medio de todo ello, centrarse en las cosas que importan.

Esto es tan cierto en la iglesia como en el mundo secular. ¿Cuánto tiempo pasan los cristianos mirando sus pantallas? No me malinterpreten; hay mucha información disponible a través de los medios digitales. Pero ¿estamos utilizando bien ese tiempo de pantalla o con frivolidad? ¿Estamos sucumbiendo al sensacionalismo y al ciberanzuelo? ¿Seguimos teorías conspirativas e interpretaciones bíblicas chapuceras? ¿Estamos utilizando nuestro tiempo para atacar a otros cristianos porque pueden estar en desacuerdo con nosotros en un tema que no tiene nada que ver con la salvación?

En lugar de correr de aquí para allá, Pablo dijo que debemos andar con diligencia, "no como necios sino como sabios, aprovechando bien el tiempo, porque los días son malos" (Efesios 5:15-16). Esto significa ser consciente de cómo empleamos nuestro tiempo y tener cuidado con el tipo de información que recibimos durante nuestras limitadas horas de vigilia.

Una vez más, tenemos la bendición de vivir en una época en la que estamos rodeados de abundantes recursos bíblicos. No hay excusa para que ningún creyente sea analfabeto bíblico. Permíteme animarte ahora mismo, reconociendo que el mero hecho de que estés leyendo este libro dice mucho de tu pasión por la Palabra de Dios y de tu deseo de conocer sus planes para este mundo. Bien hecho, buscador de la verdad, ¡sigue así!

¿Cuándo será?

El ángel libró el mensaje por el que había sido enviado, así que comenzó su partida, dejando a Daniel reflexionando sobre todo lo que había oído. Pero antes de que el mensajero pudiera volar para ayudar a Miguel en su lucha contra los príncipes de Persia y Grecia, una voz lo detuvo. Daniel miró hacia el río "y he aquí otros dos que estaban en pie, el uno a este lado del río, y el otro al otro lado del río. Y dijo uno al varón vestido de lino, que estaba sobre las aguas del río: ¿Cuándo será el fin de estas maravillas?" (Daniel 12:5-6).

¿Cuánto tiempo pasará, Señor? Esta es la respuesta que siempre queremos saber. ¿Cuándo volveré a estar bien? ¿Cuánto falta para que mi familia se reconcilie? ¿Cuándo saldré de este lío financiero? Sabemos que Dios es fiel y que nos ama. Pero estamos listos para que esa compasión paternal se exprese de una manera más tangible. Este clamor se hace eco de los profetas y los salmistas que anhelaban el día en que la mano disciplinaria de Dios fuera reemplazada por su mano misericordiosa.

Dice el viejo refrán: "El diablo está en los detalles". Si el enemigo es lo opuesto a todas las cosas de Dios, entonces supongo que podemos presumir que "Dios está en la falta de detalles". Eso ciertamente se manifiesta en la naturaleza de la fe que es, pues, "la certeza de lo que se espera, la convicción de lo que no se ve" (Hebreos 11:1). No vemos el calendario de Dios, no conocemos su agenda, no podemos observarle físicamente mientras obra; razón por la cual debemos confiar en que él está ahí.

Por eso es tan maravilloso que el mensajero de Daniel se detuviera sobre las aguas del río para dar una respuesta al profeta anciano:

> Y oí al varón vestido de lino, que estaba sobre las aguas del río, el cual alzó su diestra y su siniestra al cielo, y juró por el que vive por los siglos, que será por tiempo, tiempos, y la mitad de un tiempo. Y cuando se acabe la dispersión del poder del pueblo santo, todas estas cosas serán cumplidas. (Daniel 12:7)

El ángel hizo un juramento, confirmando la veracidad de lo que iba a decir. Luego nos dio una ventana de tiempo que ahora nos es familiar: "será por tiempo, tiempos y la mitad de un tiempo" o tres años y medio. Daniel y Apocalipsis, una vez más mostrándonos que son mejores amigos. Esto habla del mismo tiempo fijado por la extraña señal de Juan del dragón y la mujer con alas de águila. El dragón (Satanás) persiguió a la mujer (Israel), pero ella escapó para esconderse en el desierto, donde fue sustentada "por un tiempo, y tiempos, y la mitad de un tiempo" (Apocalipsis 12:14). Pero mientras ella estaba escondida, "el resto de la descendencia de ella" (versículo 17) —los judíos que no estaban a salvo con ella— fueron perseguidos. Esta persecución futura tendrá lugar hasta que "se acabe la dispersión del poder del pueblo santo" (Daniel 12:7). En ese momento llegará el fin de la tribulación.

Tienes que compadecerte de Daniel por lo que sucedió después. Tal vez estés leyendo este libro y digas: "De acuerdo, Amir, lo entiendo, pero no lo entiendo del todo. Ciertamente tengo más claridad que antes, pero seguimos hablando de agua estancada de acuario en lugar de agua pura de deshielo de las Montañas Rocosas". Es totalmente comprensible, y prometo intentar aclarar, en la medida de lo posible, la respuesta que el ángel le dio a Daniel.

> Y yo oí, mas no entendí. Y dije: Señor mío, ¿cuál será el fin de estas cosas? Él respondió: Anda, Daniel, pues estas palabras están cerradas y selladas hasta el tiempo del fin. Muchos serán limpios, y emblanquecidos y purificados; los impíos procederán impíamente, y ninguno de los impíos entenderá, pero los entendidos comprenderán. (Versículo 8-10)

Cuando el profeta anciano pidió alguna aclaración más, el ángel respondió: "Vete, Daniel. Ya he dicho todo lo que tenía que decir". Y no se le puede culpar. El arcángel Miguel estaba esperando su ayuda. Pero entonces el ángel usó el truco más viejo del manual del predicador. Dijo, "Oh, veo que ya no me queda más tiempo" para luego continuar por otros veinte minutos. Yo nunca haría eso. Trato de limitar mi tiempo para excederme diez minutos como máximo.

Me encantan las siguientes palabras del ángel. Son tan obvias, pero tan sabias. Le dice a Daniel que el final de los tiempos producirá dos grupos de personas. Estarán los que se den cuenta de la verdad, se arrepientan, sean perdonados y pasen a formar parte de la familia de Dios. Luego estarán los impíos, que seguirán haciendo las mismas tonterías de siempre.

La segunda parte del versículo 10 puede interpretarse de dos maneras. Una interpretación ve en las palabras del ángel que los impíos no entenderán por qué les están sucediendo todas las cosas malas de la tribulación. "No es justo. Yo no merezco esto. Dios es malo". Estarán enojados y amargados, pero nunca llegarán al punto en que se den cuenta de que todo es su culpa. Como habrás oído decir: "Tonto es el que hace tonterías".

Pero los sabios comprenderán que los actos tienen consecuencias. Cuando una persona rechaza a Dios, debe esperar repercusiones. Es esa revelación que trae el Espíritu Santo la que lleva al arrepentimiento y a la salvación. El rey Salomón ya había expresado el punto del ángel siglos atrás cuando escribió: "El principio de la sabiduría es el temor de Jehová; los insensatos desprecian la sabiduría y la enseñanza" (Proverbios 1:7). Al igual que Nabucodonosor, cuando al fin miró hacia Dios desde su estado animal, solo cuando miramos hacia arriba podemos ver lo que realmente está sucediendo a nuestro alrededor.

Esa interpretación ciertamente es factible, pero hay otra que podría ajustarse mejor al contexto. El ángel de Daniel divide a los judíos en dos grupos. Están los que serán "limpios, y emblanquecidos y purificados", y están los impíos. Para que el primer grupo llegue a ese punto futuro de salvación, deben ser los que escapen de Jerusalén cuando el anticristo revele sus intenciones. Sabiamente, ellos verán lo que viene, entenderán que tienen solo un corto tiempo para huir y escaparán al desierto mientras tengan oportunidad. Pero los impíos no tendrán entendimiento. Carecerán de discernimiento. Se quedarán en Jerusalén, aferrándose a la esperanza de que el anticristo permanezca fiel a su palabra original. Se quedarán allí hasta su muerte.

El ángel se refirió entonces a ese horrible tiempo de persecución genocida, diciendo:

> Y desde el tiempo que sea quitado el continuo sacrificio hasta la abominación desoladora, habrá mil doscientos noventa días. Bienaventurado el que espere, y llegue a mil trescientos treinta y cinco días. (Daniel 12:11-12)

Esta es la tercera vez que la frase "abominación desoladora" se utiliza en el libro de Daniel. Una vez más, se refiere al momento en que el anticristo retira el sacrificio de Dios del templo y se coloca a sí mismo como receptor de la adoración. Desde el momento en que el sacrificio sea quitado hasta el fin de los tiempos pasarán 1290 días.

Hemos visto tres años y medio. Hemos visto 42 meses, 1260 días y tiempo, tiempos y medio tiempo. Todas esas son formas diferentes de decir el mismo número. Pero ahora, justo antes del final del libro, el ángel de repente menciona 1290 y 1335 días. ¿En serio, Sr. Mensajero? ¿A qué viene eso?

Una vez más, nos vemos obligados a entrar en el terreno de la especulación. La mejor explicación que he visto fue escrita por Ron Rhodes, presidente de *Reasoning from the Scriptures Ministries*:

> Un intervalo de 75 días aparentemente separa el final del período de la tribulación del comienzo del reino milenario. Durante este breve intervalo, sucede una serie de eventos importantes. Por ejemplo, la imagen del anticristo que causó la abominación desoladora en el punto medio de la tribulación será removida del templo después de 30 días. "Desde el tiempo que sea quitado el continuo sacrificio hasta la abominación desoladora, habrá mil doscientos noventa días" (Daniel 12:11). La última mitad de la tribulación dura solo 1260 días (o tres años y medio), por lo que la abominación desoladora se retira del templo judío 30 días después de que termine la tribulación. También deben agregarse 45 días adicionales al calendario profético: "Bienaventurado el que espere, y llegue a mil trescientos treinta y cinco días" (versículo 12). Los 1335 días menos los 1290 días significan que se agregan otros 45 días a la mezcla. Aparentemente, aquí es cuando tiene lugar el juicio de las naciones (Mateo 25:31-46). Los judíos sobrevivientes del período de la tribulación también serán juzgados[18].

No sabemos si la inclusión de estos días extra tuvo sentido para Daniel. Sin embargo, el anciano profeta incluyó fielmente estos detalles en el registro, tal como se le había ordenado, para que pudieran ser mejor comprendidos en los días postreros. Luego, antes de partir, el ángel le dio a Daniel una maravillosa promesa. Sabiendo que el tiempo del sabio en la tierra estaba llegando a su fin, el mensajero le dijo: "Y tú irás hasta el fin, y reposarás, y te levantarás para recibir tu heredad al fin de los días" (versículo 13).

Daniel fue separado de su familia a una temprana edad, criado en tierra extranjera y obligado a servir a un rey idólatra tras otro durante toda su vida, mientras se le negó toda oportunidad de experimentar la alegría del matrimonio y la paternidad. Había logrado mucho, pero siempre para otra persona. Sabiendo esto, el ángel le prometió que le llegaría un tiempo de descanso. La muerte se lo llevaría, pero no lo retendría. Vendría la resurrección, y cuando se levantara, sería para recibir la espectacular herencia que se había ganado por ser siervo del Rey verdadero, así como de su Hijo.

Esto me recuerda a mi suegro, Hanan Lokes. Durante años, fue un líder de la iglesia en Israel. Él impactó muchas vidas y sacrificó mucho. Cuando falleció en 2022, dejó un gran vacío en nuestra familia y en la iglesia israelí. Aun así, nos alegramos por él, sabiendo que después de su dedicada estancia en esta tierra, su herencia le esperaba en el cielo.

Cada uno de nosotros debería tener ese mismo nivel de compromiso y sacrificio. ¿Qué estás haciendo para el Señor? ¿Cómo le sirves? Daniel era un hombre semejante a nosotros. Solo estaba determinado a no desperdiciar su vida persiguiendo las cosas de este mundo. Cuando Dios le presentó la oportunidad de servir, la aprovechó. Como resultado, logró grandes cosas. El Señor está listo para usarnos a cada uno de nosotros de la misma manera.

Un último mensaje de esperanza

¡Qué viaje hemos hecho! Hemos disfrutado de historias asombrosas de la fidelidad de Dios y hemos experimentado visiones descabelladas que apuntan a la época de Daniel y también a nuestra generación. Lo más emocionante de todo es que hemos visto la gran conexión que existe entre Daniel y Apocalipsis. Ambos tienen grandes porciones de aliento y aplicación. Ambos explican con claridad diversos aspectos del escenario de Dios para el fin de los tiempos. Sin embargo, por muy exhaustivos que sean en ciertos aspectos, ninguno de los dos libros por separado cubre completamente la profecía bíblica. En cambio, la unión de ambos llena la mayoría de las lagunas que uno u otro podrían dejar por sí solos.

Dios quiere que comprendamos sus planes. Eso es obvio porque dedica un gran porcentaje de las Escrituras para informarnos sobre lo que va a hacer. Me gusta la exhortación de Pablo: "Tampoco queremos, hermanos, que ignoréis acerca de los que duermen, para que no os entristezcáis como los otros que no tienen esperanza" (1 Tesalonicenses 4:13). Qué bendición es darnos cuenta de que tenemos en nuestras Biblias todo lo que necesitamos saber sobre el fin de los tiempos. Según las palabras de Pablo, esa verdad es fuente de esperanza y de consuelo.

Son esas palabras las que revelan el verdadero propósito de las profecías que Dios dio en Daniel y en el libro de Apocalipsis. El Señor quiere que puedas mirar alrededor de este mundo enloquecido y decir: "No temeré, porque sé que Dios tiene un plan". Cuando ocurran horrores, como lo que sucedió en Israel el 7 de octubre de 2023, puedes estar seguro de que el mal no ganará. Dios te ha mostrado que, como creyente, serás llevado con él en el rapto. ¿Cómo sabes que él no te olvidará? Porque él ha dejado claro cómo, a través de la tribulación, no olvidará a su pueblo Israel, y cómo, al final de los siete años de disciplina, los traerá a sí mismo. Él es un Dios que cumple sus promesas; lo ha demostrado a lo largo de la historia y lo confirmará en el futuro.

Así que aférrate a tu esperanza, amigo mío. Confía en el Señor. No te apoyes en tu propio entendimiento de lo que está sucediendo en este mundo. En todos tus caminos, vive para él como tu Señor y Salvador, sabiendo que cuando llegue el tiempo, él abrirá ese camino directo a su presencia.

NOTAS

1. John F. Walvoord, *Daniel* (Chicago, IL: Moody, 2012), 58-59.
2. John C. Lennox, *Contra la corriente* (Miami, FL: Editorial Patmos, 2017). FALTARÍA LA PÁGINA AL SER UNA CITA TEXTUAL.
3. Richard Dawkins, *El espejismo de Dios* (Madrid: Editorial Espasa, 2007). FALTARÍA LA PÁGINA AL SER UNA CITA TEXTUAL.
4. Henry Petroski, Obeliscos en movimiento [Moving Obelisks], *American Scientist*, sin fecha, https://www.americanscientist.org/article/moving-obelisks#:~:text=According%20to%20one%20survey%20of,height%20specification%20of%201%3A10
5. Ian Davis, La densidad del oro y otros metales [Density of Golds and Other Metals], *Chards*, actualizado el 22 de diciembre de 2022, https://www.chards.co.uk/guides/density-of-gold-and-other-metals/377#:~:text=A%20cubic%20centimetre%20of%20gold,weigh%201188.6%20pounds%20(avoirdupois)
6. John Schmidt, El precio del oro hoy [Gold Price Today], *Forbes*, actualizado el 15 de noviembre de 2023, https://www.forbes.com/advisor/investing/gold-price/
7. Hye-soo Kim, Retratos del régimen de la familia Kim [Kim Family Regime Portraits], *HRNK*, sin fecha, https://www.hrnkinsider.org/2018/04/kim-family-regime-portraits.html
8. Clarence Larkin, *The Book of Daniel (Illustrated)* (CreateSpace, 2017), 63. Kindle edition.
9. Cilindro de arcilla [Clay cylinder], *The British Museum*, sin fecha, https://www.britishmuseum.org/collection/object/W_K-1689
10. Keaton Halley, *Belsasar: el segundo hombre más poderoso de Babilonia* [*Belshazzar: The second most powerful man in Babylon*], *Creation.com*, julio 2015, https://creation.com/archaeology-belshazzar#:~:text=First%2C%20in%201854%2C%20four%20clay,inscriptions%20were%20excavated%20from%20Ur.&text=These%20Nabonidus%20Cylinders%20contained%20Nabonidus,and%20heir%20to%20his%20throne
11. Dr. Seuss, *¡Cómo el Grinch robó la Navidad!* (Barcelona: Penguin Random House, 2015).

12. Mark Moore, El lema "Promesas" se utilizó mucho antes de Trump y de Blasio ["Promises" slogan was used long before Trump and de Blasio], *New York Post*, actualizado el 21 de agosto de 2018, https://nypost.com/2018/08/21/promises-slogan-was-used-long-before-trump-and-de-blasio/

13. Dwight J. Pentecost, Daniel, *The Bible Knowledge Commentary: Old Testament*, eds. John F. Walvoord y Roy B. Zuck (Wheaton, IL: Victor Books, 1985), 1:1363.

14. Sir Robert Anderson, *El Príncipe que ha de venir: La maravillosa profecía de las setenta semanas de Daniel, con respecto al anticristo* (Editorial Portavoz, 1980).

15. Josephus, *The Jewish War* (Oxford, UK: Oxford University Press, 2017), 6. Kindle edition.

16. La población judía mundial llega a 15,7 millones antes del nuevo año, el 46% de ellos en Israel [Global Jewish population hits 15.7 million ahead of new year, 46% of them in Israel], *The Times of Israel*, 15 de septiembre de 2023, https://www.timesofisrael.com/global-jewish-population-hits-15-7-million-ahead-of-new-year-46-of-them-in-israel/

17. *Ibid.*

18. Ron Rhodes, *The End Times in Chronological Order: A Complete Overview to Understanding Bible Prophecy* (Eugene, OR: Harvest House, 2012), 178. Kindle edition.